中国特色社会主义经济理论丛书

NEW URBANIZATION IN
UNDERDEVELOPED AREAS

欠发达地区_的新型城镇化

王　荣◎著

经济管理出版社

ECONOMY & MANAGEMENT PUBLISHING HOUSE

图书在版编目（CIP）数据

欠发达地区的新型城镇化 / 王荣著. —北京：经济管理出版社，2023.6

ISBN 978-7-5096-9089-5

Ⅰ.①欠… Ⅱ.①王… Ⅲ.①不发达地区—城市化—研究—中国 Ⅳ.①F299.21

中国国家版本馆 CIP 数据核字（2023）第 112888 号

策划编辑：王光艳

责任编辑：王光艳

责任印制：张莉琼

责任校对：徐业霞

出版发行：经济管理出版社

（北京市海淀区北蜂窝 8 号中雅大厦 A 座 11 层　100038）

网　　址：www.E-mp.com.cn

电　　话：(010) 51915602

印　　刷：北京市海淀区唐家岭福利印刷厂

经　　销：新华书店

开　　本：710mm×1000mm /16

印　　张：14.75

字　　数：242 千字

版　　次：2023 年 7 月第 1 版　　2023 年 7 月第 1 次印刷

书　　号：ISBN 978-7-5096-9089-5

定　　价：68.00 元

前　言

　　长期以来的区域不平衡发展使欠发达地区经济发展滞后，这些地区居民较难享受到更高水平的现代文明。不仅制约了经济社会高质量发展，更影响把我国建成富强民主文明和谐美丽的社会主义现代化强国和全体人民共同富裕目标的实现。党的二十大报告进一步提出区域协调发展的战略，其中包含欠发达地区发展问题。

　　我国城镇化发展经历了由低速到高速的转变，2020 年常住人口城镇化率达到了 63.89%。大量农业剩余劳动力从农村流入城市，为城市的现代化发展做出了突出贡献。随着农业转移人口数量增速的下降和社会主要矛盾的转变，城镇化发展进入新型城镇化发展阶段，不仅要关注常住人口城镇化率，而且要注重户籍人口城镇化率。发展"以人为核心"的新型城镇化，使农业转移人口和农民都能获得分享时代成果的机会和能力。

　　城镇化是现代化发展的必由之路，欠发达地区实现现代化，提高人民生活水平，逐步实现共同富裕，需要加快"以人为核心"的新型城镇化建设步伐。本书正是以此为出发点，展开欠发达地区的新型城镇化研究。

　　本书采用比较分析法，比较了发达地区和欠发达地区城镇化发展和建设水平差异，以及在城镇化发展过程中的人民生活水平差异。比较后发现，发达地区的城镇化已经进入市民化阶段，而欠发达地区城镇化发展滞后。欠发达地区的农业转移人口和农村居民没有享受到与城镇居民同样的市民待遇。

　　随着经济社会发展进入新时代，城镇化也由过去农民进城意义上的阶段进入"以人为核心"的新型城镇化阶段。城镇化对于欠发达地区而言，是推动经济高质量发展的重要动力，核心是市民化，这就提出了欠发达地区加快以市民化为中心的新型城镇化的必要性。

　　在此基础上，本书通过数理方法和计量方法分析了欠发达地区制约农业转移人口市民化的因素，也分析了制约农民市民化的因素，并进一步提出了欠发达地区加快农业转移人口市民化和农民市民化的具体途径。主要包括提高城市承载力、增加城市供给、推动农业现代化、城乡融合发展、村镇整合和城镇城市化建设，以推进农业转移人口和农民的市民化。

本书最后分析了政府与市场的关系，发现市民化需要政府发挥积极作用，更需要市场起决定性作用。在政府发挥积极作用方面，应该以中央政府为主导。这是因为在分析城镇化建设、市民化成本、制度性因素时，发现欠发达地区的财政收支能力低，无法为加快市民化所需的基本公共服务和基础设施建设提供财政支持。这需要中央政府支持，更需要中央政府调整财政支出在地区间的分配。

以上对欠发达地区城镇化发展和制约因素的分析，以及所提出的基本途径，能够有效促进欠发达地区"以人为核心"的新型城镇化发展。

目　录

第一章

绪 论

随着经济社会进入新时代，城镇化发展也进入了新的阶段，有了新的要求。特别是在地区发展不平衡的情况下，欠发达地区城镇化发展滞后导致经济社会发展缓慢，人民生活条件和水平落后于发达地区。党的二十大报告在党的十九大报告基础上进一步提出新型城镇化战略，意味着未来城镇化建设突出"人"的重要地位。习近平同志指出："城镇化是现代化的必由之路。"所以，欠发达地区推动现代化进程必须借助发展新型城镇化的契机。人是生产力中最活跃的因素，经济发展的最终目的也是"人的全面发展"。欠发达地区以新型城镇化驱动现代化发展，关键在于重视"人"的因素在城镇化中的作用。鉴于此，本书从共同富裕角度出发，以欠发达地区为研究对象，分析欠发达地区新型城镇化建设的内容、方法和途径，从而使欠发达地区农业转移人口和农村居民能够公平地分享时代发展成果。

第一节 研究背景、思路及创新

一、选题背景与意义

（一）经济发展进入新时代

1. 经济稳步发展

自党的十八大以来，我国经济保持中高速增长和稳定发展，2021 年国内生产总值（Gross Domestic Product，GDP）达到 1143669.7 亿元，稳居世界第二。产业结构不断优化，2020 年三大产业对 GDP 增长的贡献率分别为 9.5%、43.3% 和 47.3%。与以往的产业结构相比，第一产业和第二产业比重有所提升，说明国家战略导向转向了重视农业基础性地位和实体经济发展。科技创新能力不断提升，数字等新型产业蓬勃发展。农业稳步发展，2020 年粮食总产量达到 66949.2 万吨，与 2012 年相比增长了 9.35%，充分保证了国家粮食安全。对外开放不断扩大，2020 年进出口总额达到 322215.2 亿元，对外直接投资总额达到 1537.1 亿美元。城乡居民收入水平得到提高，2020 年城乡居民人均可支配收入分别达到 43833.8 元和 17131.5 元，与 2015 年相比分别增长了 40.52% 和 49.99%。①

2. 经济发展质量提高

自改革开放以来的很长一段时间内，中国经济高速增长的动力源泉是要素的大量投入，其前提是要素供给较为宽裕。然而这种驱动模式带来经济总量扩大的同时，也带来了诸如生态环境恶化、资源供给不足等问题。例如，煤炭、钢铁等产业高产能和高库存，消耗了大量资源。一方面，商品价值得不到实现；另一方面，经济发展具有极大的不稳定性，加大了经济发展的风险，更容易使经济增长受到资源供给约束而停滞。2015 年 11 月 10 日，在中央财经领导小组第十一次会议上习近平同志首次提出供给侧结构性改革的发展战略。这个战略就是从提高供给质量出发，矫正要素的扭曲配置，提高供给结构对需求变化的适应性和灵活性，推动经济发展质量和效率的提高。②

随着供给侧结构性改革的深入推进，保持了经济稳定增长，提高了经济发展质量。在投入产出消耗方面，农业投入产出消耗系数由 2015 年的 0.27 下降到 2017 年的 0.22；采矿业消耗系数由 2015 年的 0.29 下降到 2017 年的 0.22；制造业消耗系数由 2015 年的 0.46 下降到 2017 年的 0.08。③ 2020 年能源加工转换总效率达到 73.7%。④ 这标志着中国经济发展由过去的要素投入驱动逐步转向以经济结构优化、增长动力转换为特征，更加注重经济效率的发展方式。

3. 社会主要矛盾发生转变

随着经济社会发展进入新时代，社会主要矛盾也发生了重大转变。党

---

① 数据来源：《中国统计年鉴 2021》。
② 赵宇：《供给侧结构性改革的科学内涵和实践要求》，《党的文献》2017 年第 1 期。
③ 数据来源：万德数据库。
④ 数据来源：《中国统计年鉴 2021》。

的十九大报告提出，新时代我国社会主要矛盾是人民日益增长的美好生活需要和不平衡不充分的发展之间的矛盾。说明城乡居民生活水平和质量与过去相比得到了极大提高和改善，人民对生活提出了更高的要求，不再局限于物质文化生活的需要，而更加注重民主、法治、公平、正义、安全和环境。人民群众对美好生活的需要说到底就是其对现代化生活的需要，人民的生活现代化需要只能由现代化的发展来满足①，制约现代化发展的因素就是不平衡不充分的发展。因此，党的二十大进一步提出，坚持以人民为中心，全面深化改革，建设现代化经济体系，建立更加有效的区域协调发展新机制。通过这些新举措和新战略消除不平衡不充分的发展，使人民生活朝着共同富裕目标不断迈进。

（二）城镇化研究面临新课题

1. 户籍人口城镇化率亟待提高

自改革开放以后，我国的城镇化发展经历了由城市化发展转向城镇化发展，并且呈现出由低速的就近城镇化建设到快速的城镇化建设的特征。20 世纪 80 年代乡镇企业异军突起，农民自己建设城镇，提高了生活水平，改善了生活条件。20 世纪 90 年代后，大量农业剩余劳动力不断向外地转移，就业渠道不断拓宽，生活条件进一步改善。2021 年城镇化率达到64.72%，GDP 和人均 GDP 分别达到 1143669.7 亿元和 80976 元，城乡居民恩格尔系数分别达到了 28.6% 和 32.7%，总体上进入富裕水平阶段。② 说明我国城镇化发展不仅推动了经济增长，而且提高了人民的生活水平。

然而，根据国家统计局公布的《2016 年农民工监测调查报告》《2018年农民工监测调查报告》《2019 年农民工监测调查报告》《2021 年农民工监测调查报告》，2018 年末全国农民工总量为 28836 万人，比上年增长0.6%；2019 年全国农民工总量为 29077 万人，比上年增长 0.8%。此前的2011～2015 年，外出农民工增速呈逐年回落趋势，增速分别为 4.4%、3.9%、2.4%、1.9%、1.3%。2016～2021 年分别为 1.5%、1.7%、0.6%、0.8%、−1.8% 和 2.4%。这种状况也符合我国二元结构现状，即进入"刘易斯拐点"，农业剩余劳动力转移速度明显放慢。这也说明常住人口城镇化率趋向稳定，户籍人口城镇化率的提高将成为城镇化的重点内容。

---

① 洪银兴：《新时代现代化理论的创新》，《经济研究》2017 年第 11 期。
② 数据来源：万德数据库。

2. 地区间城镇化水平差距较大

地区间经济发展不平衡，城镇化发展水平存在较大差距。所以，城镇化发展的增长极功能和外溢功能在不同地区表现出极大差异性。发达地区城镇化发展在促进经济增长方面表现突出，并且使城市和乡村得到融合发展。以江苏为例，2020年GDP和人均GDP分别为102718.98亿元和121231元，城镇化率达到73.44%。城镇居民人均可支配收入为53102元，农村居民人均可支配收入为24198元。城乡居民收入差距逐步缩小，城乡居民人均可支配收入比降低到2.19∶1。欠发达地区随着大量人口向发达地区转移，城镇所聚集的人口规模不大，城镇化发展滞后。以广西为例，2020年城镇化率仅为54.2%，其增长极功能和外溢功能的发挥没有发达地区显著。2020年GDP和人均GDP为22156.69亿元和44309元，远远低于江苏发展水平。城镇化对乡村地区的影响较弱，2020年广西城镇居民人均可支配收入为35859元，农村居民人均可支配收入为14815元，城乡居民人均可支配收入比为2.42∶1，高于江苏水平。①

3. 城镇化发展进入新阶段

社会主义的本质是解放和发展生产力，党的二十大报告再一次明确了实现全体人民共同富裕是中国式现代化的本质要求。以习近平同志为核心的党中央对新时代经济、社会发展新情况进行了科学判断，提出了创新、协调、绿色、开放、共享的新发展理念。进入新时代，城镇化发展进入新阶段——新型城镇化阶段，新型城镇化建设需要贯彻新发展理念。在经济发展动力转换、经济结构优化的背景下，城镇化不能仅体现为人口流入城镇的居民化，而应该有新任务和新课题。

第一，在经济结构优化和转换动力的同时，城乡之间的差距不但没有缩小，反而有进一步扩大的趋势。如何在社会主要矛盾发生转变的情况下，提高农村经济发展水平，使农村居民富裕起来并可以公平分享时代发展成果？

第二，城市化的劳动力供给不像以前那样"无限"，如何解决城市的产业发展与劳动力供给之间的矛盾、产业升级与农业转移人口就业之间的矛盾、产业分布与城乡协调发展之间的矛盾？

第三，城市尤其是大城市普遍存在人口拥挤、交通拥堵、环境污染、

---

① 数据来源：《江苏统计年鉴2021》《广西统计年鉴2021》和万德数据库。

房价高昂等"现代病",承载不了进一步的人口城市化,制约着现代化发展的进程。如何使大中小城市协调发展,特别是充分发挥小城镇在城市与乡村联系中的作用?

第四,农业部门的现状是以老人、妇女为主的劳动力和过少的资金、技术要素结合的低效率结构,因此,发展经济学界用进入"刘易斯拐点"来说明这种状况,即农业发展不再是劳动力剩余的问题,而是到了需要非农业部门支持农业技术进步的关键期。

以上问题在经济社会进入新时代的背景下,需要在新型城镇化中得到解决。特别是在欠发达地区,以上问题的解决尤为迫切。只有解决了欠发达地区城乡不均衡发展的问题,才能从整体上解决我国地区发展不平衡、不充分对经济高质量发展的制约。因此,本书以欠发达地区为研究对象,研究欠发达地区新型城镇化的制约因素、措施和实现路径,使欠发达地区农业转移人口和农村居民在新型城镇化建设中公平地分享时代发展成果。最终目的是通过"以人为核心"的新型城镇化建设促使欠发达地区城乡均衡发展,推动欠发达地区的经济发展,从而消除地区间、城乡间不充分、不平衡的发展。

(三) 选题意义

1. 新型城镇化研究有利于"以人民为中心"发展思想的贯彻

为人民谋幸福,为民族谋复兴,始终是中国共产党人的初心和使命。党的十九大报告明确提出新时代我国社会主要矛盾是人民日益增长的美好生活需要和不平衡不充分的发展之间的矛盾。党的二十大报告进一步提出必须坚持以人民为中心的发展思想,以新发展理念促进人的全面发展、全体人民共同富裕。尤其是在民生问题和民主、法制方面突出公平与正义的发展观。

长期以来,农业户籍人口不能获得好的教育,不能保证收入与贡献的对等性,形成了"小病挺着、大病躺着""养儿能防老"的就医和养老模式。这一切归结在一起就是,在城镇化建设中将农村置于建设体系之外,形成了二元经济结构。以二元户籍制度为依据,在不同户籍人口之间划分市民权利,并导致市民待遇上的不一致。这不符合党中央提出的"以人民为中心",让全体人民过上幸福生活,使全体人民在经济发展中有获得感、满足感和安全感的基本要求。

新型城镇化发展突出强调城乡一体化，发挥城镇在城乡间的作用，消除二元户籍制度等制度性分割的影响，重点是农业转移人口和农村居民获得市民权利、享受市民待遇。通过使农业转移人口和农村居民市民化，使其公平、全面和平等地分享时代发展成果，在幼有所育、学有所教、劳有所得、病有所医、老有所养、住有所居、弱有所扶上不断取得新进展，保证其在共建共享发展中有更多获得感。积极贯彻党中央提出的"以人民为中心"的发展思想和公平、正义的发展观，也是共同富裕目标的基本要求。

2. 有利于推动欠发达地区经济发展

城镇化具有增长极功能，其机制在于城镇人口规模扩大提高了总需求，从而推动经济增长。新型城镇化在城镇化基础上更加突出了"人"的核心地位，进一步提升了城镇化增长极功能。

经济的高质量发展要求转变发展方式和经济增长方式，需要进一步深化供给侧结构性改革，突出消费对经济增长的拉动作用。这需要在中高端消费、创新引领、绿色低碳、共享经济、现代供应链、人力资本服务等领域培育新增长点、形成新动能。其中，重点是完善促进消费的体制机制，增强消费对经济发展的基础性作用，而消费对经济发展的基础性作用，与收入水平、消费高中低等级和市场规模息息相关，这就要求在收入、消费层次和市场规模方面深入挖掘消费与经济发展的关系。

新型城镇化的重点是农业转移人口和农村居民的市民化，消除因二元户籍制度、就业制度、社会保障制度等限制，解除非市场因素对人们实现生活富裕的制约，这有利于我国消费规模的提高，促进消费对经济的拉动。与此同时，新型城镇化需要加大对中小城市，尤其是小城镇的建设，为人口在中小城市和小城镇的集中提供生活及生产的便利条件，从而提高投资需求。所以，欠发达地区加快新型城镇化建设有利于提高消费和投资对经济增长的拉动作用，从而推动欠发达地区的经济发展。

3. 有利于欠发达地区城乡融合发展

新时代社会主要矛盾的解决途径是消除不均衡和不充分发展，其中城乡发展不平衡就是其中的一项重要内容。城乡融合发展是解决城乡发展不平衡的重要举措，它是将城市与乡村纳入同一个整体中，城市与乡村协调发展。在推动城市不断实现现代化的同时，也要使乡村地区得到有效的发展，产业、要素和人口在城乡间均衡分布。党的二十大报告提出，构建大中小城市和小城镇协调发展的城镇格局，加快农业转移人口市民化。这就意味着欠发达地区不仅要加快大城市的发展，更要着重建设小城镇。由马克思关于城市起源的理论可以知道，城市一般形成于交通便利、近海（河）等资源丰富的位置，在人口不断集中的过程中集聚商业、生产要素和产业。这其中的关键因素是人口集聚，进而产生城市的集聚效应。当人口不再表现为由乡村流向城市，而是在中小城市、小城镇和农村地区都能集聚人口，在中小城市、小城镇和农村地区形成集聚效应和规模效应，就会吸引城市要素、产业向这些地区转移，推动这些地区的经济发展。对于欠发达地区而言，城乡不平衡发展的程度更为严重，促使欠发达地区城市与乡村协调发展，最终实现城乡融合是欠发达地区经济、社会高质量发展的重要途径。

4. 有利于农村承接城市的要素反哺能力

以往的城镇化突出的表现为人口向城市流入，重点发展城镇，而忽视乡村经济发展。新型城镇化还要求农村经济发展，通过大中小城市协调发展，充分发挥城镇化对乡村地区的影响。然而，城镇化对乡村地区的影响需要具备一定的前提条件，那就是农村具有承接该影响的能力。

新型城镇化要求产业在城乡间合理布局，产业协调发展。农业是农村的基本产业，在新型城镇化中推进三大产业协调，需要农村建立现代农业，以承接城市要素反哺。家庭联产承包责任制下，土地既是农民就业的主要领域，也是农民养老的保障。即使在城市无法就业获得收入，返乡后也能通过种地维持生存。所以土地和农民有着无法分割的关系，但同时也限制了农业现代化的建设和发展。现代化的农业是在土地集中且规模化经营的基础上采用现代先进技术、现代管理方式，由新型农业经营主体经营的农业。最基本的要求包括两方面：一是新型农业经营主体，二是土地集中。新型城镇化建设需要提高对小城镇的城市功能建设，为城市产业向小城镇转移提供便利条件。当小城镇得到快速发展后，就可以辐射农村。在现代农业发展基础上，促进要素向农村和农业流入，为现代农业提供要素反哺。所以，新型城镇化建设对于欠发达地区而言，可以为农业提供要素，推动农业和农村经济发展，为农村居民富裕起来奠定基础。

二、研究思路与方法

（一）研究思路

党的二十大报告在党的十九大报告的基础上，进一步提出发展新型城镇化。重点在两方面：一是城镇格局，突出了小城镇在城乡之间的地位；二是突出了"人"在城镇化中的地位，在有序推进市民化的速度方面提出了更高的要求。随着经济社会进入新时代，流入城市的农业转移人口与原城镇居民之间仍存在较大差距，尤其是在欠发达地区，城市中的差异表现得更为明显。党的十九大报告指出，让改革发展成果更多更公平地惠及全体人民，朝着实现全体人民共同富裕的目标不断迈进。党的二十大报告在此基础上再次提出区域协调发展的基本战略，说明我国新型城镇化从城市建设转向了协调发展。

本书试图回答这些问题：随着经济社会进入新时代，欠发达地区如何加快"以人为核心"的新型城镇化建设，影响因素包括哪些方面，具体途径包括哪些？具体思路为：

第一，鉴于城镇化发展与分享时代发展成果的关系，已有文献对这一问题进行了哪些方面的研究？对此，本书从城镇化的形成、作用、对个人及家庭影响，以及政府在城镇化中的作用、新型城镇化、市民化等多个角度对现有国外文献和国内文献进行了梳理。在此基础上进一步整理了相关理论基础，包括马克思关于共同富裕思想和城镇化理论、习近平同志共享发展理念，以及发展经济学的相关理论。以上内容为本书写作提供了研究欠发达地区加快"以人为核心"新型城镇化的出发点和落脚点，最终目的是以市民化为途径发展新型城镇化，使新型城镇化成为推动欠发达地区经济高质量发展的重要动力。

第二，城镇化以及农业转移人口、农村居民生活质量的关系和现实基础。分析我国城镇化发展的历程，不同阶段农业人口在城乡间流动的基本情况以及制约因素，在经济社会进入新时代以后，城镇化发展的新阶段以及新要求。比较发达地区城镇化和欠发达地区城镇化的差异，包括发达地区城乡居民生活基本概况、欠发达地区城乡居民生活概况，发达地区和欠发达地区之间居民生活水平的差异，最终目的是了解欠发达地区在城镇化过程中农业转移人口和农村居民的市民待遇情况，并总结发达地区城镇化建设的基本经验，为进一步分析打下必要的现实基础。

第三，在上述两点的基础上分析欠发达地区加快城镇化发展的必要性，尤其要重视鼓励农民工返乡创业的意义和条件。在此基础上进一步分析欠发达地区制约农业转移人口市民化的因素和制约农民市民化的因素，具体包括制度性制约、城市承载力、市民化成本、城乡对立、传统农业等。探索欠发达地区加快城镇化步伐、促进农业转移人口市民化和农民市民化的途径，主要包括消除制度性制约、提高城市承载力、推动农业现代化、促进城乡融合发展等。

第四，从欠发达地区城镇化发展的实际情况以及相关研究和理论基础可知，欠发达地区加快城镇化步伐、推动市民化进程，需要政府和企业发挥积极作用。尤其是地方政府主导、中央政府支持加大对欠发达地区基本公共服务和基础设施的建设。在政府发挥相关职能并构建了良好的宏观环境的情况下，推动企业发挥相应功能，从提高就业角度促进市民化。在此基础上使市场在资源配置中起决定性作用，具体表现为以农业现代化为核心建设城乡一体的市场、建设企业、吸引发达地区的现代要素流入、承接发达地区转移的产业。

(二) 研究方法

1. 比较分析法

比较分析法是通过对同类事物的比较而发现差异和认识事物本质的一种方法。本书在发达地区和欠发达地区城镇化发展的研究中使用了比较分析法，具体比较了城镇化水平、城镇化建设、城乡居民生活方面的差异，最终得出了发达地区的城镇化发展进入市民化阶段，而欠发达地区的城镇化发展相对滞后的结论。在此基础上，从经济发展水平、财政能力和城市承载力方面，分析了欠发达地区城镇化发展滞后的原因。在发达地区和欠发达地区市民化成本研究中使用了比较分析法，通过比较发现欠发达地区政府财政收支能力低，不能承担市民化所需的公共成本，为中央政府支持、地方政府主导的财政支持奠定了现实基础。

2. 定性分析法

定性分析的内涵是价值判断，回答应该是什么的问题。定性分析先确定原则和基准，再通过逻辑演绎得出结论。本书以经济社会进入新时代、社会主要矛盾转变、经济由高速向中高速转变为背景，从共同富裕角度深入探讨欠发达地区新型城镇化发展。在分析欠发达地区农业转移人口、农村居民市民化的制约因素、加快市民化的基本方式等方面均使用了定性分析法。通过定性研究总结了欠发达地区加快市民化进程，需要提高城市承载力、推动农业现代化、促进城乡融合发展，与此同时以中央政府支持、地方政府主导实现基本公共服务均等化，加强基础设施建设。以区域一体化承接发达地区产业转移，目的是吸引发达地区的现代要素向欠发达地区流入。

3. 定量分析法

定量分析法的本质内涵是回答什么和怎样的问题，是通过对研究对象的客观描述，采用现代数理方法分析变量间逻辑关系的方法。在市民化的制度性制约、城市承载力制约以及以农业现代化提高城乡一体化的市场化水平的分析中使用了定量分析方法。通过定量方法分析了城市承载力对市民化的制约机理，以及通过现代农业构建城乡一体化的市场的基本方法。

三、研究框架与内容

（一）研究框架

根据以上研究思路，本书的研究框架如图 1-1 所示。

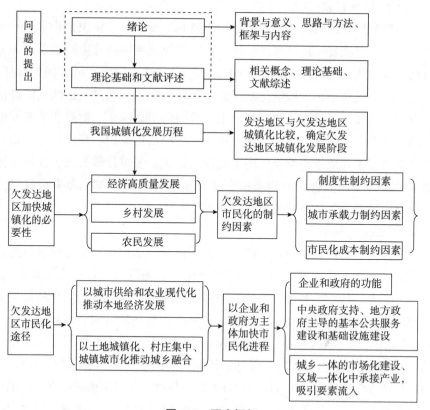

图 1-1　研究框架

(二) 研究内容

根据研究思路和研究框架,本书的研究内容为:

第一章:绪论。首先,阐述了选题背景与意义、研究思路与方法、研究框架与内容,并介绍了本书的主要创新与不足。其次,梳理了马克思共同富裕思想和城乡关系理论、习近平共享发展理念,以及发展经济学中的相关理论。最后,对已有文献进行了多方面梳理,评论了现有文献的理论贡献和不足。

第二章:我国城镇化发展历程。将我国城镇化发展历程分为了三个阶段,即改革开放前的城市化、富起来时代的城镇化和新时代的新型城镇化,并分析了在城镇化发展的不同阶段怎样解决农业人口问题。在此基础上提出经济社会进入新时代后城镇化肩负的新任务、新使命,这个新任务和新使命就是城镇化建设由"量"到"质"的转变,关键是市民化;并进一步提出市民化的内涵和评价指标。

第三章:我国城镇化的地区发展差异。在第二章分析的基础上,比较了发达地区城镇化和欠发达地区城镇化发展程度,包括城镇化水平、城镇建设、城乡居民生活的比较。通过比较总结出发达地区和欠发达地区城镇化的发展阶段,以及欠发达地区城镇化发展相对滞后的原因。

第四章:欠发达地区加快新型城镇化建设的强烈需求。城镇化是现代化的必由之路。随着经济社会进入新时代,欠发达地区也要推动经济高质量发展,满足当地城乡居民对美好生活的向往。本章通过分析农业剩余劳动力流向发达地区,发现欠发达地区的劳动力流出会制约生产力的提升。分析了欠发达地区为了经济高质量发展、城乡协调发展、人民对美好生活的向往和"人的全面发展"的必要性,其中,着重分析了应该积极地鼓励农民工返乡创业,以及返乡创业的意义和条件。

第五章:在新型城镇化中推进市民化的制约因素。由于城市承载力与二元户籍制度的限制,欠发达地区城市发展不能为更多的人在城市的市民化提供空间。与此同时,在城市实现市民化的私人成本、公共成本也是制约农业转移人口市民化的重要因素。在共同富裕的目标下和共享时代发展成果的理念下,市民化不能仅仅包括农业转移人口,还应该包括农村居民。对于农村居民而言,制约市民化的根本因素是欠发达地区的城乡对立发展,以及传统农业发展自身的弊端。

第六章：欠发达地区加快新型城镇化建设的关键因素分析。经济基础是城镇化发展的关键，欠发达地区经济发展是推动城镇化并促进市民化的根本措施。基本的方式是提高城市承载力，通过增加城市供给形成大城市带动小城市发展的局面。通过现代农业推动乡村地区经济发展，使农村居民也能享受市民待遇、分享时代发展成果。在城乡融合发展中使农民获得市民权利和享受市民待遇。

第七章：欠发达地区新型城镇化的驱动力。城镇化包括土地的城镇化和人的城镇化，欠发达地区应该以土地城镇化为驱动促进新型城镇化发展。新型城镇化突出人的地位，因此欠发达地区应以市民化为驱动力。新型城镇化发展包含大中小城市协调发展，突出小城镇的城市功能建设，因此，欠发达地区应该以城镇城市化为驱动力推动新型城镇化发展。

第八章：欠发达地区以企业为主体、政府为主导推进新型城镇化。分析了政府与企业在市民化中的功能和作用。根据上述各章的内容可知，欠发达地区城镇化发展需要政府发挥积极作用。政府发挥作用的领域主要是基本公共服务和基础设施建设。由于欠发达地区的财政能力低，所以在欠发达地区城镇化发展中地方政府需要在中央政府的支持下发挥积极作用。在完善基本公共服务和基础设施建设后，市民化进程的加快就应该发挥企业的功能和作用。市民化能够有效推进的前提是农业转移人口和农村居民可以高质量就业，而就业的基础是欠发达地区企业的发展。不仅包括本地企业，还包括从发达地区转移过来的企业。以此促进发达地区的要素向欠发达地区流入。基本途径是以现代农业构建城乡一体化的市场，以区域一体化承接发达地区转移出去的产业。

四、主要创新与不足

（一）研究的创新

第一，在新型城镇化中突出以小城镇为中心的乡村地区建设，拓展农村居民市民化的途径。在现有文献中以农民为对象研究市民化的文献相对较少，主要以城郊农民为中心展开，探讨土地城镇化后的相关问题。本书研究的农村居民市民化不仅包括城郊农民，也包括乡村地区的农民。以通过农业现代化构建城乡一体的市场体系、吸引城市现代要素向乡村地区流入等途径振兴乡村为研究角度，将农民转变为产业工人实现市民化，在农村也可以享受市民待遇。

第二，探究欠发达地区加快新型城镇化建设的方式。在比较了发达地区和欠发达地区城镇化水平的基础上，发现在欠发达地区新型城镇化中加快市民化进程需要在城乡融合发展中进行。一是通过城市供给满足农业转移人口市民化需求。二是通过村庄空间集中、城镇城市功能建设、现代农业建设促进农民市民化。三是以土地城镇化为驱动，加快市民化进程。

第三，发现在新型城镇化的过程中，企业是主体。欠发达地区加快"以人为核心"的新型城镇化建设，重点是农业转移人口和农村居民的市民化。就业是市民化的基础，直接关系到农业转移人口和现代农业进一步释放出来的农业劳动力收入的提高、生活水平的提高。所以必须发挥企业在新型城镇化建设中的主体作用，尤其是发展本地企业，具体途径包括国有资本带动社会资本、企业间构建紧密的联合组织。

第四，有利于农业现代化建设。农业是农村的基础产业，农村经济发展水平取决于农业发展程度。传统农业在土地分散化的基础上依靠大量劳动力投入经营，附加值低、收益率低，在市场经济条件下无法吸引资本投向农业。本书从现代农业需要在土地集中基础上实现规模化经营的角度，分析了农地所有权、承包权和经营权的关系，为土地集中的实现提供了理论依据，最终实现农业现代化。

第五，分析市民化的内涵与指标。党的十八大后关于市民化的研究对象聚焦于流入城市的农民工，促进农民市民化的途径是消除二元户籍制度的制约和基本公共服务均等化。本书在总结新时代发展的新要求的基础上，提出新时代的市民化内涵。包括农业转移人口市民化和农民市民化、消除制度型约束、基本公共服务均等化、城乡融合发展和城镇城市化等，并在此基础上设计市民化的指标。

第六，增强市民化对象的全面性。在党的十八大报告提出稳步推进农业转移人口市民化的要求后，市民化逐渐成为学界研究热点。但是研究的焦点主要集中于流入城市的农业转移人口及其制约因素和实现市民化的途径和方法。党的十九大报告提出我国经济社会发展已经进入新时代，社会主要矛盾发生转变。党的二十大报告进一步明确了到21世纪中叶将我国建成社会主义现代化强国的目标和时间表、路径，最终实现共同富裕。本书从共同富裕角度出发，以马克思主义共同富裕思想和城乡关系理论、习近平共享和协调发展理念，以及发展经济学相关理论为理论支撑，提出市民化不仅是农业转移人口市民化，而且应该包括农民市民化。

（二）研究的不足

第一，本书从制约性因素、承载力因素和成本因素分析了欠发达地区的农业转移人口市民化，从城乡对立、传统农业分析了欠发达地区农民市民化。但是制约农业转移人口和农民市民化的因素还有很多，影响的机制也存在差异。本书没有对所有的因素都进行详细分析。

第二，欠发达地区加快城镇化的关键是在经济发展的论述中，仅从提高城市承载力并增加城市供给，以及农业现代化两个方面分析了欠发达地区经济发展的方式，没有涉及投资、消费、生产、创新等方面，使本书对欠发达地区经济发展的研究不够充分。

第三，在欠发达地区以土地城镇化为驱动的研究中，没有深入和详细地对欠发达地区以土地城镇化为开端从而带动人的市民化的原因和方式进行研究，只是从土地城镇化和人的城镇化的相互关系中探讨了欠发达地区以土地城镇化作为开端的途径。

五、相关概念的界定

（一）农业户籍人口与非农业户籍人口

我国 20 世纪 50 年代开始了城市化和工业化的建设与推进，将工业集中于城市、农业集中于农村，形成了城市—农村、工业—农业的城乡分割格局。由于城市化和工业化建设正处于起步阶段，城市与工业对人口的承载能力低。为了能够限制居住在农村的人口流动给城市带来巨大的就业压力，政府制定了以居住地为标准的户籍制度，将人口分为农业户籍人口和非农业户籍人口。农业户籍人口是指居住在农村、主要从事第一产业的人口；非农业户籍人口是指居住在城市和城镇、主要从事二三产业的人口。

（二）农民与工人

农民是与工人相对的概念，根据是从事的行业及职业身份对人口的划分。所谓农民，就是以从事农业生产经营为职业的劳动力。工人是指以雇佣关系为特征，在现代农业和工业领域就业的劳动力。

通常农民和工人的概念与户籍没有必然联系，但由于农业集中在农村，农业户籍人口因农业户籍方式被强制限制在农业生产中，进而学界和社会范围内长期将农业户籍人口与农民两个概念等同看待。同时，大量农业剩余劳动力流入城市务工，不再以农业作为所从事的行业，二三产业也在部分农村有了一定的发展。所以，农民的含义更加明确，就是指在农村从事第一产业的农业户籍人口。[①]

（三）农村居民与城镇居民

农村居民是与城镇居民相对的概念，根据居住地划分、不以户籍和职业划分的人口，是统计学中的概念。农村居民是指居住在农村超过六个月的人口，从城市来到农村居住六个月以上的人口，在统计时也被纳入农村居民中。城镇居民是指在城镇居住超过六个月的人口，包括从农村进入城镇并持续居住六个月以上的人口。

（四）农业剩余劳动力与农业转移人口

土地和劳动力配置存在适度比例，农业户籍制度将大量人口限制在农村和农业生产中，农村土地承载了大量农业人口，劳动力配置已经超过了这个适度比例，超过这个比例的农业劳动力即为农业剩余劳动力。随着城乡差距的拉大以及人口流动限制的逐步取消，农业剩余劳动力转入城市。这些转入城市的农业剩余劳动力被称为农民工，他们既具有农业户籍身份，也是城镇常住人口的重要组成部分。长期以来，农业剩余劳动力向城市转移，已由只身进城务工转变为举家进入城市工作和生活。所以，农民工及其家庭成为城市的一个重要群体，即农业转移人口。所以，农业转移人口是指从农业生产中脱离，在城镇和乡村地区从事二三产业的农业户籍人口。

人口划分流程如图1-2所示。

[①] 农业生产仍然表现为传统农业生产方式，个别发达地区的农村经过土地流转后实现了现代化生产方式，并且也由城市中具有管理知识的经营者经营，但是数量较少，本书在界定农民概念时不包含这部分人。

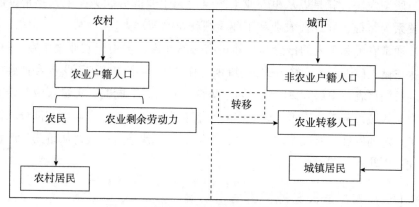

图1-2 人口划分流程

（五）城镇化与新型城镇化

所谓城镇化是指随着经济社会的发展，由以农业为主的传统乡村型经济向以工业、服务业等非农产业为主的现代城市型经济逐渐转变的历史过程。它既表现为人口向城镇集中，也表现为产业、要素向城镇集中。可以用城镇化率来衡量，分为常住人口城镇化率和户籍人口城镇化率。其中，常住人口城镇化率是指在城镇居住超过6个月的人口占总人口的比重，是从人口居住地区和时间跨度角度衡量城镇人口占比的方法。户籍人口城镇化率是指城镇户籍人口数量占总人口的比重，是从城乡关系角度衡量城镇人口集中情况的方法。

新型城镇化是指在城乡一体化中发展城镇化，强调了城乡协调发展和城镇在城乡间的作用。它不是降低城市的发展水平，而是提高镇和村的地位，重点是城镇的城市功能建立，核心是人的城镇化，即在城镇化中使更多的人能够有机会分享时代发展成果。只有发展新型城镇化才能使城市要素和城市产业向乡村地区转移，才能发挥城市发展的外溢效用。只有新型城镇化才能平衡人口在城市与乡村间的分布，才能平衡人口在发达地区和欠发达地区之间的分布。由此可以将新型城镇化的内涵归结为协调发展中推进"以人为核心"的城镇化，与以往的城镇化相比，新型城镇化是内涵式发展，而以往的城镇化是外延式发展。

（六）发达地区与欠发达地区

经济发展不仅指一个国家的经济发展，还包括一个地区的经济发展。发达地区和欠发达地区的划分可以参照发展经济学中发达国家和发展中国家的划分依据。托达罗（1988）全面总结了发展中国家的基本特征。其中可以对地区经济发展进行概括的指标主要包括：生活水平、生产率水平、人口增长与赡养负担、劳动力配置、农产品依赖。

根据以上几点可知，发达地区的特征是居民生活水平高，生产率水平高，人口增长缓慢且赡养负担低，劳动力配置合理且高效，工业产品占主体。欠发达地区的特征是居民生活水平低，生产力水平低，人口增长较快且赡养负担重，劳动力配置缺少效率，农业占比较高且农产品附加值低。

第二节 基础理论

一、马克思的共同富裕思想和城乡关系理论

（一）马克思的共同富裕思想

1. 马克思共同富裕思想的提出

在马克思的著作中并没有单独的共同富裕概念，但是共同富裕思想贯穿了马克思理论的全部体系。标志马克思共同富裕思想的开端是《1844年经济学哲学手稿》，在这里马克思批判了黑格尔的哲学理念。黑格尔哲学的本质是唯心主义，将人的存在外化为由独立于人的意识决定。而马克思用"实践"理论证明了人类社会存在和发展的前提是人和人之间完全的社会关系。人的一切活动都是从实践出发的，在此基础上人的本质就是社会关系的总和。人和人之间形成整体的社会关系，才能突破个人的原子式存在方式，这个社会关系就是马克思共同富裕思想的起源。

在黑格尔看来，人的存在是由人之外的意识决定的，而人的实践活动也是由这个独立于人之外的意识决定的。这种哲学思想正好满足了资产阶

级对无产阶级的统治需要，即无产阶级的痛苦不是由资产阶级统治带来的，而是由意识决定他们的生活方式。在马克思看来，人不仅是自然存在物，而且是人的自然存在物，就是说，是自为地存在着的存在物，因而是类存在物。① 说明个人对个人之外的人和事物的感知是通过自己的对象关注到的。这种人与周围事物的传导以一切人同周围事物的对象性活动为前提，也就是人的感知性活动具有社会属性，人在自我感知活动中感知到自我，那么这个人就是"社会存在"。在人和其他人的感知性活动中，个人是社会存在，相应地其他人也是社会存在，因而所有人都是社会存在。人的感知活动通过其周围事物和人所关注到的"自我"即社会存在，就是人都有参与社会分配的权利。

在这里马克思确立了他的唯物主义历史观，马克思指出：人们奋斗所争取的一切，都同他们的利益有关。② 揭示并突出地强调了人类物质生产力及其发展对于人类社会和人的发展所具有的重要性。历史唯物主义把人类的生产活动理解为人类最基本的也是最重要的实践活动，而人类生产活动的主要内容就是不断发展社会的物质生产力，人类从事物质生产活动以及其他一切社会活动的一般的主要目的和动机，就是为了获得一定的物质利益，即追求物质福利和富裕水平的提高。

马克思说，共产主义是人向自身、也就是向社会的即合乎人性的人的复归。③ 这个复归最终的指向就是共同富裕，也就是共产主义社会。在共产主义社会，不仅仅是物质资料的极大丰富，每一个人都可以共享，同时人们获得全面发展。由此可以看出，马克思把"人"从意识决定拉回到了"现实"，即人是"现实的人"，每一个人都具有社会存在性，所有的人就成为共同富裕的主体。

2. 资本主义与共同富裕的对立

马克思在《1844 年经济学哲学手稿》中以实践和感知论述人的社会存在，目的是解释人类社会发展的基本规律，解释资本主义社会的内在矛盾。马克思的劳动价值理论是理解资本主义社会人与人之间关系的核心。在资本主义社会的早期阶段，资产阶级通过血腥手段强行将生产资料和生活资料与劳动者分开，使劳动者成为除了具有劳动能力之外一无所有的商

---

① 《马克思恩格斯文集》第 1 卷，人民出版社 2009 年版，第 211 页。
② 《马克思恩格斯全集》第 1 卷，人民出版社 1956 年版，第 82 页。
③ 《马克思恩格斯文集》第 1 卷，人民出版社 2009 年版，第 185 页。

品。当劳动力作为商品进入生产领域，在资本家的监督下生产超过自身价值的剩余价值。在价值分配过程中，资本家获得剩余价值，而工人仅获得自身价值的工资。这个过程就是劳动的异化过程，即"物的世界的增值同人的世界的贬值成正比"。① 随着劳动生产的价值不断增多，劳动者的获得并没有成正比。劳动没有成为人们分享价值的手段，带给人们的是痛苦和折磨，而不是快乐和幸福。

劳动者在劳动市场上是自由的、平等的，可以选择出卖或不出卖劳动力，也可以选择向哪一个资本家出卖劳动力。但是这个自由和平等并没有改变资本主义社会的本质，它仍然是少数人占有多数人所创造的财富的剥削社会。只要劳动者进入生产领域，劳动者就没有了自由和平等。所以，剥削和压迫使资本主义社会丧失了公平与正义，这也决定了资本主义社会不可能是全体人民的共同富裕。

随着资本规模的不断扩大，资本家对工人的剥削程度会不断加深。马克思也分析了资本规模扩大的两种方式，即资本积聚和资本集中。其中，资本积聚是通过剩余价值的转化资本实现的，本质是工人创造的剩余价值被资本家无偿占有，并成为进一步剥削和压榨工人的手段。资本集中是几个资本家的资本集中在一起，形成规模更加庞大的资本，从而加大了对工人的剥削。这就是马克思所说的：一切提高社会劳动生产力的方法都是靠吸收工人个人来实现的；一切发展生产的手段都转变为统治和剥削生产者的手段。② 工人所能获得的价值也只是控制在满足生存的范围内，有效需求不足导致的生产相对过剩是资本主义发展过程不可避免的基本规律。

在资本主义社会中，资产阶级对生产资料的私人占有，使劳动者成为资本的附庸，剥削使工人失去了公平、平等地参与分享社会总产出的机会。所以，资本主义社会没有在全社会范围内实现共享，实现的只是在资产阶级内部的共享。

3. 实现共同富裕的前提

（1）生产力的高度发达。人类社会的不断进步，根源在于生产力的不断发展。只有生产力不断发展，才能创造出人类社会发展所需的物质基础。资本主义社会虽然没有成为一个共同富裕的社会，但是从生产力发展水平看，它比以往任何一个社会所创造的财富还要多。这也决定了资本主

① 《马克思恩格斯文集》第1卷，人民出版社2009年版，第156页。
② 《马克思恩格斯文集》第5卷，人民出版社2009年版，第743页。

义社会相比以往的剥削社会有了极大的进步。如果没有生产力的发展，人们的生活仍将处于低水平阶段，也会出现物资短缺带来的人们之间的各种纷争。例如，人类在奴隶社会、封建社会中的残酷与战乱，"在极端穷困的情况下，就必然重新开始争取必需品的斗争，全部陈腐污浊的东西又要死灰复燃"。① 正如恩格斯所说："在人类发展的以前一切阶段上，生产还很不发达，以致历史的发展只能在这种对立形式中进行，历史的进步整个说来只是成了极少数特权者的事，广大群众则注定要终生从事劳动，为自己生产微薄的必要生活资料，同时还要为特权者生产日益丰富的生活资料。"② 说明生产资料的私人占有是所有阶级社会的共同特点，而在一切以生产资料私有制为基础的阶级社会中，都存在着生产资料的占有者剥削不占有生产资料阶级的劳动者的共同特点，从而也就不可能实现所有人的共同富裕。

资本主义社会没有实现全体人民的共同富裕，那么，要实现全社会所有人的共同富裕，就必须有比资本主义更高的生产力水平。这个社会就是共产主义社会。马克思也指出，建立在资本主义社会基础上的更高级的社会是"以每一个个人的全面而自由的发展为基本原则的社会形式"③；"个人之间进行交往的条件是与他们的个性相适应的条件，这些条件对于他们来说不是什么外部的东西；它们是这样一些条件，在这些条件下，生存于一定关系中的一定的个人只能生产自己的物质生活以及与这种物质生活有关的东西，因而它们是个人自主活动的条件，而且是由这种自主活动创造出来的。这样，在上述矛盾产生以前，人们进行生产的一定条件是同他们的现实的局限状态和他们的片面存在相适应的，这种存在的片面性只是在矛盾产生时才表现出来，因而只是对于后代才存在的"④。所以，共同富裕的一个重要前提是社会生产力的高度发展。

（2）先进的生产关系。马克思从人的感知性出发，探讨个人是社会存在，从而所有人都是社会存在，其本质就是人和人之间的关系。建立在资本主义社会基础上的社会主义社会之所以能够实现共享社会的根本原因在于，社会主义社会所建立的生产关系和社会制度承认了个人是社会存在，

① 《马克思恩格斯文集》第 1 卷，人民出版社 2009 年版，第 538 页。
② 《马克思恩格斯文集》第 3 卷，人民出版社 2009 年版，第 459 页。
③ 《马克思恩格斯文集》第 2 卷，人民出版社 2009 年版，第 52 页。
④ 《马克思恩格斯全集》第 3 卷，人民出版社 1960 年版，第 80-81 页。

进而所有人都是社会存在的基础。社会主义社会的本质特征是生产资料共同占有，这就消除了因生产资料私人占有而带来的剥削，也就消灭了剥削存在的基础，高度承认人的社会属性。人们共同占有生产资料，提高了劳动力在生产关系中的地位。社会的所有成员都要参与生产，在进行社会再生产所需的必要扣除之后，剩余的产品将根据个人的贡献进行分配。生产资料公有制相对于私有制而言，在共同富裕建设方面具有更大的优越性的原因在于赋予了每一个人分享社会财富的机会。这个机会对于每一位社会成员都是公平的，当然这并不意味着每一位社会成员所分享的数量是相等的，它仍然坚持贡献与分配对等的基本原则，这也是公平的另一个体现。

（3）分工的消失。马克思对分工带来效率提高的认可的同时，也分析了分工给人的发展带来的制约，这种制约降低了人们分享社会总产出的能力。马克思指出，"劳动生产了智慧，但是给工人生产了愚钝和痴呆"①；

资本家由于绝对剩余价值生产方法下人的生理限制，探索分工与协作的更多实现形式，这时劳动生产了智慧。但是在分工不断精细化的条件下，简单重复的劳动限制了工人智慧的提升，从而变得愚钝和痴呆。尤其是劳动异化的条件下，工人更没有绝对的能力提高自己智力水平。对此，马克思指出："工人对自己的劳动的产品的关系就是对一个异己的对象的关系。"② 在这种异化中，工人耗费的劳动力越多，创造出异己的产品的力量就越大，自身就越发贫困。当"外部世界"不能成为工人的生活资料时，工人只有将自己卖给资本家才能维持生存，这种状态马克思称为"奴隶状态的定点"。"他在自己的劳动中不是肯定自己，而是否定自己，不是感到幸福，而是感到不幸，不是自由地发挥自己的体力和智力，而是使自己的肉体受折磨、精神遭摧残。"③ "因为他们每一个人都只隶属于某一个生产部门，受它束缚，听它剥削，在这里，每一个人都只能发展自己才能的一方面而偏废了其他各方面，只熟悉整个生产的某一个部门或者某一个部门的一部分。"④ 因此，分工使工人成为专业的"痴呆"，这就是精细分工对人提高分享能力的制约。分工使工人永远疲惫地拖行自己的身躯，这

---

① 《马克思恩格斯全集》第 42 卷，人民出版社 1979 年版，第 93 页。
② 《马克思恩格斯文集》第 1 卷，人民出版社 2009 年版，第 157 页。
③ 《马克思恩格斯全集》第 42 卷，人民出版社 1979 年版，第 94 页。
④ 《马克思恩格斯选集》第 1 卷，人民出版社 1972 年版，第 223 页。

种状态使工人失去了提高智力、体力和道德的基础。

所以马克思指出，只有消灭分工才能促进人的能力提升，他说："要消灭关系对个人的独立化、个性对偶然性的屈从、个人的私人关系对共同的阶级关系的屈从，等等，归根到底都要取决于分工的消灭。我们也曾指出，只有交往和生产力已经发展到这样普遍的程度，以致私有制和分工变成了它们的桎梏的时候，分工才会消灭。……私有制和分工的消灭同时也就是个人在现代生产力和世界交往所建立的基础上的联合。"① 分工是人类社会为了能够从自然界获得更多的生活资料而形成的，只有生活资料极大丰富的条件下分工才能消失，这个阶段是共产主义社会阶段。这时剩下的只有脑力劳动和体力劳动的差别，工人操作机器不需要进行专门的培训，他们能够直接使用，这是因为"摆脱了资本主义生产的框框的社会可以在这方面更大大地向前迈进。这个社会造就全面发展的一代生产者，他们懂得整个工业生产的科学基础，而且其中每一个人都从头到尾地实际阅历过整整一系列生产部门，所以这样的社会将创造新的生产力，这种生产力绰绰有余地超出那种从比较远的地方运输原料或燃料所花费的劳动"。② 进而共产主义社会的分配也就采取按需分配，彻底实现了共享社会的建成。

当然，在社会主义初级阶段，分工不会被消灭。这是因为社会主义初级阶段的生产力水平还没有达到共产主义社会的生产力水平。分工是提高效率的重要手段，但是分工没有产生资本主义社会对人造成的愚昧和无知，根源在于分工的基础是生产资料共同占有。作用在于消除了剥削阶级通过分工压迫和剥削无产阶级的生产归属基础。

4. 共同富裕的本质是公平和正义

马克思批判了资产阶级的公平观，他指出："蒲鲁东先从与商品生产相适应的法权关系中提取他的公平的理想，永恒公平的理想。顺便说一下，这就给一切庸人提供了一个使他们感到宽慰的论据，说商品生产形式像公平一样也是永恒的。"③ 资本主义社会的阶级压迫不可能形成公平，公平也只限于统治阶级内部，对于被统治阶级而言没有公平。资产阶级把商品的公平交换关系延伸到社会关系中，以商品交换的公平掩盖生产关系中的不平等和不公平。资本主义时期的公平正义与社会主义社会所坚持的公

---

① 《马克思恩格斯全集》第 3 卷，人民出版社 1960 年版，第 516 页。
② 《马克思恩格斯全集》第 20 卷，人民出版社 1971 年版，第 321 页。
③ 《马克思恩格斯全集》第 23 卷，人民出版社 1972 年版，第 102 页。

平正义存在本质的差别。资产阶级以商品的公平交换来解释资本主义社会的公平正义，这实际上掩盖了他们所强调的公平正义的不全面性。"大规模的贸易，特别是国际贸易，尤其是世界贸易，要求有自由的、在行动上不受限制的商品所有者，他们作为商品所有者是有平等权利的，他们根据对他们所有人来说都平等的（至少在当地是平等的）权利进行交换。"① 把公平正义限定在商品交换过程中的平等，显然不符合公平正义的全面性。从马克思劳动价值论的分析可知，劳动力作为商品出现在劳动力市场上时，劳动力的买卖的确是公平的，但是当劳动力进入生产领域就丧失了公平性。由此可知，资本主义社会的公平与正义是片面的、具有阶级性的。

马克思的公平正义观的本质是没有阶级性的，其条件是无产阶级通过斗争取得政权，无产阶级肩负着实现全人类解放的伟大历史使命。马克思说："可是大家知道，从资产阶级由封建时代的市民等级破茧而出的时候起，从中世纪的等级转变为现代的阶级的时候起，资产阶级就由它的影子即无产阶级不可避免地一直伴随着。同样地，资产阶级的平等要求也由无产阶级的平等要求伴随着。从消灭阶级特权的资产阶级要求提出的时候起，同时就出现了消灭阶级本身的无产阶级要求——起初采取宗教的形式，借助于原始基督教，以后就以资产阶级的平等论本身为依据了。无产阶级抓住了资产阶级的话柄：平等应当不仅是表面的，不仅在国家的领域中实行，它还应当是实际的，还应当在社会的、经济的领域中实行。尤其是从法国资产阶级自大革命开始把公民的平等提到重要地位以来，法国无产阶级就针锋相对地提出社会的、经济的平等要求，这种平等成了法国无产阶级所特有的战斗口号。""无产阶级平等要求的实际内容都是消灭阶级的要求。任何超出这个范围的平等要求，都必然要流于荒谬。"② "真正的自由和真正的平等只有在共产主义制度下才能实现；而这样的制度是正义所要求的。"③ 自从中国共产党成立以来，一直带领着中国人民与帝国主义、封建主义和官僚资本主义作斗争，最终建立了社会主义制度。社会主义社会是人类社会走向共产主义社会的过渡阶段，是无产阶级掌握了政权后建立的没有压迫、没有剥削并消灭了阶级的社会制度。为实现真正的

---

① 《马克思恩格斯选集》第 3 卷，人民出版社 1995 年版，第 446 页。
② 《马克思恩格斯选集》第 3 卷，人民出版社 1995 年版，第 448 页。
③ 《马克思恩格斯全集》第 1 卷，人民出版社 1956 年版，第 582 页。

"公平与正义"奠定了阶级基础和社会制度条件。在社会主义制度下全体社会成员共同占有生产资料，消灭了私有制存在的生产资料私人占有基础。消除了公平正义的阶级局限性，从全人类解放和人的自由与全面发展升华了公平与正义观。

真正的公平与正义不是资产阶级所宣扬的交换中的平等，生产关系是在生产过程中所形成的人与人之间的关系，它决定着人类社会中所有的关系，其中生产资料归谁所有起决定作用。生产分为生产、分配、交换和消费四个环节，在生产的各个环节中会形成不同的关系。在共同占有生产资料的制度中，生产四个环节形成的关系必然坚持公平和公正的原则。

生产资料共同占有决定了人们在生产过程中的地位是平等的，这就排除了在阶级社会中生产资料所有者对劳动者的剥削，体现了生产过程中的公平与正义。分配分为生产资料分配和产品分配，马克思说，"所谓的分配关系，是同生产过程的历史规定的特殊社会形式，以及人们在他们的人类生活的再生产过程中相互所处的关系相适应的，并且是由这些形式和关系产生的。这些分配关系的历史性质就是生产关系的历史性质，分配关系不过表现生产关系的一个方面"①。"分配的结构完全决定于生产的结构，分配本身就是生产的产物，不仅就对象说是如此，而且就形式说也是如此。就对象说，能分配的只是生产的成果，就形式说，参与生产的一定方式决定分配的特殊形式，决定参与分配的形式。"② 说明分配关系由生产关系决定，以生产资料公有制为核心的生产关系决定了生产资料和产品分配过程中也要坚持公平与正义。生产资料的分配决定社会成员在生产过程中所处的地位，也决定社会成员在社会各类生产之间的分配的性质和方式。因此，社会主义社会的分配采用按劳分配的形式，多劳多得，收入与贡献相对等。对于在交换过程中的公平与正义方面，马克思指出："交换只是生产和由生产决定的分配一方同消费一方之间的中介要素，而消费本身又表现为生产的一个要素，交换显然也就作为生产的要素包含在生产之内。"③ 说明了交换在生产各环节中的作用，生产和分配中的公平正义必然意味着交换和消费中的公平正义。

---

① 《资本论》第3卷，人民出版社2004年版，第999-1000页。
② 《马克思恩格斯选集》第2卷，人民出版社1972年版，第98页。
③ 《马克思恩格斯文集》第8卷，人民出版社2009年版，第22页。

（二）马克思的城乡关系理论

1. 城乡对立到统一

（1）城乡对立。马克思关于城市与乡村的理论起点是城市与乡村的对立。当人们的商品交换行为不断向一个地方集中时，该地区便逐渐发展成为城市，那些没有能够集中商品交换行为的人口居住区形成了农村，于是形成了城市和乡村的对立状态。城市和乡村对立的原因包括以下几个方面：

第一，城市和乡村对立的根源在于分工。马克思认为城市和乡村的对立和分化是劳动分工导致的。"第一次大分工，即城市和乡村的分离，立即使农村人口陷于数千年的愚昧状况，使城市居民受到各自的专门手艺的奴役。它破坏了农村居民的精神发展的基础和城市居民的体力发展的基础。如果说，农民占有土地，城市居民占有手艺，那么，土地就同样地占有农民，手艺同样地占有手工业者。由于劳动被分成几部分，人自己也随着被分成几部分。为了训练某种单一的活动，其他一切肉体的和精神的能力都成了牺牲品。人的这种畸形发展和分工齐头并进，分工在工场手工业中达到了最高的发展。"① 随着人类文明由野蛮向现代转变、社会制度不断形成和完善，城市成为先进文明的集中地，集中了工商业劳动，而乡村集中了农业劳动。他是这样说的："各民族之间的相互关系取决于每一个民族的生产力、分工和内部交往的发展程度。……某一民族内部的分工，首先引起工商业劳动和农业劳动的分离，从而也引起城乡的分离和城乡利益的对立。"② "这种对立鲜明地反映出个人屈从于分工、屈从于其被迫从事的某种活动，这种屈从现象把一部分人变为受局限的城市动物，把另一部分人变为受局限的乡村动物，并且每天都不断地产生他们利益之间的对立。"③

第二，"资本和地产的分离"促使城市和乡村对立。"城市和乡村的分离还可以看作是资本和地产的分离，看作是资本不依赖于地产而存在和发展的开始，也就是仅仅以劳动和交换为基础的所有制的开始。"④ 这种分离也使得城市集中了商业，人们在交换过程中不断提升文明水平，而土地集

① 《马克思恩格斯选集》第3卷，人民出版社1995年版，第642页。
② 《马克思恩格斯全集》第3卷，人民出版社1960年版，第24-25页。
③ 《马克思恩格斯全集》第3卷，人民出版社1960年版，第57页。
④ 《马克思恩格斯全集》第3卷，人民出版社1960年版，第57页。

中在农村成为农业生产的基本要素，传统农业对农民发展的限制，使得农村文明程度远远低于城市文明程度。

第三，技术创新扩大了城乡差距。蒸汽机的使用使得新机器更加便于搬运，尤其是使其向交通方面、商业集中的城市集中成为可能。马克思指出："这种原动机是在城市使用的，不像水车那样是在农村使用的，它可以使生产集中在城市，不像水车那样使生产分散在农村，它在工艺上的应用是普遍的，在地址选择上不太受地点条件的限制。"① 由此可知，技术创新提高了劳动生产率，以同样的劳动量能够生产出更多的产品，这就进一步拉大了城乡差距。与此同时，城乡对立也促使人口的大量流动。"这个阶级的道德水平和智力水平究竟怎样，是不难想象的。他们和城市隔离，从来不进城，因为他们把纱和布交给跑四方的包买商，从他们那里取得工资；他们和城市完全隔离，连紧靠着城市住了一辈子的老年人也从来没有进过城，直到最后机器剥夺了他们的收入，把他们吸引到那里去寻找工作。"② "工业的迅速发展产生了对人手的需要；工资提高了，因此，工人成群结队地从农业地区涌入城市。"③ "由于耕地变成了牧场以及农业进步减少了耕作所需的人手，大批农民不断被赶出乡村而流入城市。"④ 城乡差距的拉大，使得更多的农村劳动力流入城市，当城市人口规模不断增大时，城市的交换越发频繁，从而促进城市发展。

城市之所以能够快速发展，除了人口集聚带来的需求和投资增加是城市发展的重要条件，还有两个因素起着重要作用：一是交通便利加大城市间的联系。"铁路只是在最近才修筑起来的。第一条大铁路是从利物浦通到曼彻斯特的铁路（1830年通车）。从那时起，一切大城市彼此都用铁路联系起来了。"⑤ 二是基础设施的建设。"当股份公司等等进行为期很长的工程事业时，如铺设铁路、开凿运河、建筑船坞、大的城市建设、建造铁船、大规模农田排水工程，等等，这个要素将是十分重要的。"⑥ 这些因素共同作用使小城市逐渐发展为大城市，人口规模不断增大。例如，"织业的摇篮，而棉纺织业又使得郎卡郡完全革命化，把它从一个偏僻的很少开

① 《马克思恩格斯全集》第23卷，人民出版社1972年版，第414-415页。
② 《马克思恩格斯全集》第2卷，人民出版社1957年版，第282页。
③ 《马克思恩格斯全集》第2卷，人民出版社1957年版，第296页。
④ 《马克思恩格斯全集》第4卷，人民出版社1958年版，第167页。
⑤ 《马克思恩格斯全集》第2卷，人民出版社1957年版，第295页。
⑥ 《马克思恩格斯全集》第24卷，人民出版社1972年版，第536页。

垦的沼泽地变成了热闹的熙熙攘攘的地方;这种工业在八十年内使郎卡郡的人口增加了9倍,并且好像用魔杖一挥,创建了居民共达70万的利物浦和曼彻斯特这样的大城市及其附近的城市:波尔顿(60000居民)、罗契得尔(75000居民)、奥尔丹(50000居民)、普雷斯顿(60000居民)、埃士顿和斯泰里布雷芝(共40000居民)以及一系列的其他工厂城市"。①

(2)城乡融合。城市和乡村除了具有对立的关系外,还具有融合的关系。城乡融合过程可以分为主动和被动两种形式。首先,共产主义社会的建立需要消除城乡对立。马克思在《德意志意识形态》中说:"消灭城乡之间的对立,是社会统一的首要条件之一。"② 由于城乡对立,使得农村屈服于城市、农业屈服于工业、农民屈服于资本家。只有在城市与乡村建立统一的共同体,把城市与乡村、工业与农业、工人与农民结合起来,才能形成能够推翻资产阶级的阶级,才能建立无产阶级专政的新的社会制度。其次,城乡融合是经济社会发展的必然趋势。因为"乡村农业人口的分散和大城市工业人口的集中只是工农业发展水平还不够高的表现,它是进一步发展的阻碍,这种阻碍在目前已经深深地感到了"③。"城市和乡村对立的消灭不仅是可能的,而且它已经成为工业生产本身的直接需要,正如它已经成为农业生产和公共卫生事业的需要一样。只有通过城市和乡村的融合,现在的空气、水和土地的污毒才能排除,只有通过这种融合,才能使现在城市中日益病弱的群众的粪便不致引起疾病,而是用来作为植物的肥料。"④ "大工业在农业领域内所起的最革命的作用,是消灭旧社会的堡垒——'农民',并代之以雇佣工人。因此,农村中社会变革的需要和社会对立就和城市相同了。"⑤ 城乡融合需要具备一定的条件。

首先,农业生产方式的转变。城乡融合需要农村具有与城市相同的生产方式,即农业商业化运作。第一,"地租并不把人束缚于自然,它只是把土地的经营同竞争联在一起。土地所有权一旦构成了地租的来源,它本身就成为竞争的结果,因为从这时起土地所有权就依附于农产品的市场价值。作为地租,土地所有权丧失了不动产的性质,变成一种交易品"⑥。这

① 《马克思恩格斯全集》第2卷,人民出版社1957年版,第288页。
② 《马克思恩格斯全集》第3卷,人民出版社1960年版,第57页。
③ 《马克思恩格斯全集》第4卷,人民出版社1958年版,第371页。
④ 《马克思恩格斯全集》第20卷,人民出版社1971年版,第321页。
⑤ 《马克思恩格斯全集》第23卷,人民出版社1972年版,第551页。
⑥ 《马克思恩格斯全集》第4卷,人民出版社1958年版,第185页。

就涉及土地产权的问题，一旦土地由生产资料转变为生产要素，意味着土地产权可以转移，因而土地可以由有能力的经营者经营。第二，农业现代生产方式。在土地产权问题得到解决后，农业需要采用城市中的经营模式来经营。"此外，地租一旦取得货币地租的形式，同时交租农民和土地所有者的关系一旦取得契约关系的形式……现在却把他们在城市中获得的资本和城市中已经发展的资本主义经营方式，即产品只是作为商品，并且只是作为占有剩余价值的手段来生产的形式，带到农村和农业中来。"①

其次，乡村地区商业中心的形成。城乡融合还需要在农村地区形成产业和商业中心。这个商业中心必须是在乡村地区，并能具有城市的功能——城镇。马克思在分析城乡对立时指出了城镇形成的过程，他说："这种村镇里的居民，特别是年轻的一代，逐渐习惯于工厂工作，逐渐熟悉这种工作；当第一个工厂很自然地已经不能保证一切希望工作的人都有工作的时候，工资就下降，结果就是新的厂主搬到这个地方来。于是村镇就变成小城市，而小城市又变成大城市。"②"搬到里面来就愈有利，因为这里有铁路，有运河，有公路；可以挑选的熟练工人愈来愈多；由于建筑业中和机器制造业中的竞争，在这种一切都方便的地方开办新的企业。"③

最后，适合乡村地区的产业建设。马克思分析德国北部乡村产业发展时描述了这个地区产业建立的过程。"成为酿酒业转折点的是，人们发现不仅可以用粮食而且可以用马铃薯来酿酒取利。于是，整个行业实行了革命。一方面，酿酒业的重心现已最终地从城市转移到农村，而生产上等陈酒的小资产者日益被生产马铃薯劣等烧酒的大土地占有主所排挤。另一方面（这一点从历史上看更重要），酿造粮食烧酒的大土地占有主被酿造马铃薯烧酒的大土地占有主所排挤；酿酒业日益从富饶的粮食产区转移到贫瘠的马铃薯产区，即从德国的西北部转移到东北部——易北河以东的旧普鲁士。"④ 这就说明了乡村地区经济发展需要产业建设，同时也说明了乡村地区的产业要与当地资源相适应，不能与城市的产业雷同。

2. 城乡关系中的农民

关于农民问题，马克思主要分析了农民身份的转变。马克思在分析大

---

① 《马克思恩格斯全集》第25卷，人民出版社1974年版，第900-901页。
② 《马克思恩格斯全集》第2卷，人民出版社1957年版，第300-301页。
③ 《马克思恩格斯全集》第2卷，人民出版社1957年版，第301页。
④ 《马克思恩格斯全集》第19卷，人民出版社1963年版，第44页。

工业发展时指出："大工业在农业领域内所起的最革命的作用，是消灭旧社会的堡垒——'农民'，并代之以雇佣工人。因此，农村中社会变革的需要和社会对立就和城市相同了。最陈旧和最不合理的经营，被科学在工艺上的自觉应用代替了。"① 所以，农民身份转变是城乡融合的基本前提，主要分为两种形式：

第一种形式是人口流动带来的身份转变。马克思在分析城乡对立时指出了城市与农村产业的划分，城市中主要是手工业者从事制造业，农村中是农民从事农业生产。在资本主义社会阶段，农村生产关系仍然表现为剥削和压迫。马克思根据经济地位将农民划分为富裕农民、小农阶级和农业工人三个等级。富裕农民主要是占有土地并获得地租，小农阶级是农村人口的主体——佃农，农业工人——农村无产者，佃农和农业工人在富裕农民的剥削和压迫中艰难生存。为了摆脱压迫，大量佃农和农业工人逃亡到城市成为手工业者的帮工或学徒。尤其是工场手工业时期，农民大量聚集到城市，成为新的职工阶级，实现了身份转变。

第二种形式是农业生产方式转变下实现身份转变。传统农业中农民实现不了身份转变，这是因为土地小块化经营，使得农民依附于土地。马克思指出："小块土地所有制按其性质来说就排斥社会劳动生产力的发展、劳动的社会形式、资本的社会积累、大规模的畜牧和对科学的累进的应用。"② "在这种生产方式中，耕者不管是一个自由的土地所有者，还是一个隶属农民总是独立地，作为单独的劳动者，同他的家人一起生产自己的生存资料。"③ 也就是说，在传统的农业生产方式中，依靠传统的生产经验并将大量劳动力投入，实现土地和劳动力的结合，以此获得农业产出。马克思指出了城乡对立是工业进一步发展的桎梏，而消除这种桎梏的基本方式就是转变农业生产方式。因为现代农业生产方式采用了城市商业化运作模式，有利于要素在城乡间自由流动，有利于乡村经济发展从而实现城乡融合。农业生产方式能否得到转变关键在于农民，在传统农业生产方式下土地是农民赖以生存的基本条件，现代技术在农业中的应用将会排挤农民，从而威胁他们的生存。解决了农民问题意味着农业生产方式转变具备了客观条件，途径是农民转化为产业工人。

① 《资本论》第1卷，人民出版社2004年版，第551页。
② 《资本论》第3卷，人民出版社2004年版，第912页。
③ 《资本论》第3卷，人民出版社2004年版，第911-912页。

马克思用历史唯物主义分析了人类社会发展的基本规律，分析了资本主义社会中生产资料私有制和社会化大生产之间的矛盾，最终被社会主义社会所取代。从人的客观存在与社会存在角度和劳动价值论分析了资本主义社会只是一部分人的富裕，不可能有全体人民的共同富裕，而在社会主义社会和共产主义社会是可以实现共同富裕的，原因在于生产资料共同占有。这就从社会制度和生产关系角度揭示了共同富裕的一个基本前提。根据生产力和生产关系的关系可知，实现共同富裕的另一个前提是生产力的高度发达。社会主义社会是建立在资本主义社会基础之上的社会，生产力水平高于资本主义社会。这就为社会主义社会实现共同富裕奠定了物质基础，而我国的社会主义社会不是建立在资本主义基础上的，最大的现实就是生产力水平低。在建立了共同富裕的社会制度的基础上，社会主义社会实现共同富裕就要大力发展生产力和解放生产力。

二、习近平的共享发展和协调发展理念

（一）共享发展理念

1. 共享发展理念的源泉

2012 年 11 月 15 日，习近平同志在十八届中央政治局常委同中外记者见面时指出："人民对美好生活的向往，就是我们的奋斗目标。"这句话充分地反映了党领导人民的根本宗旨，也充分地说明了社会主义制度的优越性。

社会主义的本质是解放和发展生产力，实现共同富裕是社会主义的最终目标。改革开放 40 多年来，中国共产党领导人民建立以公有制为主体、多种所有制经济共同发展的基本经济制度，建立以按劳分配为主体、多种分配方式并存的收入分配制度，以及建立了社会主义市场经济体制。基本经济制度的建立既保证了社会主义发展方向，也激活了要素，活跃了经济，人民生活水平由贫困转入富裕。随着经济社会进入新时代，人民对生活有了更高的要求和向往。习近平同志提出"人民对美好生活的向往，就是我们的奋斗目标"的总要求正是人民对美好生活向往的需要。

人民对美好生活的向往到底是什么？习近平同志也给出了具体的答案。他指出："我们的人民热爱生活，期盼有更好的教育、更稳定的工作、

更满意的收入、更可靠的社会保障、更高水平的医疗卫生服务、更舒适的居住条件、更优美的环境,期盼孩子们能成长得更好、工作得更好、生活得更好。"新时代,只有进一步提高经济发展水平,进一步深化改革,才能实现人民对美好生活的向往。这就为习近平同志提出共享发展理念提供了依据。

2. 共享发展理念的正式提出

习近平同志正式提出共享发展理念是在党的十八届五中全会上,他指出:"坚持共享发展,必须坚持发展为了人民、发展依靠人民、发展成果由人民共享,作出更有效的制度安排,使全体人民在共建共享发展中有更多获得感,增强发展动力,增进人民团结,朝着共同富裕方向稳步前进。"这里包含了共享的目的、原则和途径。

改革开放取得的举世瞩目的成就依靠的是人民,现在推动经济高质量发展同样依靠人民。因此,共享时代发展成果,也需要依靠人民。只有依靠人民才能创造出更多的价值,只有依靠人民才能进一步完善制度,为人民共享发展成果打下基础。

坚持共享发展是为了人民,让人民共享发展成果,让人民在共建共享中有更多的获得感。所以,具体的途径是做出更有效的制度安排,习近平总书记强调,要突出重点,对准焦距,找准穴位,击中要害,推出一批能叫得响、立得住、群众认可的硬招实招。共享发展理念的前提是公平与正义,必须减少贫困,缩小收入差距、地区发展差异和城乡不均衡发展。

自改革开放以来,尤其是市场经济体制建立以来,城市快速实现现代化,农村受到传统农业生产方式的制约发展滞后,城乡差距越来越大。农村居民较难像城镇居民一样获得发展,参与分享城市的现代化的机会也较少。东部地区由于较早得到国家改革开放政策的支持,经济越来越发达,而西部欠发达地区发展缓慢,经济发展的地区差距也越来越大。共享发展理念的提出,对于化解以往发展进程中客观存在的失衡、差距以及由此导致的各种社会矛盾与社会问题,有着极其重要的实践价值。有了共享发展理念,共同富裕的道路才能变得清晰,相关制度安排才会有的放矢。

共享发展理念的原则和本质是坚持以人民为中心,实现共同富裕的目标。由此可知,共享发展理念的内涵应该包括以下几个方面:

(1)共享是全民共享,这是就共享的覆盖面而言的。共享发展是人人享有、各得其所,不是少数人共享、一部分人共享。

（2）共享是全面共享，这是就共享的内容而言的。共享发展就要共享国家经济、政治、文化、社会、生态各方面建设成果，全面保障人民在各方面的合法权益。

（3）共享是共建共享，这是就共享的实现途径而言的。共建才能共享，共建的过程也是共享的过程。要充分发扬民主，广泛汇聚民智，最大限度激发民力，形成人人参与、人人尽力、人人都有成就感的生动局面。

（4）共享是渐进共享，这是就共享发展的进程而言的。一口吃不成胖子，共享发展必将有一个从低级到高级、从不均衡到均衡的过程，即使达到很高的水平也会有差别。

随着经济社会进入新时代，共享发展理念就归结为两个方面：一是充分调动人民群众的积极性、主动性、创造性，不断把"蛋糕"做大；二是把"蛋糕"分好，让社会主义制度的优越性得到更充分体现，让人民群众有更多的获得感。

3. 共享发展理念的具体措施

（1）消除贫困，改善民生。人人共享，就是要让贫困人口也能共享发展成果。习近平同志在 2012 年 12 月 29 日至 30 日到河北省阜平县看望慰问困难群众并考察扶贫开发工作时强调："消除贫困、改善民生、实现共同富裕，是社会主义的本质要求。对困难群众，我们要格外关注、格外关爱、格外关心，千方百计帮助他们排忧解难，把群众的安危冷暖时刻放在心上，把党和政府的温暖送到千家万户。"按照 2010 年标准，2019 年我国农村贫困发生率为 0.6%，2019 年全国农村贫困人口为 551 万人。这些贫困人口在人力资本积累数量、就业机会、收入水平和生活条件等各方面严重滞后于城镇居民，没有参与分享的机会。因此，共享的一个具体措施就是消除贫困，改善民生。让他们有机会分享，有分享的对象。

（2）提高农村居民生活水平。2019 年农村居民恩格尔系数为 30.0%，达到富裕水平。但是与城镇居民相比低了 2.4%。农村滞后于城镇，在基础设施、基本服务和生活环境方面与城镇相差甚远，所以农村居民的生活质量低于城镇居民，特别是欠发达地区的农村居民。2012 年 12 月 29 日至 30 日，习近平同志在河北省阜平县看望慰问困难群众时指出："没有农村的小康，特别是没有贫困地区的小康，就没有全面建成小康社会。"2015 年 4 月 30 日，习近平同志在中共中央政治局第二十二次集体学习时强调："给农村发展注入新的动力，让广大农民平等参与改革发展进程、共同享受改革发展成果。"进一步说明了共享发展理念，就是要让农村居民有公平的参与分享的机会和参与分享的能力，根本措施在于发展乡村经济。

（3）解决教育的均等化。教育是提高国民素质、积累人力资本的重要途径。长期的城乡二元化发展，使得城市集中了绝大部分教育资源，尤其是优质的教育资源。农村居民的子女在接受教育方面就已经与城镇居民产生了差异。与此同时，流入城市的农业转移人口子女，由于户籍因素限制和教育资源不足且分布不均衡，也不能公平地、顺利地进入当地较好的公办学校学习。2013 年 9 月 25 日，国家主席习近平在联合国"教育第一"全球倡议行动一周年纪念活动上发表视频贺词时指出："中国将坚定实施科教兴国战略，始终把教育摆在优先发展的战略位置，不断扩大投入，努力发展全民教育、终身教育，建设学习型社会，努力让每个孩子享有受教育的机会，努力让 13 亿人民享有更好更公平的教育，获得发展自身、奉献社会、造福人民的能力。"2015 年 5 月 23 日，习近平同志致信祝贺国际教育信息化大会开幕演讲中指出："让亿万孩子同在蓝天下共享优质教育、通过知识改变命运。"教育是兴国的一个条件，只有教育机会均等，才能培养出更多的建设人才。

（4）居民住房保障。安居乐业是中华民族的传统，只有安居才能乐业。也只有安居才能使居民在分享成果的过程中具有安全感。自改革开放以来，大量农业转移人口流入城市，因为没有获得市民权利，住房保障制度没有将他们纳入保障范围内。他们以居住在工地、工作场所、城中村等形式解决自己的居住问题。这不仅不符合公平、正义以及"以人民为中心"的基本原则，更不利于为城市提供稳定的产业工人。习近平同志的共享发展理念中把住房问题单独提出来，他指出："加快推进住房保障和供应体系建设，是满足群众基本住房需求、实现全体人民住有所居目标的重要任务，是促进社会公平正义、保证人民群众共享改革发展成果的必然要求。各级党委和政府要加强组织领导，落实各项目标任务和政策措施，努力把住房保障和供应体系建设办成一项经得起实践、人民、历史检验的德政工程。"

这一切都是共享发展理念的具体表现，归结在一起就是民生问题，涉及基本公共服务建设的基本方面。党的十九大报告提出，从二〇二〇年到二〇三五年，在全面建成小康社会的基础上，再奋斗十五年，基本实现社会主义现代化。党的二十大报告进一步明确了到 21 世纪中叶把我国建成富强民主文明和谐美丽的社会主义现代化强国的宏伟目标。在社会建设中要以共建共享为原则，关键在于制度政策、体制机制的建设和完善。只有这样才能保证公平与正义，才能让人民有共享的机会。正如习近平同志所说："一个好的社会，既要充满活力，又要和谐有序。社会建设要以共建共享为基本原则，在体制机制、制度政策上系统谋划，从保障和改善民生做起，坚持群众想什么、我们就干什么，既尽力而为又量力而行，多一些雪中送炭，使各项工作都做到愿望和效果相统一。"

（二）协调发展理念

习近平同志提出的新发展理念中还包括协调发展的内容。马克思主义理论认为事物是普遍联系的，由此可知，经济社会发展过程中的各个因素也是相关联的。协调发展理念体现了事物的普遍联系原理。所谓协调发展理念，就是坚持唯物辩证法，用联系的观点看待事物，通过现象认识事物及事物各要素的相关影响和制约，以系统的方法解决问题。新时代的社会主要矛盾的一个主要方面是不平衡不充分的发展，根据"木桶原理"可知，在相互联系的各方面中，只要有一个方面发展滞后，就会影响整体效应的有效发挥。协调发展理论就是解决不平衡不充分发展的手段和方法。正如习近平同志所指出的："新形势下，协调发展具有一些新特点。比如，协调既是发展手段又是发展目标，同时还是评价发展的标准和尺度。再比如，协调是发展两点论和重点论的统一，一个国家、一个地区乃至一个行业在其特定发展时期既有发展优势、也存在制约因素，在发展思路上既要着力破解难题、补齐短板，又要考虑巩固和厚植原有优势，两方面相辅相成、相得益彰，才能实现高水平发展。"①

协调发展既有农村居民与城镇居民之间在生活水平上的协调发展，也包括城市与乡村地区的协调发展，农业与工业、服务业之间的协调发展，东部发达地区与中西部欠发达地区之间的协调发展。

如何将新发展理念落到实处，习近平同志在省部级主要领导干部学习贯彻党的十八届五中全会精神专题研讨班上做出了明确指示，一是深学笃用，二是用好辩证法，三是创新手段，四是守住底线。在欠发达地区新型城镇化建设中不仅要坚持上述四个方面，更重要的是切实做好协调。习近平

---

① 参见 2016 年 1 月 18 日习近平在省部级主要领导干部学习贯彻党的十八届五中全会精神专题研讨班上的讲话。

同志指出："我们必须把创新作为引领发展的第一动力，把人才作为支撑发展的第一资源，把创新摆在国家发展全局的核心位置，不断推进理论创新、制度创新、科技创新、文化创新等各方面创新，让创新贯穿党和国家一切工作，让创新在全社会蔚然成风。"[①] 这里的"制度创新"在新型城镇化中就表现为户籍制度、基本公共服务制度在不同群体间的协调，即二元户籍制度、二元基本公共服务制度的一元化。除此之外，协调发展理念还应该在市民化中协调公共成本在地区间、中央政府和地方政府间的重新再调配，协调城市与乡村的关系，协调三大产业在城乡间的分布和在地区间的分布。通过新型城镇化中各种因素的相互协调，稳步、有序和快速地推动市民化进程，使欠发达地区在"以人为核心"的城镇化为动力，实现经济快速发展、人民生活更加富裕。

新时代是逐步实现共同富裕的时代，由于地区差异和城乡差异的不平衡不充分的发展，使得流入城市的农业转移人口和留在农村的居民较难获得富裕起来的机会。习近平同志提出的共享发展理念，就是让更多的人有富裕起来的机会，有公平的机会参与分享时代发展成果。从马克思主义理论和习近平同志的共享发展理念可以知道，共同富裕是社会主义的最终目标，它是一个动态过程，而不是静态指标。共同富裕不是同等富裕，也不是同步富裕。共同富裕首先是机会均等，是在此基础上收入差距缩小、人民生活水平提高的过程。

三、发展经济学的相关理论

（一）人口流动

在二元经济中城市与乡村对立发展必然会带来农村人口向城市流动。早在 20 世纪 50 年代，著名的发展经济学家刘易斯（Lewis）在其题为《劳动无限供给下的经济发展》一文中提出了人口流动理论。他将经济划分为城市的现代工业部门和农村的传统农业部门。刘易斯认为，在发展中国家，土地有限性和人口大量增长同时并存，劳动力资源丰富。若大量劳动力投入没有资本驱动的传统农业中，劳动的边际产量小于等于零。

[①]　参见 2015 年 10 月 29 日习近平在党的十八届五中全会第二次全体会议上的讲话。

城市现代工业部门的工资水平由农业生产经营收益决定。传统农业中劳动的边际产量小于等于零，意味着农业劳动者收入水平非常低。这就使得城市现代工业部门的工资水平存在一定限度。工资保持在这个限度水平，既不会高于该限度，也不会低于该限度。否则，大量农业劳动力流入城市，在劳动力供给大于需求的条件下，工资被迫下降。同时，刘易斯也指出，城市现代工业部门的工资高于农业劳动力的收入，这是因为城市的生活费用高、补偿和激励因素的共同作用。这种收入差距引起了农业劳动力向城市现代工业部门的转移。只要城市现代工业部门的规模足够大，就可以按照现行工资水平雇用到所需要的劳动力。这就是所谓的"劳动力无限供给"。随着劳动力的进一步流动，传统农业中劳动的边际产量会逐渐提高，农业劳动力收入也会不断提高。这时劳动力就不再是无限供给的，这个点也被称为"刘易斯拐点"。

刘易斯假定城市没有失业的条件下，城乡收入差距促使农业劳动力流向城市。但是在 20 世纪六七十年代，发展中国家同时出现了农业劳动力流入城市和城市高失业率的现象。对此，托达罗（Todaro, 1969）提出了有预期的人口流动模型。托达罗认为，农业劳动力是否愿意从农村流入城市，城乡收入差距仅仅是一个影响因素，但是不能构成决定因素，流入因素还应该包括城市失业率。例如，在城市失业率较高时，虽然城乡收入差距也大，但是理性的农业劳动力要权衡进入城市获得就业机会的概率有多大。如果就业机会概率小，即使城市收入高，农业劳动力也不会流入城市。所以，托达罗人口流动模型的最终目的是探讨如何减缓农业劳动力向城市流入的速度。这也是我国经济社会进入新时代以后，在新型城镇化中所要关注的重点。

（二）农业发展

发展中国家在发展的初期通常重视城市发展、工业发展而忽视了农业和农村的发展。在城市失业率不断提高、收入差距不断拉大的情况下，发展中国家逐渐将增加就业、调整收入分配和经济发展共同作为经济社会发展的目标，开始转向工业与农业、城市与农村协调发展的道路。这正是发展经济学家迈耶提出的观点，即农业在国民经济中的地位不应被忽视。[①]

---

① ［英］杰拉尔德·M. 迈耶：《发展经济学的先驱理论》，谭崇台等译，云南人民出版社1995 年版，第 431 页。

发展中国家的农业是依靠世代相袭的种植经验来经营的，这种传统的农业没有使农民富裕起来，关键在于农业的生产方式过于落后。在舒尔茨看来就是现代技术无法被引入农业生产中。[①] 主要原因是农民文化水平低、信息流通不顺畅、风险规避等。

如何通过引进现代农业技术改变农业的传统经营方式成为农业经济中关注的焦点。所谓引进现代农业技术，目的是提高农业生产效率。速水佑次郎、弗农·拉坦（2000）提出了诱导技术和体制变革理论。所谓"诱导技术和体制变革理论"，就是市场经济中相对稀缺的要素导致要素供给价格变化，进而推动技术发生革新，用廉价要素替代昂贵要素的过程。

技术的应用需要土地集中并规模化，这就涉及农地制度。通常土地制度可分为租佃制、庄园制和种植园制。不同形式的土地制度对技术在农业中应用的阻碍作用存在一定的差异。这就需要对土地制度进行改革。同时，土地制度对农业绩效也产生一定影响，姚洋（2000）认为，我国的土地制度存在稳定效用、资源配置效用和社会保障效用。这三个效用分别从投资者信心、生产的边际效率和人口流动三个方面发挥着效率功能。在此基础上进一步考虑的问题是农业规模化经营的程度问题，大农场与小农场在经营收益方面是不是存在一定的区别。罗伊·普罗斯特曼等（1996）认为，中国农业生产中的规模效益很微弱，农场规模与生产效率之间的关系一般是反向相关。随着农地的"三权分置"改革效用的凸显，中国发展农业需要进一步研究适度规模的问题。

（三）城镇化

城镇化与工业化发展是相互促进、互为因果的关系。从刘易斯的理论可以看出，城市集中了现代工业，城市和工业相互发展过程中会对农业发展产生积极影响。因此，哈德逊（Hudson，1969）和佩德森（Pedersen，1970）等学者主张发展城市和工业。随着城市的大力发展，交通拥堵、环境恶化等城市病也在产生。Todaro 和 StilKind（1981）认为，发展中国家城市发展得太快，这种城市化不仅没有使城镇化的外溢效应得到发挥，还进一步制约了农村的发展。

费孝通（1996）从村落到小城镇的演变过程将中国小城镇发展划分为

---

① ［美］西奥多·W. 舒尔茨：《改造传统农业》，梁小民译，商务印书馆 2006 年版，第 31 页。

三个阶段：家庭联产承包责任制、乡镇企业异军突起和新型小城镇三个阶段。他认为小城镇是可以构成人口集中的蓄水池，这就涉及土地的扩张问题，又与耕地面积联系在一起。所以，发展小城镇必须正确处理城镇扩建与耕地之间的关系。

从城镇化发展模式看，李强等（2012）认为，有两种模式，分别是自发式形成和政府主导建设而形成。自发式形成需要通过要素、商业等不断向城市集中，所需过程较长。政府主导型的城镇化可以通过开发区建设等多种途径快速实现城镇化。但是涉及政府与民众良性互动以实现城市增长的公平正义问题。在城镇化对经济发展的作用方面，胡鞍钢（2003）认为，城镇化应该是中国经济发展的主要推动力。洪银兴（2003）从城市功能角度再一次确定了我国城镇化发展的重点不再是人口向城市集中，而是要素、市场、公司等向城市集中。以此提高城镇化的基本效用。刘守英（2018）把中国社会发展划分为三个阶段，分别是"乡土中国""城乡中国""城市中国"。在这三个阶段中，刘守英认为最合适的是"城乡中国"，因为这一阶段中结构转变最快、要素流动最活跃、城乡关系变化最大。城市化发展的基本规律是集中后再分散，也就是说在城市化发展过程中要素、产业、商业等不断向城市集中。当集中达到一定程度后，就会向周围发散，也就是城市对周边的辐射效应。从中国城市发展的实践看，城市的辐射效应并没有得到有效发挥。需要政府发挥积极作用，促进城乡融合发展。这需要城市空间发展（黄瑛和张伟，2010）、乡村产业发展（付伟，2018）等多种途径来实现，最终促进融合发展。

第三节　文献评述

一、国外关于城镇化的研究

（一）城市化的形成与发展

1. 社会分工促进城市化

Gibbs 和 Martin（1962）认为，城市化发展取决于分工和技术进步。

只有通过劳动分工和先进技术，人们才能从很远的地方带来各种物资。分工与商品交换条件使得要素和商品经济行为集中于城市。Mabogunje（1965）分析了尼日利亚在被殖民化之前的城市化发展情况，发现参与世界贸易是可以促进城市化发展的。尼日利亚殖民化前凭借其快速高效的运输系统以及其他经济机构和技术创新，发展了自己的关键节点，特别是港口、铁路或通往铁路线的主要道路。这些节点不断发展成为大城市。

2. 特殊因素促进城市化

Mabogunje（1965）认为，城市化的形成是因为这些城市的地理位置特殊。而 Brutzkus（1975）对发展中国家城市化研究发现，发展中国家的城市化不是源于城市的特殊地理位置，即使是沿海的港口城市，其不断发展也不是因为地理因素，而是历史因素。这些城市通过它们的历史因素取得了相对于国内其他城市的核心优势，以历史为积淀发挥了城市功能和作用，很快就将竞争的城市远远抛在了后面。

3. 农业发展促进城市化

Motamed 等（2014）从农业发展角度探讨了城市化的形成，发现早期城市化与农业气候适宜耕种、季节性霜冻、更容易接近海洋或通航河流，以及与海拔较低之间有着密切的联系。

(二) 城市化对经济社会发展的影响

1. 城市对周边城镇和农村的辐射和吸收效应

Park（1929）认为，城市化发展过程分为聚集和扩散两个阶段。城市不断成熟化的过程是要素聚集、市场和生产不断集中的过程，等到其发展成熟后就进入扩散阶段，也就是要素向周边城镇和农村辐射，深刻地改变了农村生活的形式和内容，也包括文明、独特的态度、价值观和行为模式（Clark，1931）。Gee（1935）分析了美国的城市发展，发现在以农业为中心的美国南方地区，城市化的快速发展不仅提高了从农业转移到非农产业工人的收入水平，同时也提高了农村的生活水平。当然，城市化对周边城镇也具有吸收效应。

2. 城市化与社会治安

城市化的发展也会带来严重的社会和治安问题。Gee（1935）认为，还有生育率下降、离婚率上升，这是因为城市化导致人们的观念发生了转变。这种观念转变的根本原因是子女的数量限制了城市带来的物质享受。因此，城市生育率远远低于农村生育率。城市化过度集中会把各种资源集聚在城市，导致的直接后果是周边中小城市尤其是农村的基础社会落后。城市治安问题也随着城市化变得更加严重。Clinard（1942）比较了城乡犯罪率的差异，发现城市化带来的社会关系改变推动了城市犯罪率高于农村犯罪率。这是因为随着城市化的不断发展，从农村流入城市的年轻人将人际关系的关注点放在了非个人关系上，在城市越来越没有人情味的情况下，在城市的农村青年的犯罪率开始上升。

3. 城市化对家庭和个人的影响

Carnahan 等（1974）在研究城市承载能力时，发现城市人口的不断增加会带来家庭行为的病态化，这可能是城市化和工业化产生的心理压力。城市化也对个人的身体健康带来影响，Goldstein（1990）认为，城市化与贫穷、营养不良、卫生设施不足、污染、心理压力以及保健服务不足有关。这其中环境污染对人们健康的威胁更应该得到重视。这就提出城市化发展与生态环境之间的关系问题。Voyer 和 Pesch（2000）认为，经济主体已经认识到环境保护和经济繁荣不一定是相互排斥的。在商业世界中实现经济增长和环境质量之间的平衡是可能的，只是需要采取相应的办法，如社会科学和自然科学提供的技术技能。

4. 城市化与贫困人口

"贫民窟"一直是多数国家城市化发展过程中出现的问题。避免在城市中出现富裕人口和贫困人口的差别，关键要看教育以及经济保障。Horlick（1971）认为，城市化能否实现现代化，主要看城市能不能为流入城市的人口提供获得教育的机会和提供一定程度的经济保障，如果不能提供，则会出现"城市村民"。这些"城市村民"与原有城市人口形成了传统与现代并存的局面，这实际上就是城市化失败的表现。由于就业、教育和收入机会不平等，"城市村民"不能积累人力资本而陷入贫困，贫困加剧了他们的生存条件的恶化，最后陷入"恶性循环"。Murray（1987）认为，在城市化发展过程中往往会出现现代化社会和贫困社区并存的主要原因包括两方面。一方面，这些人依靠进入大城市劳动力市场谋生。另一方面，他们最容易受到国家在住房短缺、就业竞争和丧失公民权利等制度排斥的影响。因此，具有完善的就业和社会保障是消除贫困的关键措施。

(三) 政府在城市化发展中的作用

1. 政府应该增加财政支出，提供公共物品和公共服务

城市化的直接表现是大量外来人口的流入，这就要求城市必须有相应公共设施和公共服务的供给。通常人口的流入速度会大于城市公共设施和服务供给的速度。同时，公共设施和服务具有准公共物品属性，私人不愿意增加投资。因此，Baltzell（1954）认为，城市化过程中政府需要解决两个问题，一个是对城市发展进行规划，另一个是增加公共设施和服务的财政支出。

Davis 和 Golden（1954）通过比较印度与荷兰城市发展发现，城市化虽然表示城市人口占总人口比重，但是这不能代表城市化发展质量。例如，印度的城市人口比荷兰多，但其城市化程度远不如荷兰，突出表现在人口素质和人力资本存量方面。随着城市化的高度发展，农业将会由传统农业进入现代农业，继续释放大量的农业剩余劳动力。高度城市化需要政府提供正规教育、公共卫生、科学、艺术等，提升市民的基本素质和人力资本存量。Schnore（1961）认为，城市化是技术进步的结果，即城市人口的聚集可以归因于技术进步。能够适应技术和创新技术的人必须具备相应的人力资本。因此，政府的首要任务是提高人口素质，提高居民身体健康水平。总之，政府应该增加财政支出，提供完善的公共物品和公共服务，才能促进城市发展质量不断提升。

2. 政府在城市化中的战略方向与选择

政府应该明确城市化发展程度和发展方向，否则就会出现过度城市化带来的负面效应。例如，Rimmer 和 Cho（1981）在研究马来西亚城市化问题时发现，马来西亚政府在推动城市化发展的过程中采取的是抑制措施。马来西亚城市化过程中并没有大量农村人口向城市流入。原因在于政府的农村发展政策在改善生活条件和说服农村人口不要去城市方面的成功。Kornhauser（1958）在研究日本城市化进程时发现，日本政府为了快速推动城市化进程，提出了一项规模空前的城市合并计划，创建了数百个新城市。从实际情况看，日本有30%的城市以农业发展为主，这不仅使新兴城市缺少发展动力，更加大了城市人口压力。所以，日本政府制定了降低人口增长率的措施，以缓解城市人口压力。所以，政府政策方向不同直接决定了城市化的程度和城市之间的差异。对此，Jones（1988）比较了印度尼西亚和泰国的城市等级性质差异并进行了论证。两个国家城市差异的根源在于两个政府的城市化政策的巨大差异。一是需要适当的宏观经济和部门政策，因为这些政策对城市化模式的影响可能大于那些专门针对城市增长的政策。二是需要进一步下放权力和对资源分配进行决策。

总之，城市化进程中政府的主导作为和地位是非常重要的。正如Milone（1964）和Belokrenitsky（1974）所持的观点一样，传统社会在通过城市化实现现代化的过程中，政府的作用是不可抹杀的。政府通过计划、战略等发展经济可以使城市化与经济增长保持同步。如果政府在城市化过程中没有发挥好主导作用，则会带来政治受到影响、工会能力被削弱、社会福利降低等后果（Roberts，1989）。

（四）城市化促进经济增长

通常来讲，城市化可以作为促进经济增长点。Davis 和 Golden（1954）认为，一个国家城市化程度高就会形成中心城市与卫星城市。这些中心城市成为一个增长极，它不仅影响周围地区的发展，同时也会影响不发达国家。Gottmann（1957）运用空间计量方法研究了地理位置和城市圈的问题，发现地理位置相邻的高度发展的城市会形成都市圈。都市圈作为一个市场，无论是商品市场还是货币市场，都在主导着全国其他地区。这是因为：一是特大城市更专注于更精细的精加工行业和涉及大量实验室工作和研究的行业；二是都市圈具有发达的商业和金融功能。Anderson（1959）认为，城市化有两个特征：城市化是向心式的，吸引人们来到城镇；城市化也是离心式的，向外辐射其影响，这强化了其向心作用。他发现正是因为城市化的这两个特征，才加速了工业化、世界的网络化，并促进非洲、亚洲城市化的进程，提高了城市化在亚非国家经济增长过程中的作用。

Robinson（1963）以澳大利亚经济增长为研究对象，再一次证明了城市化所形成的增长极问题。发现大都市集中成为经济增长的增长极。例如，悉尼和墨尔本最初是作为中心城市加强了大都市集中的趋势，通过大都市推动了澳大利亚经济增长。在农业发展方面，城市化和工业化使得机械和设备替代劳动力，广泛地使用化肥来增加农产品产量，这些促进了农业生产率的提高。需要强调的是，澳大利亚城市化没有表现为农业人口大量流入城市，这是因为澳大利亚的农业一直是商业化运作，商业化在很大程度上是自然条件的结果。以上城市化需要一定条件才能发挥作为经济增长的作用。Morse（1965）发现，拉丁美洲的农业人口向大城市转移，与城市经济增长率不相协调，出现了各种问题，主要体现在：人口向大城市的流动与稳定城市就业的新机会不成比例；大城市缺少足够的物质资源来吸收不断增长的人口，政府缺乏资金来实施大规模的住房项目；城市缺乏非个人的组织、志愿协会和行政服务；移民和弱势群体被抛弃在现代社会之外。因此，推动城市化并以此促进经济增长，要保证人口流动与经济增长同步。也就是说，这需要以城市能够吸纳这些人口作为条件，否则会降低城市经济发展质量。

（五）过度城市化与发展中国家城乡发展

任何事物都存在"度"的问题，城市化也不例外。Firebaugh（1979）认为，城市发展与人口承载之间存在着一个均衡点，如果人口流入导致城市承载能力超过这个均衡点，那么就是城市过度发展。如果是出于这个原因而限制人口流入，则会造成农村人口过剩。农村人口过剩带来的危害远远大于过度城市化带来的危害。

1. 过度城市化的含义

通常认为过度城市化是指城市规模过大，但是 Sovani（1964）和 Abu-Lughod（1965）指出，过度城市化实际上指在城市工业发展较为缓慢的条件下，农村土地无法承担过剩人口带来的城市人口过度。这种过度城市化通过错误地分配稀缺的资本资源阻碍了不发达地区的经济增长。Abu-Lughod（1965）认为，处于工业化早期阶段的国家在城市人口规模和分布方面都存在不平衡，也就是说，在城市和城镇中的人口比例高于其经济发展阶段所"保证"的比例，就是过度城市化。同时，是城市就业机会充分扩大之前，未就业和未充分就业的农业人口过度迁移到城市的最终结果。所以，过度城市化的本质就是城市人口规模大于城市所能承载的限度。

2. 过度城市化的负面效应

Abu-Lughod（1965）认为，城市人口过度集中在相对较少的城市有可能成为任何工业化计划的关键瓶颈。这是因为，当城市人口达到极限后，提供市政和私人服务的人均成本可能会飙升。在新兴工业化国家，对城市工厂和间接费用的"非生产性"投资必须与对生产性设施的投资竞争，这种有限资金的不当配置可能会严重危及经济发展目标。与此同时，改善农村地区的经济社会环境，也会受到城市人口过度集中趋势的阻碍。因此，促进经济发展的主体是城市精英，而他们几乎完全集中在首都，无法为小城市发展提供人力资本支持。

3. 发展中国家的城市化发展

二元结构是发展中国家的特征，这些国家一直以城市化的方式推动经济结构一元化。但是这些发展中国家在城市化发展过程中需要处理的问题相对较多。

第一，缩小城乡差距。McKee 和 Leahy（1970）认为，发展中国家在二元结构条件下发展城市化能够带来经济增长，同时也会加大城乡差距。城乡差距能够通过城市化缩小，这取决于现代经济是否叠加于传统经济之上。如果现代经济位于城市地区及其周围，那么，它会加剧城市化带来的差距。如果现代经济的某些部门存在于既有城市综合体之外，经济增长差距可能会缩小。因此，发展中国家缩小城乡差距，实现一元结构经济发展，需要城乡结合并同步发展。

第二，城市化快速发展的条件。Brueckner（1990）构建了一个发展中国家城市化的简单模型。当假设城乡实际收入均等时，城市化能够均衡发展取决于三个关键比率，其中最重要的是城乡收入比率。通过理论预测，发展中国家城市化水平与城乡收入比率成反比，且实证研究为现实均衡假设提供了支持。因此，发展中国家要想使城市化快速和均衡发展，必须降低城乡收入比率。

第三，城市化发展中的集中趋势。Henderson（2002）认为，发展中国家的城市化表现出了集中化，也就是人力资源、资本等要素，生产、经营等生产活动要素都向几个大城市集中。主要原因在于：大城市拥挤和污染的外部性相对较低，这导致了大城市的人口过剩；中央政府官员的寻租和城乡平衡导致资本市场和进出口、工厂生产和物资分配的集中化，迫使生产地点集中化；在主要城市和区域间联系之外的基础设施投资和公共服务供给长期保持在过低水平。因此，缓解这个问题的办法就是发展中小城市，并对其加大基础设施的投资。

（六）城市化过程中的阶层流动与固化

城市化必然与阶层流动联系在一起。职业的专业化使得城市中的职位数量越多，换职业和地位上升（或下降）的机会就越大。行政机构和大型组织集中在城市地区，劳动力的非人力职位数量随着城市的发展而增加，这增加了进入非人力职位的机会。然而，城市化给居民带来了阶层流动的机会，但也不能排除阶层固化的现象。对此，Evers（1966）对泰国阶层流动做了研究，发现居民在阶层间的流动与理论阐述正好相反，泰国城市社会中城市化和官僚化可能导致阶级制度的形成和社会流动性的暂时下降。阶层固化的原因是什么？其关键在于城市发展是否带来了公平与平等。

Angotti（1996）以妇女和从农村进入城市的人口为研究对象，提出了阶层固化的不同看法。认为妇女和从农村进入城市的人口都为城市发展做出了贡献，然而，其贡献与回报不对等，这就是阶层固化。为了解决现有的不平等，城市和区域规划战略需要与解决经济不平等的国家战略保持一致。它们应该以平衡的方式分配资源，以改善城市和农村人口的日常生活条件。所以，阶层固化的根源在于群体之间的不平等和不公平。

如何解决城市内部群体间的不平等和不公平，基本方式是构建社会群体之间的融合机制。Joppke（2007）认为，外来移民在城市中会形成一个群体，当城市社会不公平越发严重时，这些群体将受到不公平待遇。在这个背景下，促进城市各个社会群体之间的融合是必要的。欧洲国家通常的做法是颁布反歧视法。但是反歧视法的效果相对较为模糊。这点可以从澳大利亚的"公民身份测试"获得借鉴。所以，最终的做法是增强各个群体的国家认同感和民族认同感，以此消除各个群体间的隔阂，促进他们之间的融合。

国家认同感和民族认同感的核心是建设市民共同的价值观、文化理念，使人们在共同文化下融合。Lloyd（2012）分析了美国南方城市化中居民对独立的认同感，发现虽然美国南方城市化加快，但是南方的居民仍然不放弃追求"南方独立"的想法。通过分析认为，根源可能是一种心态、一种区域心理，仍然保持着对国家的独特性。因此，城市化过程中更应该注重文化的城市化和文化的现代化。

（七）城市化的成本与收益

1. 城市化的成本

城市化的表现是人口的流动。人口向城市流入，同样需要各种资源的投入，这种投入实际上就是城市化的成本。直接表现为政府在扩大基本公共服务和基础设施建设方面的财政支出（Linn，1982）。除此之外，还包括城市化的经济成本，如拥堵和污染成本。Richardson（1987）认为，创造就业机会、建设城市基础设施、提供住房保障和城市服务时，将消耗大量的总投资。

在政府作为城市化主体的条件下，这些成本必然要由政府来承担。在财政收入既定的情况下，必然给政府带来非常大的财政压力。Linn（1982）认为，多数国家债务上升，其主要因素也是政府在这方面的财政支出。因此，发展滞后的国家在城市化进程中往往试图降低该成本，通常的做法是提高其劳动参与率，提高劳动生产率，以及降低住房等基本公共服务供给，甚至是限制人口流入（Ofer，1976）。或者采取刺激国内储蓄以扩大资本供给，转向劳动密集型就业等措施，以节约创造就业机会的资本成本（Richardson，1987）。

2. 城市化的收益

成本是相对于收益而言的，城市化需要大量成本支出，但是也会带来收益。虽然城市化增加了政府财政压力，但是也应该看到城市化有收益的方面。Richardson 认为，私人利益可能会增加城市化的收益。

二、国内关于城镇化的研究

国内理论界对城镇化发展的研究成果较为丰富，特别是在党的十八大报告提出新型城镇化发展战略以后，进一步探讨了城镇化发展的质量，研究更为深入。

（一）城镇化与经济增长

曹裕等（2010）以城乡收入差距为中介，分析了城镇化与经济增长的关系，研究发现城乡收入差距不利于经济增长，然而，城镇化发展有利于缩小城乡收入差距。中国经济增长与宏观稳定课题组等（2009）从财政角度分析了城镇化与经济增长的关系，指出在我国由工业化主导向城镇化主导转变的背景下，土地财政、公共财政扩张与经济增长之间存在一定的切合度，过度的土地财政和公共财政扩张反而不利于城镇化发展，其机制在于城镇化发展的规模效应被制约。王婷（2013）通过构建人口空间聚集模型发现，西部地区人口向城镇集中带来经济增长的途径中，只有消费发挥了积极作用，东部发达省份的投资发挥了积极作用。谢小平、王贤彬（2012）对城镇化体系进行了研究，发现我国小城市过多、大城市太少，并且大城市规模过大。这种大中小城市规模的不协调抑制经济增长。孙叶飞等（2016）从产业结构转换和升级角度，分析了城镇化和经济增长，认为新型城镇化发展中应该充分发挥城镇化与产业结构转换、升级的联动效应，更好地推动经济增长。葛涛、李金叶（2018）分析了城镇化与教育的交互对经济增长的影响机制，并从东中西部地区角度进行了比较，最终认为协调城镇化与教育是城镇化稳定发展的关键。杨华磊等（2020）构建了城镇化与生育率的动态优化模型，评价了城镇化发展速度的问题。随着城镇化的快速发展，生育率在不断下降，制约了经济增长。所以，发挥城镇化对经济增长的增长极功能，应该保证城镇化发展速度的适度性，只有将城镇化与人口生育纳入有效协调的关系中，才能促进经济稳定增长。

（二）城镇化发展的战略选择

随着农业转移人口速度的下降，我国城镇化发展也进入了新阶段。如何更好地推动城镇化发展，战略选择成为必须解决的问题。辜胜阻、刘江日（2012）分析了我国以往城镇化发展的基本动力，是以"土地红利"和"人口红利"的要素注入为动力，并且分析了这种要素动力为主的城镇化发展不具有可持续性，应该由要素驱动向创新驱动转换，实现城镇化、工业化和信息化的深度融合。夏春萍、刘文清（2012）把城镇化纳入农业现代化和工业化的综合体系中探讨，发现城镇化对农业现代化的正面效应高于工业化，农业现代化对城镇化的发展也具有积极作用，但是受到户籍的限制，导致工业与农业的不协调发展。钱丽等（2012）也对此进行了研究，认为城镇化、农业现代化和工业化发展的协调性较低，根本原因是农业发展滞后。随着城镇化的加快，地方政府通过土地出让增加财政收入的同时，也促进了城市工业发展。然而，这种城镇化发展战略是不是最佳选择，雷潇雨、龚六堂（2014）对此进行了分析。从理论上分析可知，地方政府选择土地城镇化的基本措施是低价出让工业用地，高价出让商业用地。从实践层面看存在一定的效果，但是随着集聚效应的衰减，这种方式反而不利于工业化和城镇化的发展。城镇化、工业化、农业现代化、信息化的协调发展在地区间也表现出明显的差异性，东部发达地区协调性较好，西部欠发达地区较差，并且还具有区域内自相关的特征（徐维祥等，2015）。随着"十三五"规划的实施，解决城镇化不均衡发展是城镇化发展的重点。辜胜阻等（2017）认为，需要处理以下几方面问题：户籍问题与市民化、重复投资利用与要素的高效利用、经济发展方式与城市管理水平、政府与市场的作用。在这几个问题解决的基础上，城镇化发展需要注重人口流动的新形势。林李月等（2020）研究我国人口流动后发现，城市与城市之间的人口流动是城镇化发展的新特征，需要注重城市空间承载力、城市治理方式和中小城市的发展。

（三）城镇化与乡村振兴

党的十九大报告提出"乡村振兴"战略后，关于城市与乡村关系的研究便成为城镇化发展的重要内容。"乡村振兴"是为了改变长期孤立发展城镇而导致乡村衰落而提出的，涉及城市与乡村协调发展。为此，张强等（2018）认为，应补齐农村基础设施和公共服务落后的短板，创造要素在城乡间双向流动，建立城市与乡村融合发展的新格局。赵毅等（2018）以江苏为研究对象，分析了城镇化快速发展的地区实现"乡村振兴"的基本途径，研究发现城镇化发展较快的地区通过产业布局优化、生态治理和乡村治理等方面，促进了城市与乡村的融合发展。陈丹、张越（2019）认为，乡村振兴必须与城镇化发展相结合，其中调节城乡关系和利益关系是乡村和城市融合发展的关键。涂丽、乐章（2018）通过实证检验发现，城镇化对农村发展的积极影响在于产业非农化，人口受到多种因素影响流入城市并制约了农村的发展。对此，提出促进农村发展的先决条件是农村宜居建设。李梦娜（2019）认为，在新型城镇化发展背景下，新型城镇化和"乡村振兴"是互为因果的关系，新型城镇化通过要素流动促进"乡村振兴"，而"乡村振兴"又为新型城镇化解决了"城市病"问题。在此基础上，王博雅等（2020）认为，特色小镇是城市与乡村相互融合、推进城镇化高质量发展的载体。王玉虎、张娟（2018）也提出了发展小城镇，特别是县域级别的小城镇是新型城镇化发展的重点。

（四）土地城镇化

我国城镇化发展不仅表现为大量农业转移人口流向城镇，还表现为农村土地转变为城镇土地，即土地城镇化。陈凤桂等（2010）通过对人口城镇化和土地城镇化的测度发现，我国土地城镇化发展速度快于人口城镇化的速度，导致了两种类型的城镇化发展的不协调。曹文莉等（2012）进一步提出了经济城镇化的概念，并以江苏为研究对象分析人口城镇化、土地城镇化和经济城镇化的协调关系，发现江苏三种类型的城镇化都呈现递增趋势，且在不同发展阶段的主导也呈现差异，总体上江苏的城镇化发展水平较高，协调性较好。崔许峰（2014）以云南为研究对象，分析了民族地区土地城镇化问题。云南土地城镇化在云南的不同地区表现出差异性，特别是民族地区土地城镇化滞后。范进、赵定涛（2012）认为，人口城镇化和土地城镇化不协调的原因是二元土地制度和二元户籍制度。范虹珏、刘祖云（2014）认为，除了二元土地制度和户籍制度因素外，经济增长的刚性需求、土地征用的非市场化、地方政府的短期利益行为也是人口城镇化和土地城镇化不协调的原因。在此基础上，宋丽敏（2017）分析了土地城镇化与产业升级之间的关系，发现土地城镇化与产业升级呈负相关关系，并且会抑制本地区产业升级。李璐（2016）从经济波动角度研究了城镇化，分析发现人口城镇化对总需求产生影响，而土地城镇化对总需求和总供给都产生影响，这种差异性导致城镇化发展引起经济波动。总之，人口城镇化和土地城镇化需要协调发展，唐宇娣等（2020）研究长江经济带城镇化后，提出继续推进人口城镇化、严格控制土地城镇化的基本对策。

（五）城镇化建设

王国刚（2010）提出，城镇化是我国经济发展方式转变的重心。金融是现代经济的核心，在城镇化发展中的作用同样不容忽视，巴曙松等（2011）认为，现有的财政制度无法为城镇化发展提供有利的金融支持，这是地方政府采取土地财政做法的根本原因。朱建华等（2010）提出，建设支持城镇化发展的金融政策，重点在于欠发达地区农村的金融建设。王振坡等（2014）从人口、产业的角度分析了城镇化发展的金融需要，发现金融对城镇化发展的效率有积极的作用。辜胜阻等（2014）提出，新型城镇化要坚持"市场主导、政府引导"的发展模式，让市场在城镇化资源配置中发挥决定性作用，关键是激发民间投资的活力，发挥民间资本在城镇化建设中的积极作用。由以上可知，众多学者在城镇化建设中更加注重金融的作用。除此之外，学界关于城镇化建设的研究也从其他方面进行展开。夏后学等（2016）认为，城镇化发展对人的全面发展具有积极作用。周庆智（2015）认为，应该加快基层治理方式的转变，提高城镇化建设水平。杨浩勃（2016）以深圳为研究对象，分析发现社会治理的高效性是深圳城镇化高质量发展的关键。孙中博（2017）认为，城镇化建设需要关注农民工返乡创业，这是因为小城镇是新型城镇化建设的重点，也是农民工返乡创业和要素聚集的重要区域。为农民工返乡创业创造良好的条件是城镇化建设的有利保证。

（六）新型城镇化

杨继瑞（2006）较早对新型城镇化进行了研究，认为在我国城镇化快速发展过程中出现了诸如生产率偏低、产业支撑能力低等问题，鉴于此，应该走城乡一体化的新型城镇化道路。2012 年，党的十八大报告提出，坚持走中国特色新型工业化、信息化、城镇化、农业现代化道路，推动信息化和工业化深度融合、工业化和城镇化良性互动、城镇化和农业现代化相互协调，促进工业化、信息化、城镇化、农业现代化同步发展。至此，新型城镇化成为中国现代化发展中的基本战略。若要更好地推动新型城镇化发展，首要前提是科学理解新型城镇化的基本内涵。李国平（2013）认为，新型城镇化包含城镇化的质量和城镇化的速度。由此，新型城镇化的发展途径就应该强化大城市的集聚效应，以大城市带动小城市共同发展。[①]孙中伟（2015）也提出了相同的观点，他认为在大量农民工具有大城市偏好的条件下，应该以大城市为中心，发展大城市并带动小城市发展。只有在这种发展路径下，才能通过消除制度性制约激发消费对经济增长的拉动作用（赵永平、徐盈之，2015）。与此同时，新型城镇化还应该注重人的发展、产业的发展，特别是人与产业和城市的融合发展（谢呈阳等，2016）。

2017 年，党的十九大胜利召开，进一步提出了新型城镇化的发展战略，提出推动新型工业化、信息化、城镇化、农业现代化同步发展。洪银兴（2018）认为，"四化"同步发展是新时代的更高要求，关键是补齐短板、各个领域深度融合和各个地区现代化的优势互补。随着经济社会发展进入新时代，新型城镇化的发展要坚持创新、协调、绿色、开放、共享的发展理念。谢锐等（2018）通过实证分析发现，新型城镇化不仅有利于城市生态环境的改善，还具有溢出效应。蔡继明（2018）从新型城镇化与"乡村振兴"的关系方面展开研究，认为积极推进人的城镇化是新型城镇

---

① 张永岳、王元华：《我国新型城镇化的推进路径研究》，《华东师范大学学报（哲学社会科学版）》2014 年第 1 期。

化的重点，在此基础上通过土地制度改革推动乡村经济发展。同时，新型城镇化与产能过剩之间存在交互作用，新型城镇化对解决产能过剩也具有积极作用（于斌斌、陈露，2019）。2021 年中国进入"十四五"时期，新型城镇化要突出城乡一体化（李兰冰、刘秉镰，2020），更加注重人的城镇化，即"以人为核心"的城镇化（李青等，2020）。

（七）关于市民化的研究

1. 市民化含义

张广胜、周密（2013）认为，市民化就是使城市外来者获得城市居民身份和权利的过程，包括市民意识和生活方式的转变，在教育和社会保障等方面与城市原有居民享有同等权利。可以看出，农民工市民化是权利公平化的体现。樊纲、马蔚华（2013）认为，农民工市民化所享有的公平权利还应该包括政治、劳动者就业、享受社会保障和公共服务等权利，在这些方面享受城镇居民同等待遇。权利实现公平后逐步使农民工在思想观念、社会认同、生活方式等方面融入城市。申兵（2013）在此基础上进一步认为，农民工市民化和享有市民待遇还应该包括住房、平等就业、收入合理增长以及参与城市管理等权益得到体现。

2. 市民化意义

收入水平的提高直接关联着消费水平的提高，激发农民工的消费需求可以在一定程度上引起某些固定资产投资增加、产业升级、工业化水平提高，从而实现经济增长（粟娟、孔祥利，2013）。城镇化的高质量发展需要农民工与市民在收入分配方面表现出相同结构。胡秋阳（2012）通过研究浙江省市民与农民工的储蓄和支出结构，发现农民工市民化的储蓄/支出结构趋同效应和工资待遇公平化效应在调整经济结构方面具有互补性，在促进经济增长方面具有协同性。更有利于收入分配结构合理化，提高要素收入比重，促进经济增长的稳定性。然而，收入问题只是农民工流入城市的一个因素，还包括教育、医疗等与人们生活条件相关的内容。由于城乡收入、生活条件的巨大差异，农民工会不断向大城市流入。这势必造成大城市的过度膨胀，"城市病"更加严重。基于此，吕炜、王伟同（2013）认为，应该以基本公共服务为核心，在东西部地区均衡化、在城乡间一体化，在此基础上推动农民工的市民化。也只有这种路径的市民化才能改善民生、扩大消费和调整经济结构，最终促进中国经济的可持续发展。

3. 市民化能力

市民化能力就是反映农民工有没有足够的收入支撑其在城市生活,包括住房支出、生活支出、子女教育支出等。因此,提高农民工在城市工作中所获得的收入,就能提高其市民化能力。只有在有能力支付这些成本并取得一定的收益后,农民工才有机会真正留在城市,成为城市社会的一员。

第一,就业制度分割弱化了农民工市民化能力。非正规就业指不是通过劳动力市场获得就业机会,而是通过自身具备的人际网络获得就业机会的一种形式,是农民工就业的主要途径。这是因为体制造成了城市正规劳动力市场与非正规劳动力市场相分割,更是因为非正规就业是农民工就业成本最低的一种方式。张红霞、崔宁(2014)通过抽样调查发现,农民工就业领域主要集中在城市非正规部门,呈现出就业质量偏低、具有不稳定性和层次低等特征。这种就业制度分割引起的农民工就业领域的分流,导致他们收入水平低且权益得不到保障。

第二,人力资本存量制约了农民工市民化能力。就业制度是农民工就业质量差的外在因素,除此之外还应该从农民工自身条件分析就业质量。农民工就业的自身因素就是其人力资本存量不足。一直以来,城乡教育差距使农民工没有通过教育积累人力资本。而我国就业培训制度弱化也使农民工没有通过就业培训积累人力资本存量,在城市就业中的竞争力不强(林娣,2014)。因此,农民工只能通过干中学、自我培训的方式积累人力资本存量(吴祖泉等,2015)。同时,思想观念障碍、城乡二元结构制约、保障机制不健全、自身需求不足等也制约了农民工市民化进程中就业技能的提升(王绍芳等,2016)。由此可见,虽然农民工自身条件限制了就业质量的提高,但究其原因还是包括教育制度和就业制度在内的制度不公平。政府作为制度供给主体,应明确其主导地位与服务责任,通过破除城乡二元结构障碍、加强农村职业教育和补偿教育、营造制度环境使农民工就业技能得到提升(王绍芳等,2016)。更应该协调好其与城市产业结构优化升级、自身技术水平、经济政治文化生活市民化的关系(关凤利、孟宪生,2017)。

第三,社会资本缺失降低了农民工市民化能力。这种社会资本包括三种类型:一是以血缘、亲缘和地缘为纽带建立起来的社会关系网络;二是各类社会组织；三是规范和制度（赵立新，2006）。社会资本的短缺容易使农民工在城市就业和生活中陷入困境（王竹林，2010）。这是因为社会资本对农民工市民化能力具有显著影响，在城市的生活需要，如交往对象、住房类型、参加社保数量、参加培训次数、求助人数和子女上学等，都以社会资本掌握数量为基础（李练军，2015）。

4. 市民化成本

农民工市民化不仅是生活空间改变和生活方式转变，他们进入城市必然会产生一定的成本，也会产生一定的收益。农民工市民化的相关主体有农民工、企业和政府，市民化会产生私人成本与私人收益、企业成本与企业收益及公共成本与公共收益。企业成本就是在市民化政策基础上雇用农民工而新增的成本，企业收益就是雇用农民工而获得的新增利润。私人收益主要是指市民化后获得住房、教育等保障，公共收益体现在上述市民化为经济稳定发展带来的收益。所以，在农民工市民化过程中，主要关注农民工市民化的私人成本和公共成本问题。

第一，农民工市民化的私人成本。私人成本与市民化意愿和能力是直接相关的，在市民化能力一定的前提下，私人成本高会降低市民化意愿，也会降低市民化能力。私人成本包括：生活成本、转移成本、融入成本、机会成本、保障成本（韩立达、谢鑫，2015）。农民工市民化所产生的成本与城市规模有一定关系。城市规模越大，生活成本越低，住房成本会随着城市规模扩大而增加，城市住房成本成为制约农民工市民化的瓶颈。

第二，农民工市民化的公共成本。公共成本是由政府财政收入分担的成本，用于基本公共建设。俞雅乖（2014）测算出宁波市农民工市民化的财政投入为22.88亿元，人均5289.84元。丁萌萌、徐滇庆（2014）的测算结果显示人均公共成本为4024.77元，全国农民工实现市民化共需要640897亿元的财政支出。周春山、杨高（2015）测算出广东市民化成本为人均93523元，市民化收益为人均31242元。申兵（2012）测算了"十二五"时期宁波市农民工市民化成本，结果显示：基本公共服务年均8.7亿元，就业服务年均10.6亿元，养老保障年均17.8亿元，医保年均3.9亿元，基础教育年均28亿元。整个"十二五"时期，宁波市为农民工市民化将增加财政支出640亿元至1208亿元。

三、关于国内外城镇化研究的评论

（一）现有关于城镇化研究的理论贡献

1. 国外相关研究的理论贡献

国外理论界关于城镇化的研究较为丰富，从城市的形成、城镇化对经济增长的积极作用，到城镇化带来的社会问题，再到城市发展程度和政府作用都做了较为深入的研究。对于我国城乡融合发展、加快新型城镇化建设具有极大的指导和借鉴意义。

首先，城市（城镇）的形成因素。国外研究将城市（城镇）的形成因素归结为分工、地理位置和国际贸易等方面。虽然不能全面概括城市（城镇）的形成，但至少说明了城市建立的产业都是与自身城市形成和发展相适应的产业。它给予我们的启示：推动城市发展和提高城镇的城市功能时，在产业布局与划分以及产业链衔接中要突出地方特色，即产业在城乡的分布，产业在地区间的分布等，尤其是中西部地区，在提高城市供给时更应该避免产业建设的雷同。

其次，城市发展推动经济增长。城市与城镇的发展，尤其是城市的快速发展能够极大地推动经济增长。其根源在于城市对人口的聚集功能，通过人口规模的不断扩大，提高消费和投资需求的规模，从而拉动经济增长。同时，城市集中了土地、资本、管理、劳动力等各种生产要素，特别是优质的生产要素，为创新驱动提供了基本条件。我国最大的现实是长期处于社会主义初级阶段，推动生产力发展是首要任务。加快新型城镇化建设，突出"人"在城镇化中的地位和作用，一方面，增加城镇人口规模，以此发挥城市的集聚效应和规模效应；另一方面，更要注重农业转移人口和农民的市民权利和市民待遇问题。

西方学术界同样研究了发展中国家的城镇化建设，发现和总结了这些国家在城镇化建设中出现的问题，这些是我们在推动城市和城镇发展过程中应该注意和避免的问题。

首先，农业人口过度集中。过度城市化就是指在城市承载力一定的情况下，人口过于聚集和集中。我国城市发展中所遇到的问题，如交通拥堵、环境污染等，西方学术界对此提出的意见是平衡城乡人口。所以，在进一步促进城市发展的同时，应该注重小城镇在城乡发展中的重要地位。人口的非农化不等于农业人口向城市集中，在以小城镇为中心的乡村地区也可以实现人口非农化。这样既缓解了过度城市化的压力，也调节了人口在城乡间的合理分布。

其次，家庭和社会问题。西方学术界同时关注了城市化带来的家庭和社会问题，根本原因在于在城市生活和就业的压力过大。类似的家庭和社会问题在我国城市化进程中也存在，并且呈现递增趋势，以离婚率为例，2018 年离婚率为 3.2‰，1995 年为 0.88‰；生育率方面，2018 年人口出生率为 10.94‰，1995 年为 17.12‰。[①] 所以，我国在大力推进城市快速发展时（尤其是中西部地区城市快速发展），必须注重城市发展与民生的关系。

2. 国内相关研究的理论贡献

国外关于城镇化的研究具有一个重要的特点，即突出了城镇化的形成和发展，在发展过程中解决相关问题，可以归结为纵向研究。而国内关于城镇化的研究的突出特征是注重城镇化的推进与建设方面，驱动力在于如何更好地发挥城镇化在现代化建设中的作用，在这个过程中解决相关问题。可以将我国学术界对城镇化研究归结为横向研究。

第一，在城镇化推动经济增长方面，一致的观点是城镇化对经济增长的积极作用。所以对于城镇化与经济增长的关系方面，更多关注了抑制因素的分析。例如，缩小城乡差距、土地财政的适度性、大中小城市协调发展等方面。这些研究为稳定城镇化发展提供了理论依据。

第二，突出了发展的阶段性。事物发展都具有阶段性，不同阶段所反映出的矛盾和特征也不同。在我国城镇化发展过程中，也表现出了阶段性。国内关于城镇化的研究中对城镇化发展进行了阶段性划分，对每一个阶段的矛盾和驱动力做出了详细的研究。例如，在城镇化发展初期的人口集中驱动力、土地驱动力研究，中期关于农业地位的提升等。进入新时代后，城镇化发展也进入新型城镇化建设阶段。国内学术界重点放在了城镇化发展协调性方面，例如，大中小城市协调发展、产业融合、城乡协调发展等。这进一步为我国城镇化的高质量发展、特别是城市对乡村的带动作用提供了基本的理论依据。

---

① 数据来源：中国经济社会大数据研究平台。

第三，关于城镇化发展中"人"的研究。长期以来，我国城镇化发展主要围绕着农民进城并增加城镇人口规模而展开。党的十八大报告提出稳步推进农业转移人口市民化的基本要求后，国内学术界关于城镇化研究的另一个聚焦点便是市民化。关于市民化的研究主要表现为：市民化的提出、意义，市民化的制约因素等。这些研究为提高城镇化中"人"的积极因素提供了必要的理论支持。

（二）现有研究的不足

西方理论界关于城镇化发展的研究为我国发展新型城镇化提供了理论指导、参考与借鉴，以及警示和启示。但是它们的城镇化（或城市化）道路是不能在我国直接复制的，原因在于我国是典型的二元经济结构，而西方发达国家经过长期发展表现为一元特征，农业人口获得市民权利与城市的形成和发展是同步进行的。即使他们研究了诸如马来西亚、泰国等发展中国家的城镇化，我们也不能照搬其模式，原因是两种社会制度和基本经济制度不同。即使不考虑制度差异，还有文化、习惯、观念等因素影响着城镇化进程。

改革开放以来，我国开始了偏向城市的城镇化发展道路，通过大量农业劳动力流入城市来扩大城镇人口规模，以此发挥城镇化对乡村的外溢功能，带动乡村发展。然而，现实情况是城市不断实现现代化，而乡村地区发展滞后，城乡差距不断拉大。在二元户籍制度的制约下，流入城市的农业劳动力为城市发展做出了极大贡献，却不能公平地分享城市的现代成果。随着流入城市的农业劳动力增速下降，"人口红利"逐渐消失。在这种条件下，城镇化发展应该突出"人"的因素。

城镇化是现代化的必由之路，新型城镇化主要特点在于两个方面：一是协调发展，二是突出"人"的因素。

在协调发展方面，国内研究关注城乡协调发展。然而，新型城镇化中的协调发展不仅仅是城市和乡村的关系处理，更应该探索协调发展的基础。主要包括城市和乡村之间的要素双向流动，城市和乡村之间的产业互动和协调，城乡居民生活水平、就业等，在城市、小城镇和农村三者之间的关系中小城镇应该具备的功能和功能发挥的条件等内容。这些是新型城镇化需要重点解决的现实问题。

在突出"人"的因素方面，随着农民工流入城市速度的下降，城市产业发展面临着劳动力成本上升的压力。这就意味着我国农业劳动力向城市流入意义上的城镇化已经不能适应现实要求，需要常住人口城镇化率和户籍人口城镇化率同时发展。党的十九大报告提出"以人为核心"的新型城镇化，说明不仅要关注流入城市的农业转移人口，还应该关注仍然居住在农村的农民。

党的十八大报告提出稳步推进农业转移人口市民化以后，国内学术界重点放在了农民工市民化上，核心就是破除二元户籍制度的制约。新型城镇化不仅要进一步解决农业转移人口市民化问题，而且要通过小城镇建设、农业生产方式转变等过程实现农民的市民化。我国地区发展差异大，欠发达地区在经济发展水平和城镇化发展等方面都滞后于发达地区。在推动新型城镇化的过程中，坚持"以人为核心"对于欠发达地区走向现代化无疑具有重要意义。

党的十九大报告提出我国经济社会发展已经进入新时代，所谓新时代是承前启后、继往开来、在新的历史条件下继续夺取新时代中国特色社会主义伟大胜利的时代。党的十九大报告同时提出了人的全面发展问题，人的全面发展是经济发展的最终目标，也是经济发展的手段。新时代经济高质量发展必须重视人的问题。党的二十大报告进一步理顺了新型城镇化发展的基本思路。城镇化是现代化的必由之路，对于欠发达地区推进现代化发展需要以城镇化为驱动，重点是人的城镇化，包括农业转移人口市民化和农民市民化。在进入新时代后，欠发达地区如何加快新型城镇化建设，使农业转移人口和农民能够通过获得市民权利、享受市民待遇而分享时代发展成果，是本书研究的逻辑起点。

第二章

我国城镇化发展历程

　　我国是农业大国，同所有发展中国家一样面对典型的二元结构，实现现代化的重要方面是推进城市化，使广大农民通过城市化进入现代化阶段。我国的城市化是传统意义上的农民进城。不仅如此，我国在农村工业化的过程中开创了在农村建小城镇，开创了农民自己转移自己的城镇化道路，常住人口城镇化率逐步提高，从中华人民共和国成立初期的 10.64% 到 1978 年的 17.92%，再到 2020 年的 63.89%；城镇常住人口从 1978 年的 1.72 亿人增长到 2021 年的 9.14 亿人。中国城镇化的成功具有世界意义，创造了在农业人口占绝大多数的发展中国家实现低成本的城乡协调发展的城镇化道路。这是中国特色社会主义经济发展道路成功的典范。在城镇常住人口不断增加的同时，也伴随着户籍由农业向非农业的转变，从而实现户籍人口城镇化，截至 2019 年，户籍人口城镇化率达到 44.38%。[①] 比较常住人口城镇化率和户籍人口城镇化率可知，二者仍然存在较大差距。随着经济社会进入新时代，城镇化发展也进入新的阶段，需要推动"以人为核心"的新型城镇化。

第一节　改革开放前城市化与农业人口流动限制

一、工业和城市发展与农业人口的流动

　　城镇化表现为农业人口向城镇流入的过程，所以城镇化与农业人口有

---

　　① 数据来源：《中国统计年鉴》。

着紧密的联系。从 1949~1978 年的近 30 年中，我国城镇化发展实际上是城市化发展，选择城市化发展主要原因在于：一是原有城市仍具备集中要素的功能，二是可集中的要素总量少，原有城市规模能够满足需求。在这期间，农业人口问题的解决与当时工业和城市发展的实际情况有很大的关联，可以分为两个阶段。

第一个阶段是 1949~1960 年，农民可以进入城市。中华人民共和国刚刚成立，能源、原材料、交通运输等各方面建设都有待加强，这一时期城市需要吸收大量劳动力，农业人口向城镇迁移没有任何限制。特别是国家第一个五年计划的实施，完成了社会主义改造，1957 年国家基本建设投资总额达到 138.29 亿元，是 1952 年的 3.17 倍。农民通过城市企业招工进入城市的工业部门，实现职业与身份的非农化转变。这一时期的突出特征是国家加强重点项目建设，增加投资并诞生了一批新兴工业城市。在工业驱动下大批农业劳动力被吸纳，城镇人口规模得到扩大，1957 年城镇化率达到 15.39%，比 1952 年增加了 2.93%，共转移了 208 万农业人口。1958~1960 年是城市化高速发展时期，这一时期提出全民大办工业，引发农村劳动力非正常地涌向城市，转移的规模迅速扩大，使我国工业化和城镇化脱离了农业基础。到 1960 年城镇化率达到 19.75%，比 1957 年增加了 4.36%。这一时期的特征是，由于工业冒进与浮夸农业产量带来农村劳动力虚假剩余的综合作用，非常规农业人口进入城市速度超出了农业劳动力实际增长速度。[①]

第二阶段是 1961~1978 年，限制农民进入城市。1961 年开始，由于城市人口增长过快，城市公用设施和财政等难以支撑，国家不得不做出精简城市职工的决定。这一时期大批城市人口被精简，重新充实了农业人口。1978 年城镇化率为 17.92%，与 1960 年相比减少了 1.83%。[②] 所以改革开放前的城市化发展的特征是政府根据工业和城市发展需要决定农业人口的流入和流出。也就是在工业发展需要大量劳动力时，政府允许农业人口流入城市并在工业中就业。当人口集中超过了工业所能提供的支撑时，政府通过户籍制度使流入城市的农业人口回流到农村。

① 国家统计局国民经济综合统计司：《新中国六十年统计资料汇编》，中国统计出版社 2010 年版。

② 数据来源：万德数据库。

二、限制人口流动的原因

通常情况下工业化和城市化是相伴的，并且工业发展需要大量劳动力要素，所以城市会集中大量人口，随着城市规模不断扩大，进而发挥城市的外溢效应。这种外溢效应在最初阶段表现为农业人口向城市流入，特别是在二元结构的经济中，城市的现代化与农村的落后并存，农业人口向城市转移，获得就业机会并提高收入水平。但是我国在这30年中推进的城市化和工业化并没有产生相应的效应，并且在一定程度上限制了农业劳动力向城市流入。究其原因在于：

第一，城市本身面临着巨大的就业压力，当时城市工业的发展也只能满足城市的就业需求。在工业化建设初期，工业所能容纳的就业人口有限，城市无法承载过多人口的集中。从表2-1中可以看出，1952年城市就业人数为160300万人，而城市劳动者数量为248600万人，还有88300万人未能就业，占比达到35.52%。到1965年城市就业人数达到496500万人，未能就业的城市劳动者占比下降到3.33%。该比例下降幅度巨大，并不完全是因为城市工业发展提供了大量就业机会，而是在于当时城市单位的就业方式采用国家全面启动的子女接班顶替和厂办大集体制度。这带来的问题是，城市就业人口中隐性就业数量的增加，降低了企业运行效率。没有建立起可以进一步吸纳农业劳动力的基础。

表2-1　城市就业数量与劳动力供给数量　　　　单位：万人，%

年份	城市劳动者	城市就业人数	两者差距	差距占劳动者比重
1952	248600	160300	88300	35.52
1957	320500	310100	10400	3.24
1962	453700	432100	21600	4.76
1965	513600	496500	17100	3.33

资料来源：《中国统计年鉴1981》和《新中国六十年统计资料汇编》。

第二，由于户籍制度等限制，城乡各自是在封闭的系统中发展的，阻碍了劳动力在城乡间的流动。为了缓解人口集中对城市发展带来的压力，20世纪50年代建立了农业和非农业的二元结构的户籍制度。这种户籍制度将农业人口完全限制在农业和农村，不能进入城市就业和生活。即使进入城市，也会因为农业户籍而无法享受城市的各种福利制度。

大量农村人口被户籍限制在农村，强行配置在农地之上。在农村组建了农业生产合作组织，从最初的互助组再到人民公社。农民参与生产的积极性也出现由高到低的转变。尤其是在 1958 年后，农民生产和生活都在统一组织和领导下进行。统一组织和领导决定了分配遵循平均主义原则，忽视了农民生产效率的差异，降低了农民参与生产的积极性。这就导致农民生活陷入困难，特别是在三年困难时期，农民生活更加困难。1964 年农村居民恩格尔系数为 67.1%，1961 年农村人口相对于 1959 年减少了 1684 万人，而城市人口仅增加了 336 万人。[1] 这就说明了在城市没有吸纳人口的能力、农村和农业承载过多人口的条件下，城市化发展和人口流动呈现脱钩状态。

第二节　富起来时代的城镇化和农业人口的转移

从改革开放到党的十八大召开是城乡居民富裕起来的阶段，也是城镇化快速发展的阶段，主要特征是农业人口的转移。可以分为两个阶段，第一个阶段是乡镇企业异军突起的离土不离乡时期，第二个阶段是 20 世纪 90 年代以后的离土又离乡时期。

一、离土不离乡阶段

我国城镇化的真正开启是在 1978 年农村改革时期，当时针对原有的农业生产方式和分配方式，农村建立了家庭联产承包责任制。家庭联产承包责任制在坚持农地集体所有的基础上，赋予了农民对土地的承包经营权。农民在各自承包的土地上，在"交够国家的，留足集体的，剩下的是自己的"经营和分配原则下，根据市场需求自主决定生产。这就充分调动了农

---

① 国家统计局国民经济综合统计司：《新中国六十年统计资料汇编》，中国统计出版社 2010 年版。

民参与生产的积极性，农业劳动生产率显著提高。

土地和劳动力的配置比例是一定的，过去为了减少城市的人口承载压力而建立的二元户籍制度，将农业人口强制性固定在土地上，农地承载了大量农村劳动力。家庭联产承包责任制的建立使农业劳动力剩余显性化，如何解决农业剩余劳动力的再配置成为当时城镇化发展中重要的经济问题。

在当时的条件下，我国的城市同农村一样落后，既不能为转移出来的农业劳动力提供充分的就业机会，国家财力也不允许为进城的农民提供充足的公共服务。国家传统城乡管理模式及管理制度异常坚固，城乡二元分割的限制过多，农村剩余劳动力只能选择向当地乡镇企业转移，主要表现为"离土不离乡，进厂不进城"的就地转移。但是允许农民自带口粮进入县城以下集镇落户，农民在一定范围内获得了在产业间和地区间流动的自由。当时以苏南和温州地区为代表发展乡镇企业，在农村推进工业化的同时建起了小城镇。农业剩余劳动力不是进入城市而是进入城镇建厂就业和生活，农民创造了离土不离乡的城镇化道路，自此我国的城市化可用城镇化来概括。1984~1988 年，农业劳动力向乡镇企业快速转移，累计转移农业劳动力 5566 万人。农村非农业劳动力所占比重由 1984 年的 8.8% 迅速提高到 1988 年的 21.5%，全国建制镇从 6211 个增加到 10609 个。城镇化率也随之提高，1982 年城镇化率为 21.13%，到 1988 年城镇化率达到 25.81%（表 2-2），与 1978 年相比增长了 7.89%。1988 年城镇人口总规模达到 28661 万人。① 这是中国农民的创造，也是农民自己转移自己的低成本、快速度的城市化道路。

表 2-2　20 世纪 80 年代城镇化率　　　　　　　　单位：%

年份	1982	1983	1984	1985	1986	1987	1988
城镇化率	21.13	21.62	23.01	23.71	24.52	25.32	25.81

资料来源：万德数据库。

这个阶段，农民生活水平和收入水平得到了提高，1985 年农村居民人均可支配收入达到 398 元，与 1978 年相比增加了 197%。其中经营性收入占比 74.44%，工资性收入占比 18.04%。②

---

① 苏红键、魏后凯：《改革开放 40 年中国城镇化历程、启示与展望》，《改革》2018 年第 11 期。

② 数据来源：《中国统计年鉴 1999》。

由此可见，从这个时期的城镇化发展过程看，通过放松对农业劳动力流动的限制，使其流入乡镇并在乡镇建立企业就业。一方面，解决了农民的就业和生活问题；另一方面，增强了城镇化的外溢效应并促进了城镇化的发展。总之，这个时期对农业劳动力流动的放松将城镇化与人口流动建立了联系，开启了农民进城意义上的城镇化。

二、离土又离乡阶段

由于城镇的基础设施和基本公共服务建设水平落后于城市，不能很好地集中现代要素，从而拉大了城市和城镇的发展差距，因此只有城市在不断实现现代化。党的十四大报告确定建立和完善社会主义市场经济体制，将经济体制改革的重心转移到城市，城市地区开启了快速工业化进程。这就决定了 20 世纪 90 年代后期农民从农村流入城市，我国城镇化进入了农民离土又离乡的建设阶段。

特别是 1997 年后，我国的珠江三角洲、长江三角洲等东南沿海地区吸引港澳台资本投资的作用更加突出，三资企业数量明显增加，这些地区对劳动力的需求前所未有的巨大。由于持续高速的经济增长，农业剩余劳动力向城市转移被极大地推动，开始进入大规模、全方位转移的新阶段。不仅是制造业，服务业也迅猛发展，就业渠道明显拓宽，劳动力流动的城乡分割体制也逐步被打破。以广东省为例，2005 年第二产业和第三产业占 GDP 比重分别为 50.7% 和 43.1%，与 1985 年相比分别增加了 10.9% 和 12.7%。2005 年城镇就业人员为 904.27 万人，与 1980 年相比增加了 60.44%，城镇职工平均收入达到 24122 元，是 1980 年的 30.6 倍。由此出现了大规模的农村剩余劳动力跨地区流动现象，纷纷涌入城市和东部沿海地区的城镇，1998 年我国的城镇化率一跃达到 33.35%，2011 年城镇化率达到 51.83%，超过了 50% 的水平。2011 年农民工数量达到了 25278 万人，农民工月平均收入达到 2049 元。农村居民收入也因为家庭劳动力外出务工得到了提高。2011 年农村居民家庭人均纯收入 6977.3 元，相对于 1990 年增长了近 9.17 倍。消费支出达到 5221.13 元，其中用于交通通信、文教娱乐和医疗保健方面支出分别增长了 9.06%、2.23% 和 5.15%[①]。大量农业剩余劳动力离土离乡进入城市非农部

---

① 数据来源：《中国统计年鉴》。

门，既拓展了收入来源，也活跃了城市经济和生活服务，促进了城乡、工农经济的良性发展，满足了城镇居民日益增长的物质和文化的需求，但也出现了城市离开农民工就难以运转的状况。所以，在市场经济体制建立以后，城镇化发展过程是通过农业剩余劳动力向城市流入的方式解决农民就业、收入问题，让农村居民的生活水平也得到提高。

城镇化包括人的城镇化和土地的城镇化，随着城市人口规模的不断扩大，土地城镇化的需求逐渐凸显。洪银兴、刘志彪（2009）对中国20世纪90年代以来的城镇化发展进行了概括和总结，认为城市聚集了先进要素和主导产业，这与城市化发展的内涵是一致的，随着集中的进一步扩大，需要为现代产业建设与发展提供必要的空间，需要将占地空间大、单位土地租金率低的工业和居民住宅向城市周边扩充，这就带来了农村地域的城市化。从这里可以看出，在我国城镇化发展过程中，尤其是经济发达地区的城镇化发展，是人的城镇化带动了土地的城镇化。在土地城镇化过程中，原有的农村居民逐步转变为城镇居民。

由上述分析可知，在这个阶段完全放开了人口流动障碍，大量农业剩余劳动力向城市流入，使城镇化得到了快速发展。然而需要强调的是，由于二元户籍制度的制约，流入城市的农业剩余劳动力不能与城镇居民一样公平地享受城市的基本公共服务，就业保障也没有将他们纳入保障范围。在为城市现代化建设做出巨大贡献的同时，他们的生活条件却没有得到根本性改变，仍存在就医难、子女入学难、待遇低等问题。城镇化快速发展仅仅体现为"量"的扩大，而不是"质"的改变，这个阶段城镇化发展的重要特征。

第三节　新时代的新型城镇化

一、新时代新型城镇化的范畴

（一）新时代的内涵

中国经济社会已经进入新时代，这是我国经济社会发展新的历史方位。进入新时代意味着中华民族迎来了从站起来、富起来到强起来的巨大飞跃。2021 年 GDP 总量达到 1143669.7 亿元，人均 GDP 为 80976 元。与 1952 年相比，分别增长了 1600 多倍和 600 多倍；与 1978 年相比，分别增长了 310 倍和 209 倍。随着科学技术飞速发展，2019 年用于科技方面的财政支出达到 9470.79 亿元。2020 年有所下降，但是仍保持在 9000 亿元以上水平。同时，数字经济等新兴产业蓬勃发展，高铁、公路、桥梁、港口、机场等基础设施建设快速推进。[①]

新时代也是承前启后、继往开来的时代。党的十八大报告总结了中华人民共和国成立后 60 多年的发展历程，党团结带领全国各族人民，把贫穷落后的旧中国变成日益走向繁荣富强的新中国，中华民族伟大复兴展现出光明前景。自党的十八大后中国经济社会进入了新时代，经过供给侧结构性改革，我国经济逐步转向了以经济结构优化、动力转换为特征的高质量发展新征程。在过去发展所取得重大成就的基础上，进一步优化了经济社会的内在结构和动力。为决胜全面小康，实现现代化奠定了基础。

新时代的社会主要矛盾发生了转变。社会主要矛盾由人民日益增长的物质文化需要同落后的社会生产之间的矛盾，转变为人民日益增长的美好生活需要和不平衡不充分的发展之间的矛盾。一方面，说明了人民生活由过去的解决温饱提高到对美好生活的向往；另一方面，也说明了解决矛盾的途径由大力发展生产力转向解决不平衡和不充分发展的问题。这些重大转变意味着经济社会发展进入了新的阶段。

（二）新型城镇化的范畴

2013 年，习近平同志在中央城镇化工作会议上指出："城镇化是现代化的必由之路"，说明在经济社会进入新时代后，城镇化仍然是推动经济高质量发展的基本战略，不同的是城镇化发展进入了新的阶段——新型城镇化阶段。

城镇化具有聚集功能、增长极功能，对经济发展有着巨大的规模效应和外溢效应。过去随着大量农业剩余劳动力向城市流入，城镇化的集中和增长极功能得到了充分发挥，凸显了城镇化的规模效应。然而，城乡对立发展使得城镇化的外溢效应没有得到充分体现。

---

① 　数据来源：《中国统计年鉴》。

之所以出现城镇化功能和效应下降，原因在于以往的城镇化忽略了人的城镇化，忽略了城镇化、工业化、农业农村发展之间的关系。洪银兴（2018a）认为，我国城镇化已经进入了市民化阶段，虽然常住人口城镇化率还有一定的提升空间，但是城镇化有了更新的内容，一是市民化意义上的城镇化，不仅包括农业转移人口市民化，还包括农村居民的市民化；二是城镇城市化增强了其产业发展、公共服务、吸纳就业、人口集聚的城市功能，其作用既可用于疏解大中城市产业和人口，又可服务于乡村振兴战略，成为推进农业现代化的要素集散地。

新型城镇化应该包括以下几个方面内容：

第一，新型城镇化是"人的城镇化"。城镇化发挥规模效应和外溢效应的前提是大量人口在城镇的集中。以往城镇化的快速发展，是农业剩余劳动力大规模地向城市流入，他们在城市就业和生活，在人口规模化提高的条件下发挥了城镇化的增长极功能。与此同时，大量农业转移人口在城市工作和生活的成本过高，不能公平地享受城市高质量的基本公共服务，农业转移人口流入城市的速度下降，以人口规模化带来的增长极作用也逐步降低。在经济社会进入新时代后，城镇化进一步发展，提升其功能和效应就不能再忽视农业转移人口分享城市经济成果的机会和权利。做到"人的城镇化"，即赋予农业转移人口市民权利，公平享受市民待遇。

第二，新型城镇化是协调发展的城镇化。过去的城镇化发展表现为大量农业剩余劳动力向城市流入，商业、市场、要素和机会向城市集中，导致大中小城市、小城镇的不平衡发展，城乡对立发展，农业与工业相脱离，农村人口结构失衡。新型城镇化是在以人为核心的前提下实现新型工业化、信息化、农业现代化、城镇化的同步发展，大城市、小城市和乡村的协调发展。主要包括两个方面：一是城市和乡村的协调发展。城市对乡村地区的辐射需要城镇发挥相应的居间功能，城镇必须加大基础设施和基本公共服务建设，一方面满足以城镇为中心的乡村地区居民的生活需要，另一方面满足城市产业转移到乡村地区的生产需要。二是产业协调发展。农业、工业和服务业相互融合，工业和服务业对农业发展不再是吸收农业劳动力形式的反哺，而是通过要素向农业流入的要素反哺。这也需要农业生产方式的转变，以适应工业和服务业发展要求，最终实现产业融合。

第三，新型城镇化是要素双向流动的城镇化。过去的城镇化发展表现为农村要素向城市集中，进而使农村和农业丧失可持续发展的必备要素，最终带来农村、农业和农民的滞后发展。新型城镇化是实现新型工业化、信息化、农业现代化、城镇化的同步发展，大城市、小城市和乡村的协调发展。推动城市发展的势头和要素"化"到农村城镇，实现城市和城镇的深度融合发展。① 具体的路径是城市要素"化"到城镇，城市产业"化"到城镇。针对现实中存在的城乡居民生活和居住条件的差距，要推进城镇城市化，使城镇具有城市的生活功能和增长极功能。针对现实中存在的市民和农民的差距，要推进人的城镇化，其内涵是农民享受平等的市民权利。② 正如习近平同志所指出的："要坚持以创新、协调、绿色、开放、共享的发展理念为引领，以人的城镇化为核心，更加注重提高户籍人口城镇化率，更加注重城乡基本公共服务均等化，更加注重环境宜居和历史文脉传承，更加注重提升人民群众获得感和幸福感。"要让农业转移人口在新型城镇化中获得市民待遇，通过城乡协调发展让农民也享受市民待遇。

第四，新型城镇化是政府和企业发挥相应功能的城镇化。新型城镇化包含了市民化的内容，市民化涉及三个相关的利益主体，分别是市民化个人、企业和政府，其中起到关键作用的主体是政府和企业。市民化的核心是市民权利和市民待遇，最为关键的是农业转移人口和农村居民在市民化以后的就业。企业是追求利润最大化的组织，需要劳动力、资本、土地等要素的不同组合。所以，企业发展程度直接决定了市民化个人的就业能否得到有效解决。如果就业不能得到解决，农业转移人口和农村居民的市民权利和市民待遇也会失去基础。这就涉及如何在新型城镇化中使企业的功能和作用得到充分发挥。关键是政府提供相应的宏观环境，这些环境包括政府建设基础设施，特别是商业性设施，包括公路、桥梁、电信等基础设施；还包括为企业提供良好的营商环境，主要是完善市场体系，强化竞争政策基础地位，落实公平竞争审查制度，健全以公平为原则的产权保护制度，建立知识产权侵权惩罚性赔偿制度，加强企业商业秘密保护，推进要素市场制度建设，实现要素价格市场决定、流动自主有序、配置高效公平。

---

① 洪银兴：《新时代社会主义现代化的新视角——新型工业化、信息化、城镇化、农业现代化的同步发展》，《南京大学学报（哲学·人文科学·社会科学）》2018 年第 2 期。

② 洪银兴：《新阶段城镇化的目标和路径》，《经济学动态》2013 年第 7 期。

二、新时代新型城镇化与以往城镇化的区别

(一) 发展目标的区别

城镇化最直接的表现是大量农业人口向城市或发达地区城镇集中，能够快速扩大城镇规模。当城镇的规模得到扩大以后，特别是城市规模扩大，产业、要素、商业和市场等都将向城市集中，交易数量和交易规模也随之增加，从而促进 GDP 增长。这就是城镇化快速发展带来的直接效应。所以，以往城镇化发展凸显了以城镇化为动力推动 GDP 增长的目标，带来的最终结果是有增长而无发展。具体表现为 GDP 总量在快速增加，然而随之而来的还包括环境污染，乡村发展滞后，收入差距不断拉大，更多的人没有机会分享经济发展成果。

随着经济社会进入新时代，新型城镇化发展的目标不再是单纯以城镇化为动力追求 GDP 增长，更加突出了经济和社会的发展。即通过新型城镇化发展，不仅要保证经济稳定增长，还要保证经济社会持续健康发展；不仅要通过城镇化推动城市经济发展，还要带动乡村经济发展。

(二) 核心内容的区别

以往的城镇化突出了大量农村人口向城镇的空间转移，属于外延式的城镇化。[①] 所以，城镇化对乡村地区经济发展的带动和拉动作用不显著，城乡之间的对立关系没有得到根本消除。城市、工业对农村、农业的影响仅仅表现为收入的反哺，即大量农业劳动力在城市获得高于农业经营的收入。

而新型城镇化的发展方式属于内涵式发展，突出协调性。这个协调性主要包括城乡间协调、产业间协调和地区间协调。从城乡关系角度看，新型城镇化要求在城乡一体化发展的基础上进一步提升为城乡融合发展。既不是以往城乡对立发展，也不是城市带动乡村发展，而是城市与乡村作为一个整体共同发展。从产业角度看，工业对农业的反哺应该是要素反哺。农业不仅是一国国民经济的基础，也是乡村地区的基本产业。长期以传统

---

① 新玉言：《新型城镇化理论发展与前景透析》，国家行政学院出版社 2013 年版，第 44 页。

方式经营的农业不仅不能满足现代化发展要求，也不能为农民提高收入和生活水平提供保障。新型城镇化要求转变农业生产方式，实现城市的第二产业、第三产业与乡村的第一产业协调发展。从地区角度看，发达地区城镇化发展已经进入市民化阶段，而欠发达地区城镇化发展相对滞后。新型城镇化要消除地区发展差异，使发达地区的城镇化建设影响和带动欠发达地区的城镇化建设。

（三）发展动力的区别

以往的城镇化是以非农产业为城镇化的发展动力，来源于重物轻人、粗放发展的传统工业。基本方式是招商引资、园区建设，现代服务业发展相对滞后。[①] 而新型城镇化是在协调发展理念的指导下，以新型工业化、城镇化、农业现代化和信息化为城镇化发展的基本动力。党的十九届五中全会提出，要发展国内国外大循环，突出消费在拉动经济增长中的作用。极大发挥了包括大数据在内的各种要素的积极性和活力。

（四）城镇化中"人"的区别

城镇化发展目标的区别决定了城镇化中"人"的差别。以往城镇化是为了集中大量人口形成城镇的规模化，从而集中产业、要素、市场等，实现城镇化的增长极功能。与此同时，家庭联产承包责任制释放出的大量农业剩余劳动力构成了城镇产业后备军。在二元户籍制度的作用下，他们没有获得与市民同等享受经济发展成果的权利。工资低、居住条件差，被就业、医疗、教育保障和公共服务困扰。带来的结果是大量农业剩余劳动力为城市发展做出了突出贡献，而不能公平享受市民待遇。

根据国家统计局公布的《2018 年农民工监测调查报告》和《2019 年农民工监测调查报告》，2018 年末全国农民工总量为 28836 万人，比上年增长 0.6%；2019 年全国农民工总量 29077 万人，比上年增长 0.8%。此前的 2011~2015 年，外出农民工增速总体呈逐年回落趋势，增速分别为 4.4%、3.9%、2.4%、1.9%、1.3%。说明农民工进城意义上的城镇化发展趋缓。新时代的新型城镇化需要关注"人"的问题，必须"以人为核心"。不仅要求流入城市的农业剩余劳动力可以在城市公平地享受基本公

---

① 新玉言：《新型城镇化理论发展与前景透析》，国家行政学院出版社 2013 年版，第 45 页。

共服务，留在农村的居民也要和城镇居民一样平等地享受基本公共服务。消除户籍和基本公共服务的二元分割，促进乡村地区经济发展，增加乡村地区的基础设施建设，使更多的人能够公平地分享时代发展成果。

由以上分析可以总结出新型城镇化与以往城镇化的区别，具体指标如表 2-3 所示。

表 2-3　以往城镇化和新型城镇化的区别

指标	以往城镇化	新型城镇化
人口分布	人口由农村流向城市	人口在大中小城市、城镇和乡村地区均衡分布
产业分布	在城市集中	城市和乡村均衡分布
发展目标	以人口集中的规模效应带动乡村发展	新型工业化、信息化、城镇化、农业现代化同步发展
与环境的关联性	人口过度集中带来环境恶化严重	强调人口与资源环境的协调发展
区域协调性	关注大城市的发展	以城市群为主体，突出大中小城市、城镇的协调发展
城乡关系	城乡对立发展	城乡融合发展
人的发展	突出城镇化带来的"人口红利"	突出强调"人的全面发展"

资料来源：洪银兴：《以三农现代化补"四化"同步的短板》，《经济学动态》2015 年第 2 期。洪银兴：《新阶段城镇化的目标和路径》，《经济学动态》2013 年第 7 期。张占斌：《新型城镇化的战略意义和改革难题》，《国家行政学院学报》2013 年第 1 期。

三、新型城镇化与市民化的关系

(一) 市民化的内涵

对于市民化概念，国内相关学者都提出了自己的看法。国务院发展研究中心课题组（2011）在研究农民工与市民待遇差别时提出，农民工市民化应该以城市公共服务体系为核心，推动农民工个人融入企业，子女融入学校，家庭融入社区。农民工市民化的本质是使他们获得市民权利和市民待遇，转变他们的生活方式、思维方式，并使其能够融入城市生活中，消除城市中两种互不融合群体并存的局面。差异主要在于市民权利所涉及的范围，如果把这些范围合并在一起，那么市民权利就更加全面。

"市民化"一词有两个关键——"市民"和"化"。快速推进市民化需要从这两个角度进行分析。马克思在分析城市的形成与发展的理论时，研究了城市居民和农村居民，以及农民向城市流入的过程，所以市民是居住在城市的居民，"化"即农民向城市居民的转变过程。所以，"市民化"就是指农村居民向城市居民转化的过程，根源在于城乡对立。

市民化的最终目的是让农业转移人口的生存状态和发展程度与市民保持同等水平，它包含市民权利和市民待遇两个方面内容。市民权利即城市居民所享有的基本权利，市民待遇即城市居民所享受的经济发展成果。20世纪 50 年代，为了缓解城市化和工业化发展的人口承载压力，政府制定了农业和非农业的二元分割户籍制度，将农业户籍人口限制在农村，禁止流入城市。这样二元分割的户籍制度在农业和非农业户籍人口之间进行了权利分配。在这种情况下，市民权利是享受市民待遇的前提。

随着家庭联产承包责任制不断释放农业剩余劳动力以及市场经济体制的建立和完善，转移到城市的农业转移人口通过在城市就业和长期居住，在一定程度上也能分享经济发展成果。但是二元户籍制度仍然发挥着分割群体的作用，即农业转移人口因农业户籍，在城市就业和社会保障中不能与原城市居民获得同等对待。因此，党的十八大报告提出推进农业转移人口市民化的要求后，学术界对市民化的研究基本是围绕着流入城市的农业转移人口在城市实现市民化而展开的，核心就是取消分割的户籍制度，让他们获得市民权利。

由于城乡差异和地区差异巨大，大量农业剩余劳动力直接转向了发达地区的城市。东部发达地区在城市发展进程中出现了人口过度集中的情况，这就给城市现代化不断带来人口承载压力。所以，农民工在城市实现市民化受到了城市人口过度集中、城市产业升级要求与农业转移人口个人能力不符等问题的制约。针对这些问题，在新时代加快推进农业转移人口市民化需要突破城市的范围，使市民化不仅可以在城市实现，在城镇和农村也可以实现。

新时代是承上启下的时代，是决胜全面小康社会的时代，是逐步实现共同富裕的时代，这个时代更加突出公平与正义。所以随着经济社会进入新时代，不能仅仅考虑进入城市的农业转移人口的市民化，还应该促使留在农村的居民获得市民权利和享受市民待遇。这就意味着市民权利上升为公民的基本权利，这个权利具有普遍性、真实性和公平性的特征。每一位公民都应该有市民权利，并且能够切实地享受市民待遇。市民权利和市民待遇不再以户籍作为条件，既要消除城乡差距，也要消除地区差距，使市民权利成为能够真实地享受市民待遇的充要条件。

当市民权利不再受到户籍限制，市民待遇就不再以市民权利为前提，而是由居住地经济发展水平决定。所以，使农业转移人口和农村居民实现市民化应在消除城乡差距和地区差距的范畴内推进，更加突出城镇在市民化过程中的地位和作用。为此，党的十九大报告提出要在大中小城市和城镇协调发展中加快农业转移人口市民化。

由此，当经济社会进入新时代，市民化的内涵可以总结为：第一，市民化使市民权利成为公民的基本权利，使农业转移人口和农村居民无论在城市、城镇还是农村都能享受与城市居民同等待遇。第二，市民化的根源是二元经济结构、二元户籍制度和二元基本公共服务制度，针对的是城镇范围内的市民权利公平问题。进入新时代后，在新型城镇化中进一步提出市民化是由于地区间、城乡间发展的不平衡和不充分，根源是乡村经济发展滞后和欠发达地区经济发展缓慢。第三，在具体措施方面，以往市民化的基本措施是取消二元户籍制度、二元基本公共服务制度。在新时代的新型城镇化中解决市民化的途径包括：进一步消除二元户籍制度的延续效应、发展乡村经济和提高欠发达地区经济发展水平。

（二）新型城镇化与市民化的关系

新型城镇化突出"人"的核心地位，就要深入贯彻共享发展理念，途径是使农业转移人口和农村居民获得市民权利并享受市民待遇。

1. 新型城镇化可以实现农民对美好生活的向往

随着经济社会进入新时代，社会主要矛盾也由人民日益增长的物质文化需要同落后的社会生产之间的矛盾转变为人民日益增长的美好生活需要和不平衡不充分的发展之间的矛盾。解决社会主要矛盾的根本途径是消除不平衡不充分的发展，这个不平衡不充分的发展中最为突出的是城乡发展的不平衡、乡村经济发展的不充分。

改革开放以来，经济中心转移到了城市，城市的快速发展使得城镇居民收入水平提高、生活条件改善，进而实现全面发展，凭借着非农业户籍享受着高水平市民待遇。由于长期的二元经济结构，城市实行市场经济体制，而农村以传统农业为主，使得城市和工业发展对农村和农业的外溢效应得不到发挥。乡村经济发展滞后，农村生活条件不佳，乡村生态受到破坏，农业生产经营收益下降，乡村基本公共服务水平低和不完善。这一切都使得农民的收入水平远远低于城镇居民，农民的生活条件相对落后于城镇居民，教育资源的城乡不均衡使得农民人力资本存量低，医疗条件不佳也使得农民的身体健康得不到良好医治。这些都与人民对美好生活的向往存在较大差距。新时代社会主要矛盾的转变，不能仅仅满足城镇居民对美好生活的向往，还应该满足农民对美好生活的向往。

如何使农民也能够享受到与城镇居民一样的待遇，根本措施是在新型城镇化中促进城乡融合发展，使城市要素流入乡村地区，推动乡村经济发展。在城乡融合中发挥小城镇在城市与乡村之间的居间作用，加大对小城镇的基本公共服务和基础设施建设，不仅可以为要素流入乡村地区奠定基础，还可以让农民在乡村地区享受到良好教育、医疗服务和完善的社会保障。这些基本措施是促进乡村经济社会发展的基本途径，可以使城市与乡村在相互融合中共同发展。一方面，乡村经济得到发展；另一方面，农村居民自然获得市民权利并享受市民待遇。

2. 市民化可以为新型城镇化提供人力资本支持

进入新时代实现现代化的最终目标定位是赶超发达国家，目标是建立富强、民主、文明、和谐、美丽的社会主义现代化强国。[①] 城镇化是现代化的必由之路，固然新型城镇化肩负着推进现代化进程的重任。人是生产力中最活跃的因素，人的发展是经济发展的手段，经济发展的最终目的也是满足人的发展。虽然新型城镇化强调与工业化、信息化、农业现代化同步发展，城乡融合、大中小城市协调发展，但是人力资本是经济发展中最核心的要素。由马克思关于"人的全面发展"理论可知，人的发展包括智力、体力、道德等全方面的发展。虽然市民化不足以让农业转移人口和农民得到全方面的发展，但是体力和道德等方面会得到提升，这也有利于生产力的发展。

新时代的社会主要矛盾是人民日益增长的美好生活需要和不平衡不充分的发展之间的矛盾。城乡差距的新矛盾表现为：一是在大量人力资本流出后，乡村的落后状况不但没有改观反而更为严重；二是进入城镇的农业

---

① 洪银兴：《新时代现代化理论的创新》，《经济研究》2017 年第 11 期。

转移人口没有平等享受市民权利，在城镇形成市民和非市民的二元结构。地区差距的新矛盾表现为：一是欠发达地区经济发展水平决定了该地区没有完全赋予农业人口获得市民权利的能力；二是大量人口向发达地区流入，既给发达地区带来人口承载压力，也因为人口流出使不发达地区失去经济高质量发展的人力资源。

对此新矛盾和新问题，根据共享发展的理念，习近平总书记在党的十八届三中全会上提出，"完善城镇化健康发展体制机制，坚持走中国特色新型城镇化道路，推进以人为核心的城镇化，推动大中小城市和小城镇协调发展。产业和城镇融合发展，促进城镇化和新农村建设协调推进"。这表明进入新时代后中国的城镇化需要有新的目标和创造，以人为核心的城镇化就是使发展成果惠及所有居民，使所有居民在新型城镇化中得到全面发展，为城市和乡村增加人力资本存量。消除二元户籍制度、二元经济结构对农业转移人口和农村居民个人发展的限制和制约，提升农业转移人口和农民在生产力中的活跃度，最终推动生产力发展。

3. 新型城镇化新任务的中心是市民化

进入新时代后，我国农民进城意义上的城镇化发展缓慢，即进入"刘易斯拐点"，农业剩余劳动力转移速度明显放慢。这也说明常住人口城镇化率会趋向稳定，户籍人口城镇化率的提高将成为城镇化的重点。根据表2-4数据可知，我国2017～2019年常住人口城镇化率分别增长了1.17%、1.06%、1.02%，而同期户籍人口城镇化率分别增长了1.15%、1.02%、1.01%，常住人口城镇化速度快于户籍人口城镇化，而且常住人口城镇化率和户籍人口城镇化率的差距一直没有缩小，尤其是经济发展相对落后的地区，这个差距更有扩大的趋势。这说明进入新时代后农业转移人口加入城镇户籍的市民化将成为城镇化重点。因此，新时代的城镇化发展应该突出城乡一体化，发挥城镇在城乡间的作用，重点是农业转移人口和农村居民获得市民权利、享受市民待遇，即以人为核心、以共同富裕为目标的新型城镇化。

过去的城镇化主要表现为农民进城，现在这一意义的城镇化率已达60%。评价城镇化的重要指标不只是常住人口的城镇化率，更为重要的是户籍人口的城镇化率。通过观察2000年以来城镇化的进程，可以发现常住人口的城镇化率与户籍人口的城镇化率基本上是同比例的增长，两者的差距在2011年以后扩大到16%～19%（表2-4和图2-1）。充分地说明了在经济社会进入新时代后，高质量的城镇化不能只是居民化，城镇化发展应该突出户籍人口的城镇化，使更多的农业户籍人口获得市民权利和享受市民待遇。所谓市民权利就是城市居民所享有的权能和享受的利益，市民权利具有普遍性、平等性和真实性的特征，涉及的范围包括政治、经济、文化、社会等方面，最为核心的是关系民生问题的基本公共服务。

表 2-4　我国常住人口城镇化率和户籍人口城镇化率比较　　单位: %

年份	常住人口城镇化率	户籍人口城镇化率	两者差距
2000	36.22	26.08	10.14
2001	37.66	26.68	10.98
2002	39.09	27.89	11.20
2003	40.53	29.70	10.83
2004	41.76	30.81	10.95
2005	42.99	31.99	11.00
2006	44.34	32.53	11.81
2007	45.89	32.93	12.96
2008	46.99	33.28	13.71
2009	48.34	33.77	14.57
2010	49.95	34.17	15.78
2011	51.27	34.71	16.56
2012	52.57	35.33	17.24
2013	53.73	35.93	18.00
2014	54.77	36.63	18.14
2015	56.10	39.90	16.20
2016	57.35	41.20	16.15
2017	58.52	42.35	16.17
2018	59.58	43.37	16.21
2019	60.60	44.38	16.22

资料来源: 万德数据库，相关年份的《中国统计年鉴》《国民经济和社会发展统计公报》。

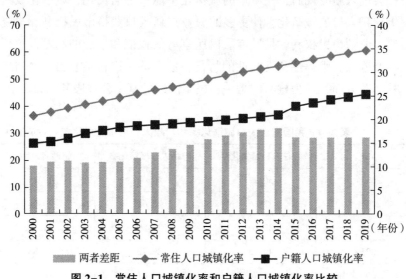

图 2-1　常住人口城镇化率和户籍人口城镇化率比较

第三章

我国城镇化的地区发展差异

2020 年北京、上海、天津、江苏、浙江、广东的城镇化率分别为 87.55%、89.30%、84.70%、73.44%、72.17%、74.15%，超过或接近主要发达国家水平；广西、云南、贵州的城镇化率分别为 54.20%、50.05% 和 53.15%，处于城镇化率 50%的水平。① 说明我国各地区间城镇化发展水平差异较大，发达地区城镇化已经进入市民化阶段，而欠发达地区城镇化发展滞后。城镇化发展的地区差异也决定了不同地区居民生活条件和生活水平的差异。

第一节　欠发达地区与发达地区的城镇化发展比较

欠发达地区受多种因素的共同制约，其城镇化水平也较为滞后。依据绪论中关于发达地区和欠发达地区特征的总结，本书选择了以江苏和广西为对象分析城镇化发展的地区差异。

一、欠发达地区与发达地区城镇化水平比较

从城镇化角度看，江苏和广西之间的差距较为明显。从表 3-1 与表 3-2 的比较可以知道，江苏 2000 年常住人口城镇化率为 41.50%，到 2018 年为 71.19%。广西 2000 年常住人口城镇化率为 28.15%，2018 年达到 51.82%。

---

① 2019 年美国城镇化率为 82%，英国为 84%，丹麦为 87.99%，瑞典为 87.71%。数据来源于世界银行和国家统计局网站。

广西和江苏常住人口城镇化率的差距有扩大的趋势，从 2000 年的 13.35% 扩大到 2018 年的 19.37%。从户籍人口城镇化率方面看，2000 年江苏户籍人口城镇化率为 32.14%，到 2018 年达到 65.00%。2000 年广西户籍人口城镇化率为 17.48%，到 2018 年达到 32.49%。两地户籍人口城镇化率的差距不但没有缩小，反而有进一步扩大趋势。从江苏内部常住人口城镇化率和户籍人口城镇化率看，差距由 2000 年 9.36% 下降到 2018 年的 4.61%。从广西内部常住人口城镇化率和户籍人口城镇化率看，差距由 2000 年 10.67% 提高到 2018 年的 17.73%。两者差距呈现先增后降的趋势，常住人口城镇化率和户籍人口城镇化率的差距不但没有缩小，反而在不断扩大。从城镇化增长速度看，江苏常住人口城镇化率增长速度表现出先增后降趋势，但是基本维持在 1.2%。江苏户籍人口城镇化率增长速度呈波动状态，但是总体水平与常住人口城镇化率增长速度保持同步。广西常住人口城镇化率增长速度与江苏常住人口城镇化率增长速度保持同等水平，但是个别年份户籍人口城镇化率的增长速度表现出异常，如 2007 年、2009 年、2011 年和 2012 年增长速度为负，2014 年增长速度为 6.72%。其他年份增长速度基本维持在 0.5%。

表 3-1　江苏户籍人口城镇化率和常住人口城镇化率比较　　单位：%

年份	常住人口城镇化率	户籍人口城镇化率	两者差距	常住人口城镇化率增长	户籍人口城镇化率增长
2000	41.50	32.14	9.36	——	——
2001	42.60	33.65	8.95	1.10	1.51
2002	44.70	34.86	9.84	2.10	1.21
2003	46.77	39.40	7.37	2.07	4.54
2004	48.18	41.96	6.22	1.41	2.56
2005	50.50	43.33	7.17	2.32	1.37
2006	51.90	44.43	7.47	1.40	1.10
2007	53.20	45.74	7.46	1.30	1.31
2008	54.30	47.26	7.04	1.10	1.52
2009	55.60	49.94	5.66	1.30	2.68
2010	60.58	50.77	9.81	4.98	0.83
2011	62.01	54.09	7.92	1.43	3.32
2012	63.01	55.99	7.02	1.00	1.90
2013	64.39	57.43	6.96	1.38	1.44
2014	65.70	60.14	5.56	1.31	2.71

续表

年份	常住人口城镇化率	户籍人口城镇化率	两者差距	常住人口城镇化率增长	户籍人口城镇化率增长
2015	67.49	—	—	1.79	—
2016	68.93	—	—	1.42	—
2017	70.18	—	—	1.25	—
2018	71.19	65.00*	6.19	1.01	—
2019	72.47	—	—	1.26	—
2020	73.44	—	—	0.97	—

资料来源：万德数据库，其中＊数据来源于人民网江苏频道（http://js.people.com.cn/n2/2019/0508/c360298-32915137.html）。

注：部分年份数据缺失。

表 3-2 广西常住人口城镇化率和户籍人口城镇化率比较 单位：%

年份	常住人口城镇化率	户籍人口城镇化率	两者差距	常住人口城镇化率增长	户籍人口城镇化率增长
2000	28.15	17.48	10.67		
2001	28.20	17.77	10.43	0.05	0.29
2002	28.30	18.03	10.27	0.10	0.26
2003	29.06	18.31	10.74	0.76	0.28
2004	31.70	18.46	13.24	2.65	0.15
2005	33.62	18.58	15.04	1.92	0.12
2006	34.64	19.89	14.75	1.02	1.31
2007	36.24	18.65	17.59	1.60	−1.24
2008	38.16	18.76	19.40	1.92	0.11
2009	39.20	18.62	20.58	1.04	−0.14
2010	40.02	19.34	20.66	0.80	0.72
2011	41.90	19.23	22.57	1.80	−0.11
2012	43.48	19.18	24.35	1.73	−0.05
2013	45.11	19.43	25.38	1.28	0.25
2014	46.54	26.15	19.86	1.20	6.72
2015	47.99	30.66	16.40	1.05	4.51
2016	49.24	31.23	16.85	1.02	0.57
2017	50.59	31.72	17.49	1.13	0.49
2018	51.82	32.49	17.73	1.01	0.77
2019	52.98	—	—	1.16	—
2020	54.20	—	—	1.22	—

资料来源：万德数据库，相关年份的《广西国民经济和社会发展统计公报》。

以上数据比较说明广西常住人口的城镇化发展滞后于江苏常住人口的城镇化发展，同时户籍人口意义上的城镇化更加滞后于江苏。常住人口城镇化率超过 50%，说明总人口中一半以上居住在城镇，城乡结构发生根本性改变。如果以常住人口城镇化率进行横向比较，2018 年广西城镇化率仅为江苏 2006 年的水平。从人口在城镇集中的角度看，广西城镇化发展还有较大空间，但是常住人口城镇化率增长速度较为缓慢。城镇化具有拉动经济增长、促进城乡融合等基本功能和作用，从上述两组数据比较可知，进入新时代后欠发达地区的城镇化需要突出"以人为核心"。

二、欠发达地区与发达地区的城镇建设比较

从表 3-3 可以看出，江苏和广西在城镇化建设方面也存在一定的差异。从建成区面积和人口密度看，广西城市建成区面积小于江苏，城市人口密度低于江苏，说明广西城镇发展过程中还存在人口集中的城市空间。从城市用水普及率和城市燃气普及率看，虽然两地均已超过 90%，但是江苏城市用水普及率在 2019 年已经实现 100.00%，而广西 2019 年达到98.88%。城市燃气普及率方面，江苏从 2014 年就已经达到 99.49%，2020年达到 99.92%，而广西 2018 年的普及率达到 98.15%。

在道路建设方面，2014 年江苏人均城市道路面积是 23.89 平方米，到2020 年达到 25.60 平方米。广西 2014 年人均城市道路面积是 15.75 平方米，到 2020 年达到 23.76 平方米。总体看，江苏人均城市道路面积均大于广西人均城市道路面积。从公共交通建设情况看，江苏 2014 年每万人拥有公共交通车辆为 15.08 标台，到 2020 年达到 15.61 标台。广西 2014年每万人拥有公共交通车辆为 9.19 标台，到 2020 年达到 9.41 标台。江苏每万人拥有公共交通车辆约为广西每万人拥有公共交通车辆的 1.5～1.6 倍。在绿化方面，江苏人均公园绿地面积 2014 年为 14.41 平方米，到 2020 年达到 15.34 平方米。广西 2014 年为 11.19 平方米，到 2020 年达到 12.85 平方米，增速相对较快，但是总体水平低于江苏。由以上分析可知，广西城镇化发展水平不仅远远滞后于江苏，城镇建设水平也落后于江苏。

表3-3　江苏和广西城镇建设比较

指标	地区	2014	2015	2016	2017	2018	2019	2020
建成区面积（平方公里）	江苏	4020	4189	4299	4427	4558	4648	4787
	广西	1193	1275	1334	1414	1476	1543	1618
城市人口密度（人/平方公里）	江苏	2038	2034	2057	2092	2176	2221	2240
	广西	1684	1823	1891	1950	2025	2097	2162
城市用水普及率（%）	江苏	99.75	99.83	99.86	99.98	99.98	100.00	100.00
	广西	94.40	97.50	97.70	97.63	97.80	98.88	99.68
城市燃气普及率（%）	江苏	99.49	99.56	99.54	99.73	99.81	99.77	99.92
	广西	92.99	94.46	95.85	97.80	98.15	98.84	99.36
人均城市道路面积（平方米）	江苏	23.89	24.42	25.37	25.62	25.20	25.41	25.60
	广西	15.75	16.28	17.06	17.56	19.42	21.92	23.76
每万人拥有公共交通车辆（标台）	江苏	15.08	15.81	16.57	17.42	15.63	15.52	15.61
	广西	9.19	9.10	9.77	10.74	10.78	10.10	9.41
人均公园绿地面积（平方米）	江苏	14.41	14.55	14.79	14.95	14.66	14.98	15.34
	广西	11.19	11.60	11.77	12.42	13.05	13.52	12.85

资料来源：相关年份的《江苏统计年鉴》《广西统计年鉴》和万德数据库。

三、欠发达地区与发达地区的城乡居民生活比较

（一）欠发达地区与发达地区居民生活整体比较

从以上数据比较分析中可以知道，广西城镇化发展过程中城镇建设水平相对滞后。城镇是现代要素的集中地，是市场和商业的中心，城镇建设水平直接反映了现代化建设的水平。广西城镇建设的滞后，一方面使城镇化增长极作用得不到充分发挥，另一方面使得城镇居民的生活条件和生活质量没有达到像发达地区一样的水平。

从就业率看，广西居民就业率相对较高。2005年广西居民就业率为76.44%，低于江苏就业率6.79%，到2018年就业率为72.31%，2020年就业率下降到70.98%，低于江苏就业率13.19%。从城镇居民工资水平

看，2005 年江苏职工平均工资为 20957 元，到 2020 年增长到 106034 元。2005 年广西职工平均工资为 15461 元，到 2020 年增长到 86111 元。2005 年广西职工平均工资是江苏职工平均工资的 73.8%，到 2020 年这个差距有所缩小，这个比值达到了 81.2%（表 3-4）。其中需要强调的是，2020 年受到疫情影响，部分指标有所下降，但是不能否定新型城镇化进一步开展的重要性。

表 3-4　江苏和广西就业情况比较　　　单位：万人，%，元

年份	劳动力人数		就业人数		就业率		职工平均工资	
	江苏	广西	江苏	广西	江苏	广西	江苏	广西
2005	5501.38	3536	4578.75	2703	83.23	76.44	20957	15461
2006	5584.96	3588	4628.95	2760	82.88	76.92	23782	18064
2007	5687.35	3631	4677.88	2769	82.25	76.31	27374	21898
2008	5720.13	3668	4700.96	2799	82.18	76.31	31667	25660
2009	5801.5	3669	4726.54	2849	81.47	77.65	35890	28302
2010	—	3335	4724.68	2666	—	79.94	40505	31842
2011	6018.59	3777	4749.23	2936	79.06	77.73	45987	3150
2012	5966.8	3349	4770.54	2768	79.77	82.65	51279	37614
2013	5908.27	3373	4791.90	2782	80.56	82.48	57985	42637
2014	5904.25	3399	4812.82	2795	80.63	82.23	61783	46846
2015	5882.47	3449	4832.50	2595	80.89	75.24	67200	54983
2016	5820.34	3479	4850.22	2583	81.72	74.25	72684	60239
2017	5830.9	3514	4872.80	2566	81.6	73.02	79741	66456
2018	5794.29	3543	4886.90	2562	81.99	72.31	86590	73553
2019	—	3571	4903.20	2558	—	71.63	98669	79516
2020	5812.95	3604	4893.00	2558	84.17	70.98	106034	86111

资料来源：相关年份的《江苏统计年鉴》《广西统计年鉴》和万德数据库。

从消费支出方面看，两地居民的消费支出比例没有显著差异，基本维持在 65% 左右的水平，差距主要表现在消费结构方面。食品烟酒支出能够

表征居民生活水平，食品烟酒支出比重高表示生活质量低，反之则表示生活质量高。在食品烟酒支出方面，江苏和广西两地居民都呈现下降的趋势，然而也存在一定的差异。2005年江苏居民用于食品烟酒支出的比例为37.18%，到2018年下降到26.09%，下降了11.09%。2005年广西居民用于食品烟酒支出的比例为41.33%，到2018年下降到30.66%，基本达到富裕水平。从达到富裕水平的进程看，江苏在2013年基本实现，两地相差了5年时间。表征生活水平的另一个消费支出是衣着支出占比，这方面江苏高于广西居民衣着消费支出比例，说明江苏城镇居民的消费结构有所调整，消费等级较高。2019年和2020年江苏和广西城镇居民消费支出结构都发生了与以往不同的变动，这是因为疫情给经济活动带来了非经济系统的外来冲击。其中江苏的城镇居民支出比例大幅波动后回升，食品烟酒、衣着、生活用品及服务、教育文化娱乐等方面进一步下降，居住、交通通信有所提高。而广西的城镇居民消费支出结构表现为下降趋势，食品烟酒支出比重提高。这是因为总体收入水平低，在外来冲击影响收入水平时人们选择增加食物支出，这是人们生活水平下降的直接表征。其中衣着类、生活用品及服务、教育文化娱乐均表现为下降，居住表现为提升（表3-5）。

在社会保障和就业方面。广西在社会保障和就业方面支出占财政支出的比重高于江苏，但是由于经济基础落后，财政收入规模没有江苏的财政规模大，所以广西在社会保障和就业方面的支出规模小于江苏。江苏社会保障支出基本上是广西支出的近2倍。2010年江苏社会保障和就业支出3644800.00万元，是广西支出规模的1.68倍，到2018年江苏支出为13165467.00万元，是广西支出规模的1.71倍。从参保人数看，差距巨大。2010年江苏参加城镇基本养老保险人数为2033.00万人，是广西的4.5倍，2018年江苏参加城镇基本养老保险人数为3225.61万人，是广西的3.9倍。部分年份江苏参加基本医疗保险的人数是广西的3.5～4倍。在这些社会保障中需要特别指出的是参加失业保险人数的差距，江苏参保人数总数基本上是广西的5倍，这可能与居民对失业保险的认识和政府在组织参加保险方面的作用有关（表3-6）。

表3-5　江苏和广西城镇居民消费支出结构比较

单位：%

年份	城镇居民支出比例		食品烟酒支出占比		衣着支出占比		居住支出占比		生活用品及服务占比		医疗保健占比		交通通信占比		教育文化娱乐占比	
	江苏	广西	江苏	广西	江苏	广西	江苏	广西	江苏	广西	江苏	广西	江苏	广西	江苏	广西
2005	69.99	75.73	37.18	41.33	9.33	7.39	9.22	10.95	6.81	5.98	6.72	6.63	12.19	10.00	14.94	14.20
2006	68.36	68.61	35.96	42.07	9.21	7.03	10.36	12.17	6.72	5.31	6.24	5.90	12.50	11.56	15.24	12.53
2007	65.42	66.81	36.67	41.69	9.24	8.06	9.52	9.85	6.60	6.02	6.43	6.65	12.16	11.44	15.86	12.88
2008	64.12	68.06	37.94	42.41	9.74	8.02	8.70	9.26	6.79	6.27	6.63	5.50	11.34	14.29	15.03	11.23
2009	64.00	67.00	36.29	39.89	9.87	8.26	8.73	9.86	7.02	7.29	6.15	5.20	13.09	15.44	14.96	10.73
2010	62.58	67.34	36.52	38.06	10.21	8.06	8.60	10.16	7.15	7.43	5.61	5.44	13.48	17.17	14.86	10.82
2011	63.71	68.15	36.12	39.50	10.56	7.93	7.08	9.63	7.11	6.89	5.74	6.06	13.48	15.57	16.06	11.70
2012	63.43	67.05	35.37	38.98	10.18	8.05	7.63	9.67	6.84	7.90	5.62	6.20	14.29	14.66	16.35	11.42
2013	70.48	63.77	31.78	40.37	9.04	7.02	7.03	11.49	6.19	7.51	5.04	5.36	14.08	17.73	14.78	14.40
2014	68.35	60.99	28.52	35.18	7.47	5.28	21.73	22.53	5.69	6.02	6.89	5.62	14.93	12.27	12.09	11.23
2015	67.16	61.79	28.05	34.37	7.14	5.18	22.61	22.24	6.07	5.83	6.39	5.31	14.50	13.78	12.25	11.30
2016	65.83	60.97	27.95	34.38	6.85	5.13	23.23	21.91	6.11	5.98	6.15	6.17	14.95	13.09	11.97	11.60
2017	63.56	60.16	27.47	33.24	6.63	4.95	24.43	21.17	6.16	5.96	5.68	6.84	14.33	14.21	12.44	11.73
2018	62.42	62.15	26.09	30.66	6.54	4.80	27.51	21.01	6.06	6.22	7.72	8.43	12.97	14.40	10.62	12.24
2019	58.16	62.14	25.47	30.47	6.16	4.66	28.05	21.37	5.46	6.01	7.72	9.91	12.93	15.19	11.51	12.48
2020	78.13	58.30	26.85	33.92	5.72	4.18	30.40	22.21	5.85	5.90	7.04	9.11	12.94	12.45	8.83	10.43

资料来源：万德数据库。

表 3-6 江苏和广西社会保障情况比较

单位：万元，万人，%

年份	社会保障和就业支出		占财政支出的比重		参加城镇基本养老保险人数		参加失业保险人数		参加基本医疗保险人数	
	江苏	广西	江苏	广西	江苏	广西	江苏	广西	江苏	广西
2010	3644800.00	2170700.00	2.17	3.28	2033.00	449.29	1153.80	238.40	3249.43	935.21
2011	4816500.00	2506400.00	2.27	3.19	2223.95	483.75	1238.16	240.77	3500.52	981.32
2012	5577719.00	2823276.00	2.41	3.40	2427.54	512.65	1332.18	243.38	3608.85	1011.53
2013	6311470.00	3481154.00	2.63	3.73	2582.11	538.37	1389.34	252.26	3427.60	1030.98
2014	7095865.00	3871800.00	2.69	4.28	2691.91	557.59	1441.56	258.98	3797.48	1067.35
2015	8380576.00	4598496.00	2.43	3.39	2779.90	576.63	1490.91	273.18	4014.29	1077.59
2016	8979332.00	5190035.00	2.58	2.89	2861.53	751.91	1538.22	283.71	3984.39	1096.42
2017	10434037.00	6722834.00	2.65	3.27	3034.53	777.79	1582.95	302.13	7619.10	5173.29
2018	13165467.00	7688432.00	3.14	2.79	3225.61	825.88	1671.27	323.52	7721.70	5136.69

资料来源：万德数据库。

从居民的文化水平看，江苏和广西两地居民的文盲比重都在下降。2005 年江苏文盲人口占 15 岁及以上人口的比重为 10.02%，到 2020 年该比重下降到 3.08%。2005 年广西文盲人口占 15 岁以上人口的比重为 8.64%，2020 年下降到 3.10%（表 3-7）。另外，从抽样调查数据看，江苏大学及以上学历人口占比高于广西。2015 年江苏这一比例为 16.42%，广西为 9.21%。到 2018 年江苏这一比例为 16.58%，广西为 9.26%。说明江苏城乡居民整体文化素质高于广西城乡居民整体文化素质，较快进入了人的现代化发展阶段。[1]

表 3-7 江苏和广西居民文盲数量及比重 单位：人，%

年份	文盲人口数量		文盲人口占 15 岁及以上人口的比重	
	江苏	广西	江苏	广西
2005	83702	40625	10.02	8.64
2006	5528	2024	9.36	6.01
2007	4883	1976	8.19	5.82

[1] 数据来源：《江苏统计年鉴》《广西统计年鉴》。

年份	文盲人口数量		文盲人口占15岁及以上人口的比重	
	江苏	广西	江苏	广西
2008	4802	1896	8.05	5.61
2009	4275	1708	7.24	5.06
2010	—	—	—	—
2011	2855	1261	4.86	4.07
2012	2742	1134	4.78	3.75
2013	2148	1045	3.78	3.42
2014	2870	1102	5.07	3.60
2015	57833	26921	5.40	4.66
2016	3361	1212	5.81	3.79
2017	3405	1037	5.95	3.30
2018	3285	1002	5.77	3.18
2019	2565	826	4.75	2.73
2020	2211291	1188381	3.08	3.10

资料来源:《中国统计年鉴》。

注:数据为抽样人数,文盲比重是相对于抽样人数而计算;2010年数据缺失。

(二) 欠发达地区与发达地区城乡居民生活比较

1. 城乡居民生活水平

从表3-8中江苏城镇和农村及广西城镇和农村的每户家庭从业人数看,江苏城乡居民从业人数差异略高于广西。并且广西农村从业人数也高于江苏农村从业人数,可能的原因是广西更多子女进入劳动年龄后辍学就业。从就业人口负担人数看,无论是城镇还是农村,广西就业人口负担高于江苏就业人口负担,根源在于广西人口自然增长率远远高于江苏人口自然增长率。

从收入和支出看,江苏城镇常住居民人均可支配收入水平高于农村常住居民人均可支配收入水平,人均可支配收入比2013~2020年基本控制在2.25∶1左右。广西城乡居民人均可支配收入比高于江苏,2013年城乡居

表 3-8　江苏和广西城乡居民生活比较

单位：人，元，%

指标		地区	2013	2014	2015	2016	2017	2018	2019	2020
就业	农村平均每户家庭从业人数	江苏	2.14	2.07	1.92	1.95	1.93	1.77	1.75	1.68
		广西	2.16	2.08	2.09	2.10	2.04	2.00	1.93	1.90
	每一农村就业人口负担人数	江苏	1.44	1.44	1.54	1.53	1.53	1.66	1.65	1.72
		广西	1.69	1.71	1.70	1.75	1.79	1.84	1.87	1.91
	城镇平均每户家庭从业人数	江苏	1.72	1.71	1.65	1.66	1.65	1.60	1.60	1.55
		广西	1.88	1.91	1.86	1.87	1.85	1.76	1.71	1.65
	每一城镇就业人口负担人数	江苏	1.74	1.75	1.80	1.79	1.79	1.85	1.86	1.91
		广西	1.81	1.76	1.83	1.86	1.88	2.03	2.27	2.14
收入与支出	城镇常住居民人均可支配收入	江苏	31585	34346	37173	40152	43622	47200	51056	53102
		广西	23305	24669	26416	28324	30502	32436	34745	35859
	城镇常住居民人均生活消费支出	江苏	22262	23476	24966	26433	27726	29462	31329	30882
		广西	14470	15046	16321	17268	18349	20159	21591	20907
	农村常住居民人均可支配收入	江苏	13521	14958	16257	17606	19158	20845	22675	24198
		广西	6791	8683	9467	10359	11325	12435	13676	14815
	农村常住居民人均生活消费支出	江苏	10759	11820	12883	14428	15612	16567	17716	17022
		广西	6035	6675	7582	8351	9437	10617	12045	12431
生活质量	城镇居民恩格尔系数	江苏	28.4	28.5	28.1	28.0	27.5	26.1	25.5	26.8
		广西	37.9	35.2	34.4	34.4	33.2	30.7	30.5	33.9
	农村居民恩格尔系数	江苏	31.1	31.4	31.7	29.5	28.9	26.2	26.2	30.6
		广西	40.0	36.9	35.4	34.5	32.2	30.1	30.9	34.6

资料来源：相关年份的《江苏统计年鉴》《广西统计年鉴》和万德数据库。

民人均可支配收入比为 3.4：1，到 2020 年降低到 2.42：1。从城镇居民人均可支配收入看，江苏城镇居民人均可支配收入与广西城镇居民人均可支配收入比 2013 年为 1.36：1，到 2020 年提高到 1.48：1，说明江苏城镇居民人均可支配收入增长速度快于广西。从农村居民人均可支配收入看，江苏农村居民人均可支配收入与广西农村居民人均可支配收入比 2013 年为 1.99：1，到 2020 年降低到 1.63：1。虽然有所下降，但是差距仍相对较大。从居民人均生活消费比例看，呈现出的总体特征是农村居民支出比例高于城镇居民支出比例，以及城乡居民消费比例逐年递减趋势。城镇居民消费比例和农村居民消费比例，江苏和广西两省区并无明显差异。

从生活质量看，江苏城镇和农村居民已经进入富裕水平。尤其是城镇居民 2013~2020 年的恩格尔系数由 28.4% 下降到 26.8%。农村居民的恩格尔系数 2016 年达到 30% 以下，2018 年达到 26.2%，后受到疫情影响 2020年提高到 30.6%，达到了与城镇居民相当的生活质量。而广西相对于江苏而言，生活质量较低。广西城镇居民 2013 年恩格尔系数为 37.9%，到 2020 年下降到 33.9%。广西农村居民 2013 年恩格尔系数为 40.0%，到2020 年下降到 34.6%。虽然说广西城乡居民生活水平已经进入富裕阶段，但是和江苏相差较远。2020 年的广西城乡居民生活质量相当于江苏省 2013年之前的水平。

2. 城乡居民交通通信

从表 3-9 可以看出，2013~2019 年江苏城镇居民每百户汽车拥有量从 33.8 辆增加到 55.2 辆，2020 年受疫情冲击下降到 49.6 辆。农村居民每百户摩托车拥有量从 44.7 辆下降到 2020 年的 23.6 辆。也就是说，随着农村经济的发展，可能是由于农村居民的汽车保有量开始逐步递增，所以表中的摩托车数据呈现下降趋势。在通信方面，城镇和农村居民每百户拥有移动电话数量基本上是每户 2 部。广西城镇居民汽车拥有量低于江苏城镇居民拥有量，但是增速相对较快。广西农村居民摩托车拥有量远远高于江苏农村居民摩托车拥有量，基本上每户都能有一辆摩托车。这个差距与江苏农村居民收入、生活水平高于广西农村居民相符合。农村汽车和摩托车拥有量，以及移动电话的拥有量，不仅说明了城乡居民生活质量和生活水平，更说明了交通、通信条件的改善增强了农村和城镇的联系。

表 3-9 江苏和广西城镇与农村交通、通信情况

指标	地区	2013	2014	2015	2016	2017	2018	2019	2020
城镇居民每百户汽车拥有量（辆）	江苏	33.8	34.6	39.1	45.8	47.5	52.2	55.2	49.6
	广西	26.9	24.0	30.9	36.1	38.5	40.3	43.3	45.4
农村居民每百户摩托车拥有量（辆）	江苏	44.7	47.8	43.7	42.1	39.7	27.2	22.7	23.6
	广西	92.7	100.9	100.5	101.8	100.5	91.3	92.7	89.4
城镇居民每百户移动电话拥有量（部）	江苏	233.16	231.4	234.9	241.0	243.5	248.9	254.5	254.2
	广西	240.4	250.5	249.9	260.1	267.7	269.1	277.0	276.2
农村居民每百户移动电话拥有量（部）	江苏	218.8	210.1	217.6	236.2	241.8	244.3	244.7	248.6
	广西	237.8	252.3	262.0	274.1	284.3	294.5	295.2	283.4

资料来源：相关年份的《江苏统计年鉴》《广西统计年鉴》和万德数据库。

3. 城乡居民文教、卫生和社会保障

由表 3-10 可以知道江苏和广西两地城乡居民在文教、卫生和社会保障方面的差异。在文化方面，江苏和广西艺术类从业人数发展表现出不同的趋势，江苏整体从业人数呈现下降趋势，广西呈现增长趋势。然而，即使江苏艺术类从业人数在逐年减少，但是从数量规模上看仍多于广西。在娱乐支出方面，广西城镇居民文教娱乐支出比重和江苏城镇居民文教娱乐支出比重比较后可知，广西城镇居民文教娱乐支出比重 2018 年后略高于江苏城镇居民支出比重。农村居民文教娱乐支出比重方面，广西却整体表现出递增趋势，尤其是 2015 年之后高于江苏农村居民文教娱乐支出比重。这应该与广西居民生活方式有关，广西位于亚热带季风气候和热带季风气候区域，平均气温高，人们休闲活动基本集中在夜间。

在医疗保健方面，江苏和广西都表现出农村居民支出比重高于城镇居民支出比重，并且在城乡居民医疗支出比重差距方面广西高于江苏。从城镇居民角度看，广西居民用于医疗保健方面支出比重逐年提高，2016 年后略高于江苏城镇居民支出比重，无显著差异。从农村居民角度看，2013～2019 年广西农村居民用于医疗保健方面支出比重高于江苏农村居民支出比重，2020 年略低于江苏水平。

在社会保障参保人数方面，江苏农村居民和广西农村居民参加新农合人数基本相等，没有显著差异。但是城镇居民参加基本养老保险、基本医疗保险和失业保险的人数差距显著。其中，广西城镇居民参加基本养老保

险人数 2013 年为 538.37 万人，是江苏城镇居民参加基本养老保险人数的 20.85%。到 2018 年广西城镇居民参加基本养老保险人数增加到 825.88 万人，占江苏城镇居民参加基本养老保险人数的 25.60%。城镇基本医疗保险方面，广西 2013 年参保人数为 1030.98 万人，到 2020 年提高到 5217.24 万人，增速加快，占江苏 2020 年参保人数的 65.48%。广西参加失业保险的人数则更低，到 2020 年仅为 410.58 万人，是江苏参保人数的 21.71%。

表 3-10　江苏和广西城镇与农村居民文化、卫生和社会保障比较

单位：万人，%

指标	地区	2013	2014	2015	2016	2017	2018	2019	2020
艺术类从业人数	江苏	15.85	15.16	16.79	16.93	18.54	15.98	13.69	12.98
	广西	6.8	5.6	6.2	6.1	5.7	5.6	8.5	8.2
城镇居民文教娱乐支出比重	江苏	12.27	12.09	12.25	11.97	12.4	10.6	11.5	8.8
	广西	13.5	11.2	13.3	11.6	11.7	12.4	12.1	13.48
农村居民文教娱乐支出比重	江苏	10.54	10.28	10.25	9.37	9.3	9.3	9.4	8.5
	广西	5.1	10.2	15.1	12.0	12.0	11.7	12.4	11.33
城镇居民医疗保健支出比重	江苏	6.51	6.89	6.39	6.15	5.7	7.7	7.7	7.0
	广西	5.5	5.6	4.8	6.2	6.8	8.4	9.6	9.1
农村居民医疗保健支出比重	江苏	7.51	7.15	8.4	8.45	7.96	9.2	9.0	10.1
	广西	7.9	8.3	10.1	9.4	9.9	10.2	10.2	9.9
参加城镇基本养老保险人数	江苏	2582.11	2691.91	2779.90	2861.53	3034.53	3225.61	3417.44	3557.90
	广西	538.37	557.59	576.63	751.91	777.79	825.88	869.52	919.52
参加失业保险人数	江苏	1389.3	1442.7	1490.9	1538.22	1583.0	1671.3	1794.2	1890.9
	广西	253.36	258.98	273.18	283.71	302.13	323.52	362.96	410.58
参加城镇基本医疗保险人数	江苏	3427.60	3797.48	4014.29	3984.39	7619.10	7721.75	7848.83	7967.74
	广西	1030.98	1067.35	1077.59	1096.42	5173.29	5136.69	5207.15	5217.24
参加新型农村合作医疗人数	江苏	4055	4076	3997	3395	—	—	—	—
	广西	4078.9	4159.2	4167	—	—	—	—	—
城镇居民最低生活保障人数	江苏	33.75	30.68	27.98	24.84	20.5	14.5	12.3	11.0
	广西	49.44	44.80	38.53	22.61	19.08	11.99	30.51	34.94
农村居民最低生活保障人数	江苏	130.14	119.1	114.79	109.89	97.2	74.8	68.9	66.6
	广西	345.89	328.97	292.14	290.57	253.93	182.21	247.05	267.65

资料来源：相关年份的《江苏统计年鉴》《广西统计年鉴》和万德数据库。

第二节　发达地区和欠发达地区的城镇化阶段

一、发达地区城镇化进入市民化阶段

（一）发达地区城镇化发展阶段

从表3-1中数据可知，江苏常住人口城镇化率由2000年的41.50%提高到2020年73.44%。从常住人口城镇化率的变动趋势看，2000~2005年呈现波动式递增趋势，从2006年开始江苏常住人口城镇化率的增长呈现递减趋势，增速由2006年的1.40%下降到2020年的0.97%。说明江苏农民进城意义上的城镇化已经基本到位。这种状况也符合二元结构现状，即进入"刘易斯拐点"，农业剩余劳动力转移速度明显放慢，常住人口城镇化率会趋向稳定。

江苏户籍人口城镇化率由2000年的32.14%提高到2018年的65.00%。2001年户籍人口城镇化率增长了1.51%，到2014年户籍人口城镇化率增长2.71%。从常住人口城镇化率和户籍人口城镇化率差距看，2000年两者相差9.36%，2009年相差5.66%，到2018年两者差距已经降到4.61%。进一步说明了江苏作为发达地区的代表，城镇化已经进入市民化阶段，即农业转移人口和农村居民获得市民权利和享受市民待遇，实现以人为核心、以共同富裕为目标的城镇化。

（二）发达地区城市发展方向

江苏作为发达地区，城镇化已进入市民化阶段。未来城市的发展方向将会转向高新技术产业、总部经济和高端服务业为主。

在人口素质方面，2020年大专及以上学历人口数量占比达到19.76%。其中城镇人口中大专及以上学历者占比达到近1/4。工业方面代表先进制造业的行业（如医药、化学、设备、计算机等行业）的企业数量达到30.74%，总资产占比达到41.37%。2000年医药、化学和设备等行业企业数量占比为 11.9%, 总资产占比为 13.6%。2020 年和 2000 年相比, 代表先进制造业的企业数量占比有了极大提高, 总资产规模也有了巨大提高。同时新型产业蓬勃发展, 从计算机、电子和通信行业看, 2020 年企业数量达到 3062 家, 总资产达到 18033 亿元, 与 2004 年相比分别增加了 1.7 倍和 10 倍多。在金融业方面, 2020 年江苏金融机构存款余额达到 172580.27 亿元, 与 2005 年相比增加了 6.8 倍, 贷款总额达到 154523.28 亿元, 与 2005 年相比增加了 10 倍。[①]

(三) 发达地区城乡融合发展

城乡融合发展是农民富裕的重要途径, 可以提高农民收入并缩小城乡差距。从表 3-11 中的数据可以看出, 2001~2020 年江苏城乡居民收入逐年递增。2020 年城镇居民人均可支配收入为 53102 元, 与 2001 年相比增加 6.26 倍。2020 年农村居民人均可支配收入为 24198 元, 与 2001 相比增加了 5.40 倍。城乡居民收入差距也呈现出由递增转向递减的趋势, 2001 年城镇居民人均可支配收入是农村居民人均可支配收入的 1.94 倍, 此后收入差距扩大, 到 2009 年达到 2.51 倍。2010 年城乡居民收入差距开始下降, 从 2.46 倍下降到 2020 年的 2.19 倍。

表 3-11　江苏城乡居民收入差距　　　　　　单位: 元

年份	城镇居民人均可支配收入	农村居民人均可支配收入	两者之比	年份	城镇居民人均可支配收入	农村居民人均可支配收入	两者之比
2001	7311	3778	1.94	2011	25570	10744	2.38
2002	8088	3972	2.04	2012	28808	12133	2.37
2003	9140	4229	2.16	2013	31585	13521	2.34
2004	10319	4740	2.18	2014	34346	14958	2.30
2005	12098	5258	2.30	2015	37173	16257	2.29
2006	13799	5791	2.38	2016	40152	17606	2.28
2007	16009	6533	2.45	2017	43622	19158	2.28
2008	18215	7322	2.49	2018	47200	20845	2.26
2009	19996	7962	2.51	2019	51056	22675	2.25
2010	22273	9067	2.46	2020	53102	24198	2.19

资料来源:《江苏统计年鉴》。

---

① 数据来源:《江苏统计年鉴》。

乡村经济发展方面也有了极大提高。第一产业总产值 2018 年为 4141.7 亿元，与 2000 年相比增加了 2.95 倍。第一产业总产值占 GDP 比重呈现递减趋势，2018 年比重为 4.4%，与 2000 年相比下降了 7.9%。江苏经济发展进入工业化后期，逐步开始走向现代化。从农业现代化角度看，在农地不断集中的基础上生产方式转向现代化。2020 年农业机械总动力为 5214.83 万千瓦，与 2014 年相比增加了 12.15%。有效灌溉面积达到 4224.73 千公顷，与 2014 年相比增加了 8.59%。化肥施用量下降了 13.24%，粮食产量增加了 5.85%。说明江苏农业逐步实现了现代化。①

由上述三个方面的分析可知，发达地区的城镇化发展已经进入市民化阶段，不仅包括农业转移人口市民化，还通过城乡融合的方式实现了农民市民化并享受市民待遇。

二、欠发达地区城镇化发展滞后

(一) 欠发达地区城镇化的发展阶段

通过以上比较分析可知，从发展阶段看经济发达地区城镇化已经进入市民化阶段，而欠发达地区的城镇化还处于农村经济向城市经济转变的过程，城镇化发展相对滞后。

从表 3-2 中可以看出，广西常住人口城镇化率由 2000 年的 28.15% 增长到 2020 年的 54.20%。从常住人口城镇化率增长情况看，呈现波动式下降趋势，说明广西常住人口增长速度放缓，主要原因在于大量人口外流。这与发达地区常住人口城镇化率增长的原因有一定的本质性差别。

从户籍人口城镇化率看，处于低位水平。除了 2014 年和 2015 年有较快增长之外，其他年份增长缓慢，大多维持在不足 1% 的水平。说明在广西城镇化发展过程中，户籍制度二元化仍然发挥制约作用，农业户籍人口与非农业户籍人口市民权利划分没有得到改变。城镇化发展仍然处于农村居民向城市流入的阶段。以广西贺州市为例，2017 年城镇人口为 92.95 万人，农村人口 112.72 万人，农村人口是城镇人口的 1.21 倍。②

---

① 数据来源：《江苏统计年鉴》。
② 数据来源：《广西统计年鉴》。

（二） 欠发达地区城市发展方向

以南宁为例，2018 年市辖区三大产业的结构分别为：第一产业为 6.85%，第二产业为 30.17%，第三产业为 62.98%。与南京市相比，第一产业比重高出 4.75%，第二产业比重高出 6.63%。在科学技术的财政支出方面，南宁为 72109 万元，而南京为 805440 万元。2018 年南宁市辖区贷款余额和存款余额分别为 11568 亿元和 9280 亿元，低于同年南京市辖区贷款余额和存款余额水平（南京分别为 28402 亿元和 33740 亿元），说明广西的城市高端服务产业发展水平低。[①]

在人口素质方面，广西 2020 年大专及以上学历人口比例为 11.85%，与江苏相比相差 7.91%。在工业方面，广西主要以加工业为主，2020 年企业数量中木材类加工企业占比 18.33%，非金属矿物加工类企业占比 17.45%。两类企业资产占所有企业资产比重为 35.78%。相比之下，江苏工业企业中主要以金属制品业、通用设备制造、专用设备制造、纺织业为主。由此可以看出，在产业发展方面，广西的工业发展层次较低。[②]

总之，从产业结构、行业划分、人口素质等几个方面看，广西城市竞争力较弱，没有形成具有引领性的产业和规模较大的企业。人口素质方面，大专以上学历人口占比低，创新能力不足。

（三） 欠发达地区城乡关系

从城乡关系看，广西的城市和乡村发展呈对立态势。城乡居民收入差距从 1996 年的 2.96 倍逐渐提高到 2009 年的 3.34 倍，此后开始呈现下降趋势，到 2020 年城乡居民收入差距为 2.42 倍。城乡居民收入差距仍然高于经济发达的江苏地区（2020 年江苏城乡居民收入差距比为 2.19：1）。从乡村经济看，2020 年广西农林牧渔业总产值为 5913 亿元，占江苏的 71.42%。2019 年农业机械总动力为 3840 万千瓦，占江苏农业机械总动力的 75.12%。[③] 总体看农业现代化水平较低，还没有实现农业现代化经营。[④] 由此可知，广西城乡不仅没有实现融合发展，农业的传统化生产和经营也

---

① 数据来源：中经网数据库。
② 数据来源：《广西统计年鉴》《江苏统计年鉴》。
③ 关于农业机械总动力的数据，《广西统计年鉴》只公布到 2019 年。
④ 数据来源：《广西统计年鉴》《江苏统计年鉴》。

无法推动乡村经济发展。

第三节　发达地区和欠发达地区城镇化的相互影响

一、发达地区与欠发达地区城镇化发展的典型案例

（一）发达地区城镇化案例

1. 农业转移人口市民化

2014年国务院发布《关于进一步推进户籍制度改革的意见》后，各地开始试行户籍取消，迄今为止大部分省市已经完成了户籍取消工作，即由城乡统一户籍制度取代了过去的农业和非农业的户籍制度。没有入城镇户籍的农业转移人口主要是以居住证形式居住在城市，也能部分享受城市居民的待遇，但居住证与户籍仍然存在很大差别。江苏省昆山市在农业转移人口市民化方面做出了较大成绩。昆山市是苏州管辖下的县级市，2018年常住人口166.59万人，户籍人口90.32万人。外来人口总量为76.27万人，占总人口的46%。2018年GDP总量达到3832.06亿元，人均水平为230270元。

从昆山农业转移人口的基本情况看，虽然身份没有改变，但是社会排斥小和社会融入高。主要原因在于两方面：一是昆山外来农业转移人口占比高，常住人口中近50%的人口是外来人口。二是昆山市政府在现代化建设中将农业转移人口包括在发展的范围中，让更多的人有机会参与分享昆山的发展成果，这就消除了社会排斥。

昆山农业转移人口在昆山被称为"新昆山人"。昆山作为我国百强县之首，经济发展为大量昆山农业转移人口提供了高质量的就业岗位，收入也不断提高。在就业方面，昆山建立劳动保障协管员队伍，专门服务于失业人员及到昆山的农业转移人口，这些农业转移人口也成为劳动保障协管员队伍的成员。农业转移人口就业问题得到了解决，经过培训后收入水平

也得到了提高。在月收入中扣除必要的生活支出，平均剩余 5000 元。① 在生活方面，外出农业转移人口最核心的问题是住房，昆山市通过对东莞、深圳做法的借鉴，采用集中居住的形式解决住房。具体方法是：集居工程分三种类型，即社区型、宿舍型和打工楼型，逐步形成了五种管理模式：企业单位内部的"校园式"管理、房屋出租的"卡片式"管理、打工楼集中居住的"旅馆式"管理、建筑工地的"营房式"管理和"三无"人员的"救助式"管理。宿舍型集中住宿点主要提供给外企或民企的员工居住，由企业自建或委托村集体、个人出资兴建，企业再回租，住宿点配有基本的硬件设施，有专人管理。打工楼型集中住宿点大部分由农民共同出资，委托股份合作社建造管理。严格按照市政府制定出台的有关规定，加强居住区的规范管理，逐步实现集聚地管理的制度化和规范化。同时，开展星级安全文明集聚地评选活动，推动集聚地居住环境档次、管理服务档次和安全防范档次不断提升。②

不同社会群体间的融合需要相互认可，对于城镇形成的两大人口结构——农业转移人口和原城镇居民之间却因为经济地位、户籍等各种因素产生了社会认同和社会排斥两大力量。

昆山农业转移人口的社会融入。首先，原有城镇居民的社会排斥逐渐消除。因为户籍因素，城镇居民在农业转移人口面前具有天然的优越感，认为城镇户籍可以享受好的教育、医疗资源。农业转移人口在他们面前就低人一等。当然也因为部分农业转移人口个人造成社会排斥，如农业转移人口的素质、道德文明程度低。这些也是原城镇居民对他们有社会排斥的原因。但是，昆山市本地居民的社会排斥没有像其他地区表现得那么强烈，根源在于政府制定的政策和相关规定没有将农业转移人口排除在外，一切都是以昆山常住人口为中心。例如，2013 年昆山市召开了以继续坚持服务、激励、融合为主，突出强化教育引导、自治管理、融入共建等，力争实现流动人口服务管理"五个新突破"为主题的流动人口服务管理工作会议，在服务外来人口方面凸显了"以人为本"。这一方面降低了原昆山人对新昆山人的排斥，另一方面也增强了新昆山人对昆山的感情，提升了他们的归属感。不仅让农业转移人口把昆山作为"第二故乡"，更让农业转移人口把昆山当作"故乡"。正是因为昆山的社会排斥低，农业转移人

① 参见昆山市人民政府网站。
② 参见昆山市人民政府网站。

口的自我认同水平才会提高。昆山政府积极打造"家在昆山文明有我"品牌，针对新昆山人实施"文化本土化、身份市民化、服务均等化"工程，不断提升他们对昆山城市发展的认同感、获得感和参与度。这就进一步缩小了原昆山居民与农业转移人口之间的社会距离。

昆山农业转移人口的基本公共服务。2019 年昆山市职工养老保险参保人数 129.79 万人，占总人口的 78%；医疗保险参保人数 154.64 万人，占总人口的 93%；工伤保险参保人数 126.24 万人，占总人口的 76%；生育保险参保人数 120.05 万人，占总人口的 72%。昆山户籍人口为 90.32 万人，占总人口的 54%。各项参保率都已经超过了户籍人口比重，意味着昆山市农业转移人口参加社会保障的比例很高，用参保率减去户籍人口比例计算（假设户籍人口全部参加保险），在参保率最低的生育保险方面，农业转移人口的参保率为 18%，这个比例已经远远超过了全国水平。[①]

在子女教育方面，2005 年昆山市政府就出台了农业转移人口子女教育的新政策，依法保障了农业转移人口子女接受义务教育的权利，妥善解决了入学难的问题；并规定了各个学校在保障户籍人口子女上学的前提下，放宽条件 100%接收农业转移人口子女上学。

2. 城乡融合农民市民化

江苏省常熟市蒋巷村是乡村振兴的典型，坚持"农业起家、工业发家、旅游旺家"基本模式，经过多年努力奋斗，全村人民在书记常德盛带领下过上了富裕生活。[②]

早在改革开放初期，蒋巷村还是个贫穷的村落，大部分村民感染了血吸虫病，耕种土地中洼地居多。全村劳动力通过肩挑土方的方式平整土地。经过 20 多年，累计投入劳动力 6 万余人，完成 50 多万土方，最终将 1700 亩低洼耕地填高 1 米多，建成了田成方、树成行、渠成网、路宽敞的良田，农业产量大幅度提高。该村也正是通过大力发展农业，为此后建立乡村第二产业积累了前期所需资本。最开始该村建立村集体工业企业——化工厂。化工厂虽然能带来高额利润，但也给乡村生态环境带来了高污染。为了能够保护乡村生态环境，在村集体带领下村民主动关闭化工厂，重新建立了如今的轻钢企业。这种生态环境保护意识在当时是非常超前的。在农业起家、工业发家的基础上，蒋巷村又建设了 AAAA 级乡村旅游

---

① 数据来源：昆山市人力资源和社会保障局。
② 案例来源于 2018 年 11 月对该村的调研。

景区，农业、工业、服务化协调发展。

蒋巷村的发展离不开各级政府和具有超前意识的村集体领导。从该村发展过程看，有几条经验是值得学习和借鉴的，而这些经验和做法都是以土地为中心展开的。

第一，土地规划和规模化经营。该村过去由 4 个村落组成，并且呈星罗棋布式分布，经过规划将这些村落集中在一个统一社区之后，便实现了住房用地向耕地的转变，保证了基本耕地的数量。同时也为该村发展工业和旅游业提供了必要的土地需求空间。通过返租倒包的形式将土地经营权转移给村里种植大户，2018 年，该村 1200 亩耕地由 6 人组织和参与生产，2014 年人均粮食产出超过 1 吨。副业方面同样实现集中生产和经营，如养猪和养鱼均向一户集中。同时，农产品的集中统一销售，提高了农民在市场参与中的谈判能力。

第二，转变农业生产范式。随着居民收入水平的提高，人们对生活质量提出了更高的要求。该村通过养殖业与农业种植的循环，实现了农产品的生态化。耕地深耕和休耕，提高农产品质量。产量虽然有所降低，但是市场价格由 4 元提高到 10 元，农产品生产和经营收入反而有了大大提高。

第三，对土地的投资。为了便于大型机械在田间工作，该村对耕地周边道路进行了建设，为农机能够进入田地提供了保证。生物肥料施肥系统的建设，使得生物肥料高效地作用于农产品种植，为该村农业生产范式转变提供了基础条件。

第四，就业与社会保障。土地对农民而言既起到就业保障作业，也起到社会保障作用。在该村三大产业协调发展的前提下，坚持"宜工则工、宜农则农、宜商则商"的原则实现了充分就业目标，尤其是旅游业的开展带动了餐饮、卫生等方面的就业，包括 70 岁以上人口都能就业。在医疗方面，村集体承担新农合剩余的 50%，相当于个人仅承担了总费用中的 25%。养老可以选择与子女同住，村集体每人每年发放养老金，或者选择免费的老年公寓。

在土地流转和规划的基础上，蒋巷村乡村经济的发展给村民带来了高收入，村民不仅在该村第二、三产业就业获得工资性收入，还获得了土地租金和分红。包括集体经济储蓄的利息、集体拥有房产获得的租金、股份分红和利润分配。2017 年除去该村高收入者后，人均收入 50000 元，同时获得分红 10000 元。远远高于 2017 年城镇居民的平均收入 36936 元，接近城镇最高等级的收入水平。

（二）欠发达地区城镇化案例

本书以广西贺州市为例，探讨欠发达地区城镇化发展进程，分析欠发达地区城乡居民生活水平、市民化程度，数据来源于《贺州年鉴》及《广西统计年鉴》。

1. 贺州市城镇化率

贺州市原为广西梧州下属的县级市，2002 年撤县建设后成为广西地级市，下设两区三县。资源丰富，特别是旅游资源丰富；生态环境好，森林总面积 80.69 公顷，占贺州市行政面积的 69%，2016 年被评为"世界长寿市"。

2017 年贺州市总户籍人口为 243.53 万人，其中城镇人口为 34.19 万人，乡村人口为 209.34 万人，户籍人口城镇化率为 14.04%。从常住人口和户籍人口的比较来看，2017 年迁入 10737 人，迁出人口 15586 人，人口净流出 4849 人。户籍人口城镇化率远远低于广西 2017 年城镇人口比例 49.21%，更低于发达地区城镇化率。

从城镇建设水平看，在医疗方面，2017 年贺州市有 8 家直属医疗机构和 6 家民营医疗机构，这些医疗机构都集中在贺州市市辖区。乡镇卫生院 57 个，村卫生室 774 个。全市辖区有医疗卫生机构床位数 8434 张，比上年增加 681 张，增长 8.78%。执业医师和执业助理医师 3449 人，比上年增加 166 人；每千位常住人口中执业医师和执业助理医师数为 1.68 人。乡镇卫生院执业医师和执业助理医师 891 人，乡镇地区每千人执业医师和执业助理医师 0.43 人。从医疗建设看，一方面，贺州市医疗机构、专业技术人员数量少于发达地区，每千人所能享受的医疗服务少；另一方面，医疗机构在城乡间分布失衡，绝大部分医疗机构和专业技术人员集中在市辖区，而乡村地区配置比例和水平远远低于市区。在义务教育方面，2017 年贺州共有 316 所小学、90 所普通中学，在校生数量分别比 2016 年增加了 10365 人和 1233 人。从优秀教师资源看，全市 510 名教师获得市教育系统优秀教育工作者、优秀教师、优秀班主任、师德标兵荣誉称号。如果将这 510 名教师平均分配在所有中小学，那么，平均每所学校所拥有的优秀教师人数为 1.25 人。由此可知，贺州市在教育资源方面存在优质的教育资源和优秀的教师资源短缺的问题。

由以上数据分析看，贺州市基本公共服务建设存在两个特点：一个是基本公共服务供给数量不能满足全体居民的需要；另一个是基本公共服务在城乡间配置与人口分布不对称，即贺州市乡村人口占绝大比重，而较大比例基本公共服务资源集中在市区。城镇化发展不仅表现为农业人口流入城镇，实现城镇化在常住人口比例方面的增长，而且还表现在城镇的基础设施和基本公共服务建设满足城乡居民生产、生活需要。所以，无论从贺州市常住人口城镇化率看，还是从城镇设施建设看，贺州市城镇化建设仍较为落后和滞后。

2. 经济与产业发展

2017年贺州市地区生产总值为548.83亿元，人均地区生产总值为26802元。从产业结构看，一二三产业产值分别为115.76亿元、210.91亿元和222.16亿元，占GDP的比重分别为21.1%、38.4%和40.5%。第一产业比重较高，第二、第三产业占比较低，属于典型的农业型经济。在工业发展方面，贺州市重点发展电力、林产、矿业、电子、新材料和碳酸钙、食品药品几个产业，这些产业在2017年实现总产值398亿元，占全市规模以上企业总产值的92%。在轻工业方面，主要集中在农副食品加工、纺织服装加工和家具制造等几个领域，完成工业总产值95亿元。从这些数据可以看到，贺州市第二产业发展的主要特征是资源型产业和加工类产业，附加值低，创新动力不足。

从第三产业发展看，2017年贺州市交通运输业共有载客营运汽车754辆，载货汽车14327辆。从事道路旅客运输经营业12户，道路货物运输业11015户，其中个体运输户10909户；道路运输及相关业务从业人员31362人，其中从事旅客运输1987人。金融机构存款724亿元，贷款总额454亿元，分别占GDP总量的132%和82%。从而可以看出，贺州市第三产业发展缓慢，特别是金融业发展缓慢。总体上看，生活性服务业比重较大，而生产性服务业比重较小，所以，对贺州市经济发展的贡献度和拉动力相对较弱。

3. 城乡均衡发展

城镇化发展具有增长极功能和外溢功能，贺州市常住人口城镇化率仅为14%，这就降低了城镇化发展中要素、商业、市场等方面在城镇的集中度。当城镇不能很好地集中要素、商业和市场时，城镇化的增长极也不能很好地发挥作用，从而制约城镇化发展对乡村发展的外溢功能。2017年贺州市城镇居民人均可支配收入为 28899 元，农村居民人均可支配收入为 10498 元，城乡居民收入比为 2.75：1，远远高于江苏城乡居民收入差距水平。在城乡差距和地区发展差距同时存在的条件下，农业劳动力会向收入更高的地区流入。2017 年贺州市城镇居民收入低于广西 30502 元的水平，因此，贺州市农业劳动力绝大部分流入广东就业和生活。这也是贺州市常住人口城镇化率较低的一个重要原因。

在财政收入和支出方面。2017 年贺州市财政收入为 30.89 亿元，占GDP 比重的 5.6%。同年江苏省昆山市的财政收入 352 亿元，占 GDP 比重的 10%。2017 年贺州市财政支出总额为 180 亿元，是财政收入的近 6 倍。其中用于教育方面的支出为 32 亿元，社会保障和就业支出为 20 亿元，医疗卫生支出为 20 亿元，农林水利支出为 31 亿元，分别占财政总支出的比重为 18%、11%、11% 和 17%。从支出结构看，用于基本公共服务的财政支出比重较大，然而受到财政规模的限制，贺州市基本公共服务水平低。尤其是在基本公共服务主要集中在市区的条件下，乡村地区所能获得的财政支持主要体现在农林水利方面。这就从政府在城乡之间建设的主动性方面制约了城镇化发展对乡村地区外溢效应的发挥。

4. 农业现代化发展

城乡融合发展是经济高质量发展的重要内容，也是城乡居民走向共同富裕的重要途径。城乡融合发展不仅需要发挥城镇化的外溢功能，同时也需要乡村地区积极主动地融入城镇化发展。农业是乡村地区的主要产业，农业发展程度决定了乡村经济发展程度。农业的生产方式是否适应市场经济发展要求，也决定了乡村能否主动融入城镇化发展中。

从产业结构看，贺州市第一产业比重大，所以农业现代化程度对于城乡融合、农村居民富裕具有重要意义。2017 年贺州市耕地面积为 143 千公顷，占广西耕地面积的 2.3%；机械化总动力为 124 万千瓦，占广西机械化总动力的 3.4%。由此可以看出，贺州市农业现代化发展水平较为滞后。

现代农业需要在土地集中基础上采用现代农业技术和现代管理技术。2017 年贺州市全面开展土地确权工作，703 个行政村，集体耕地面积 11.93 万公顷，二轮承包耕地面积 8.46 万公顷，承包户 38.41 万户，平均每户承包 3.3 亩耕地。所以，土地集中规模化经营还有待进一步扩大。

2017 年贺州市登记注册的农民专业合作社有 2103 家，大户、龙头企业带动与市场紧密结合的农业组织化建设。但需要强调的是，在这种模式中龙头企业对市场的判断对农业生产经营收益具有极大影响。由马克思理论可知，资本在利益分配中具有巨大的优势。龙头企业带动农户的模式，在委托代理关系中会侵蚀农户利益。因此，贺州市农民从农业生产经营中获得的收益没有预期高。

二、发达地区与欠发达地区城镇化发展的总结

（一）发达地区城镇化发展的经验总结

1. 经济发展水平高

经济发展是城镇化发展的基础，经济发展水平高会带动城镇化的高质量发展。江苏自古以来就是我国经济发展较好的地区，这种经济发展优势一直得到了保持，这为江苏城镇化发展奠定了经济基础。

根据马克思关于城市形成理论可知，商业、市场等不断在一个区域内集中，便形成了城市。在这些商业和市场集中区域，经济活跃度高、经济规模大，进而使得城市发展更加快速。

2019 年昆山 GDP 总量为 4045.06 亿元，人均 GDP 为 242575 元，在江苏县级市中排在首位。第二产业和第三产业增加值占总增加值的比重达到99.24%。这就为昆山城镇化发展以及在城镇化发展中使更多常住居民有机会分享时代发展成果奠定了基础。2019 年城乡居民人均可支配收入分别达到 69168 元和 35779 元。2019 年昆山一般公共财政预算收入达到 407.31 亿元，为城镇化建设提供了财政保障。

2. 政府发挥积极作用

国内外关于城镇化的研究中都提出了政府应该发挥积极作用的观点。Baltzell（1954）认为，城市化过程中政府需要解决两个问题，一是对城市发展进行规划，二是增加公共设施和服务的财政支出。李青等（2020）认为，缓解政府压力与发挥市民化对经济增长的积极作用同时有效进行的核心是确定政府财政压力的限制和政府责任的划分。

昆山市城镇化发展中突出了"人"的因素，政府在其中发挥了重要的作用。例如，昆山市政府构建以常住人口为对象的基本公共服务，将流入昆山市的农业转移人口也纳入基本公共服务保障范围内，消除了因户籍制度带来的人口分割影响。提高了农业转移人口的城市主人翁意识，进而提

高了他们参与经济活动和城市建设的积极性、主动性。

3. 以村民利益为出发点的村集体领导

城乡融合是城镇化发展的高级阶段①，不仅需要城镇化发展对乡村地区的影响，更需要乡村地区自身的发展，以满足城镇化外溢效应。蒋巷村是"乡村振兴"和城乡融合发展的典型代表，其经济社会能够得到发展，重要原因是村集体积极为乡村发展发挥重要作用。

在村集体的号召和带领下，凭借艰苦奋斗精神填平田地，发展农业、工业和乡村旅游业，使农村地区也有了二三产业的同时，更使产业协调发展。提高了居民收入，增加了就业机会，通过村集体收入建设与现有基本社会保障相对接的养老、就医保障制度，减轻了村民压力，提高了村民生活的幸福感、满足感和获得感。

4. 农业优先发展和生产方式转变

农业是农村的基本产业、国民经济的基础。农业发展为工业、服务业发展提供产品、要素供给和市场供给。通过蒋巷村的发展历史可以发现，蒋巷村的发展起点是农业的现代化建设。在农业得到发展后，开始发展工业和乡村旅游业。并且农业为工业、乡村旅游业提供了初始资本。

在农业生产方式的转变方面。蒋巷村通过住户向社区集中，腾出了更多可用耕地。在此基础上，将土地经营权转移给种田能手，农民通过土地所有权参与分配农业经营收益。在农业产业组织化方面，从农业种植到农产品销售都由专门机构负责，从而促进了农业产业组织化水平的提高，提升了农业竞争力。

（二）欠发达地区城镇化发展的制约因素

1. 地区经济发展水平低

贺州市位于粤湘桂三省交界处，与广州、桂林相近，经济往来较为密切。2019 年 GDP 总量为 700.11 亿元，与 2018 年相比增长了 11.8%。GDP增长速度快，但是经济总量低，相当于昆山市 GDP 总量的 17.31%。经济发展水平低决定了贺州市城镇化发展滞后，2019 年城镇化率仅为 46.85%。城镇化发展的重要作用在于对经济增长的拉动作用和对乡村地区的外溢效用。城镇化没有达到 50% 的水平，意味着贺州市还没有进入以城市经济为

---

① 温涛、陈一明：《社会金融化能够促进城乡融合发展吗？——来自中国 31 个省（自治区、直辖市）的实证研究》，《西南大学学报（社会科学版）》2020 年第 2 期。

主的发展阶段。

城镇化率低带来的规模经济总量小，就业、收入与发达地区相比差距较大。2019 年贺州市城乡居民人均可支配收入分别为 33179 元和 12737 元。从常住人口和户籍人口的关系可以发现，2019 年贺州市人口净流出 35 万人。

由于经济发展水平低，在国民收入初次分配中政府所获得的总收入也非常低，2019 年贺州市全年财政收入仅为 68.31 亿元。无法满足城镇化建设包括城市基础设施、基本公共服务建设的需要。

2. 产业发展滞后

2019 年贺州市三大产业总产值占 GDP 总产值的比重分别为 19.18%、34.98% 和 45.84%。同年，昆山市第一产业增加值占 GDP 增加值比重还不到 1%。通过比较可知，贺州仍然处于农业经济社会。

在农业生产中，2017 年贺州市一般公共预算收入为 30.89 亿元，一般公共预算支出为 179.99 亿元。耕地总数量为 143.65 千公顷，每亩机械总动力为 0.58 千瓦时①。由此可知，贺州市农业尚处于传统农业方式阶段，未进入现代农业阶段，也不能很好地为工业、服务业发展提供必要的资本积累。

在工业方面，2017 年在工业总产值中重工业产值比重占 81%，大型企业占比为 0。2017 年工业企业总利润为 25.36 亿元，利润率为 7%。

在金融服务方面，2017 年金融机构人民币存款为 724.8 亿元，金融机构人民币贷款为 454.68 亿元，贷款总额占存款总额比重为 62.73%。所以，服务业对工业、农业的服务能力较低。

3. 城市承载能力低

1798 年马尔萨斯在《人口原理》中提出人口和资源的不同增长方式。当人口增长超过了资源所能承受的人口数量时，资源将不能再承受人口增长。Sovani（1964）和 Abu-Lughod（1965）指出，过度城市化实际上指在城市工业发展较为缓慢的条件下大量农村人口向城市流入，这种情况会导致资源错配最终阻碍经济发展。同时，Abu-Lughod 认为，人口过度集中在少数几个城市有可能成为工业化的瓶颈。因为当城市人口达到极限后，提供市政和私人服务的人均成本可能会飙升。在新兴工业化国家，对城市工厂和间接费用的"非生产性"投资必须与对生产性设施的投资竞争，这种

---

① 数据来源：《2017 年贺州市国民经济和发展统计公报》。

有限资金的不当配置可能会严重危及经济发展目标。与此同时，改善农村地区的经济社会环境，也会受到城市人口过度集中趋势的阻碍。

这些关于人口在城乡间分布的理论，可以为农业人口向城市流入的程度分析提供支持。对于二元结构的经济中欠发达地区城镇化发展，需要从城市承载力角度加以衡量和分析。所谓城市承载力，就是城市对流入人口的吸纳能力，它不仅表现为城镇空间上对人口的吸纳能力，还表现为基本公共服务、基础设施对人口的吸纳能力和城市经济能为流入人口提供的就业机会。也就是说，城市承载力应该包括空间承载、资源承载和就业承载三个方面。

首先，从空间承载看，2017 年贺州每平方千米人口数量为 207 人，人口密度非常低，可以为农业人口向城镇流入提供空间需求。其次，从资源承载看，主要体现在城市基础设施供给和基本公共服务供给。对于欠发达地区的城镇建设水平而言，由于财政能力低，不能像发达地区一样在基础设施建设和基本公共服务供给方面增加大量的财政支出。所以，从资源承载看，欠发达地区资源承载压力大，不能有效推进城镇化。最后，从就业承载看，欠发达地区的产业发展滞后于发达地区，农业比重较高，工业创新能力低，高新技术产业少，不能为农业转移人口提供更多的就业机会。由于无法获得贺州市更细致的数据，这里以广西全区数据为例加以说明。2018 年广西总就业人数为 2848 万人，其中，第一产业就业比重为 49.3%，第二产业就业比重为 17.3%，第三产业就业比重为 33.4%。2018 年江苏总就业人数 4750.90 万人，一二三产业就业比重分别为 16.1%、42.8% 和 41.1%。由此可知，欠发达地区城市就业的承载压力大，导致城镇化发展缓慢。

三、发达地区与欠发达地区城镇化发展的相互影响

通过对新型城镇化的总结，以及发达地区与欠发达地区城镇化的比较，可以发现发达地区与欠发达地区城镇化具有一定的互动关系。这个互动关系有正面影响，也包括负面影响。主要表现在以下几个方面。

（一）农业转移人口流动的单向流动

刘易斯和托达罗从收入差距与预期收入的角度分析了农业劳动力向城市流入的机理。这就使得人口在城乡之间进行了空间上的重新分布，使得

城镇人口规模不断扩大，农村人口规模缩小。需要强调的是，我国收入差距中不仅包含刘易斯和托达罗所说的城乡差距，还包括地区间收入差距。在城乡差距和地区差距的共同作用下，欠发达地区的人口（特别是欠发达地区的农业劳动力）不断向发达地区的城镇转移。

对于发达地区而言，城镇化发展的增长极功能得到了切实发挥，主要原因在于城镇化过程中要素集中、产业集中、商业集中等带来的促进作用。中国经济增长与宏观稳定课题组等（2009）研究发现，我国城镇化的集聚效应对工业和服务业竞争力产生了正面效应。城镇化包括人的城镇化和土地的城镇化，其中土地城镇化通过财政手段对城镇化发展有加速效应，而土地的供给特性和跨期替代又阻碍了人的城镇化。解决的途径就是推动人的城镇化，这对经济增长也会带来直接效应（方大春、张凡，2017）。

对于欠发达地区而言，大量农业劳动力向发达地区转移，常住人口数量逐渐低于户籍人口数量。这影响了城镇化发展的人口集中带来的规模效应。对欠发达地区的影响主要表现在以下两个方面：

第一，农村人口结构。罗小龙等（2012）通过研究山西农业劳动力外流，发现农村人口主要以老年人、妇女、儿童为主，逐渐丧失生产力中最活跃的因素——劳动力。大量劳动力外流必然给当地农业发展和城镇化发展带来损失，一方面，农业缺少必要劳动力；另一方面，城镇化发展过程无法形成人口聚集带来的规模效应。

第二，城镇化发展缓慢。马克思的城乡关系理论中，分析了城市形成的基本因素，包括地理、环境等。在这些地方逐渐聚集了大量人口，在此基础上进一步集中了要素和商业，从而加快城镇化发展进程。齐嘉楠等（2019）研究发现，异地城镇化路径存在阻滞风险；中、西部城市群内部产业结构不足以支撑农业劳动力就近城镇化。

从以上分析中可以看出，农业转移人口由欠发达地区流向发达地区的互动，助推了发达地区城镇化的快速发展，制约了欠发达地区城镇化的发展。

（二）产业集中与转移的影响

市场经济体制建立以来，发达地区的产业集中度逐渐提高。俄林（Ohlin，1933）分析了地区间的资源禀赋对产业集中的影响，发达地区的资本、技术、劳动力等方面的优势促使产业向这些地区集中。克鲁格曼（Krugman，1991）从规模报酬角度分析了产业集中，认为随着规模报酬的递增，生产环节将会向少数地区集中，而不是分散在各个地区。发达地区多位于我国东部沿海地区，地理位置优越，不仅表现为规模报酬递增，还表现为交易成本的降低，即马歇尔（Marshall，1920）所说的溢出效应。我国的珠江三角洲、长江三角洲等东南沿海地区吸引了大量港澳台资本投资，三资企业数量明显增加，这些地区对劳动力需求呈现前所未有的巨大。不仅是制造业，服务业也迅猛发展。

随着农民工数量增速下降，企业生产经营的劳动力成本逐渐提高，俄林、克鲁格曼和马歇尔的产业集中的因素和效应也逐步降低。大量外资企业外逃到东南亚地区，还有大量企业将生产环节转移到欠发达地区。所谓产业转移，是指在市场条件下综合了区域间的投资与贸易活动、具有时间和空间维度的动态过程，是区域间产业分工形成的重要因素，也是转出地和转入地产业结构调整和产业升级的重要途径（石奇、张继良，2007）。产业向欠发达地区转移，对于欠发达地区经济增长无疑具有积极作用，一方面，增加就业人数，提高收入水平；另一方面，扩大了当地的总需求。随着产业向欠发达地区转移，可以稳定劳动力外流，甚至可以进一步吸引流出的劳动力回流。这可以促进欠发达地区城镇化的发展，并进一步发挥欠发达地区城镇化发展的相关效用。所以，发达地区城镇化发展过程中，产业也在发达地区和欠发达地区之间进行空间的调整，加强了地区间的产业互动。

（三）城乡融合发展的影响

从以上关于发达地区城镇化与欠发达地区城镇化的比较中可知，发达地区城镇化已经进入市民化阶段，欠发达地区城镇化对乡村地区的影响还没有得到有效发挥。所以发达地区城乡关系已经开始走向融合发展的道路，而欠发达地区仍然是城乡对立发展。发达地区城乡发展的路径可以为欠发达地区城乡发展提供参考和借鉴。

发达地区城乡融合发展的途径主要表现在以下两个方面：

第一，城镇化的外溢效用。发达地区不断吸引大量农业劳动力流入，城镇化得到了快速发展。与此同时，发达地区在20世纪80年代开办乡镇企业，也使小城镇得到了发展。在城市交通拥堵、土地成本上升的过程中，大量企业的生产环节不断向城市周边小城镇转移，城市则发展总部经济。这样城市快速发展，城市经济辐射了周边经济发展，促使城镇化的外溢效用得到了发挥。

第二，农业现代化。农业是农村经济发展的基础产业。发达地区城乡融合发展，还得益于农业现代化。农业现代化一方面提高了生产率，另一方面提高了农产品附加值并增加了农民收入。在工业和农业、城市和乡村之间提高了关联度，使得要素可以在城乡间双向流动。

欠发达地区城市与乡村仍然保持对立发展。随着经济社会进入新时代，欠发达地区也要推动本地经济的高质量发展，进一步提高城乡居民生活质量和水平，基本途径是推进"以人为核心"的新型城镇化。新型城镇化包含了城乡融合发展，发达地区城乡融合发展的方式可以为欠发达地区的城乡融合发展提供基本依据。

第四章

欠发达地区加快新型城镇化建设的强烈需求

随着经济社会发展进入新时代，必须推动欠发达地区经济发展，以消除地区间不平衡不充分的发展对经济高质量发展的制约。随着5575万农村贫困人口实现脱贫，欠发达地区经济社会需要得到全面发展。习近平同志指出："城镇化是现代化的必由之路。"这就意味着欠发达地区的现代化发展同样需要城镇化发展作为驱动力。在发达地区城镇化发展进入市民化阶段以后，发达地区城镇化发展为欠发达地区开启以城镇化为驱动力的发展提供了经验借鉴。欠发达地区必须加快"以人为核心"的新型城镇化建设步伐，这不仅是欠发达地区推动经济发展的方式，也是让更多的人在经济发展中得到幸福感、满足感和获得感的途径。

第一节　农业剩余劳动力向发达地区流动，实现城镇化和市民化

一、农业剩余劳动力流转的动因

（一）传统农业生产方式的低收益

我国是一个农业大国，随着改革开放的不断深入，逐渐由农业社会转变为工业社会，然而，农业在国民经济中的基础地位是不可改变和忽视的。农业的两大重任是保证粮食供给和农民富裕。

我国的改革首先从农村开始，建立家庭联产承包责任制，土地根据村

集体成员平均分配。相对于人民公社时期的集体劳动、平均分配农业经营而言，家庭联产承包责任制赋予了农户对土地的承包经营权，极大地调动了农民的积极性，农业劳动生产率得到提高。1985 年和 1990 年粮食产量分别为 37910.80 万吨和 44624.30 万吨，与 1976 年的 28630.50 万吨相比，分别增长了 32% 和 56%。随着大量农业剩余劳动力流入城市，农业劳动力的边际生产力得到提高，粮食产量仍然在稳步提高，到 2020 年粮食产量达到 66949.15 万吨，有效地保证了粮食供给和粮食安全。[①] 2014 年国家对农地制度进行了改革和创新，将农地产权由所有权、承包经营权创新为所有权、承包权和经营权以后，在稳定承包权的基础上流转经营权。这有利于农地集中并规模化经营，采用现代农业技术和管理技术，转变农业生产方式，进一步为稳定粮食产量提供了制度性保证。

然而，农业的第二个重大任务——富裕农民，没有得到解决。长期以来农业一直是农民就业的主要领域，即使农村非农就业比例在逐步提高，农业是农民的主要就业领域的地位仍然没有改变。[②] 所以农业经营收益是农民收入和生活质量能否得到提高的重要影响因素。

家庭联产承包责任制虽然打破了人民公社时期大锅饭的生产、分配方式，调动了农民的积极性。然而，这种土地产权制度使农地经营分散化，无法获得规模经济效应。农户在各自承包地上经营农业，一方面，小块土地不能满足大型机械和农业技术的应用；另一方面，使农户各自经营而降低了农民在市场上的谈判能力。所以，农业经营收益不断下降。与此同时，农地在农业生产中只能成为生产资料，而不是生产要素。农民不能凭借农业的产权获得相应收入。这几个因素成为大量农业剩余劳动力流入城市就业的重要推动力。

从表 4-1 中可以看出，2007~2020 年农业生产总成本呈现逐年递增趋势，尤其是生产成本，其中人工成本平均上涨速度快于物质与服务费用上涨速度，逐渐成为农业生产经营中生产成本的主要部分。从土地成本看，流转地租金占总成本比重非常低，意味着农民的土地要素收入低。最终的结果是农业生产利润下降，2016~2019 年农业生产利润率为负，2020 年才实现利润率为正。由此说明传统农业获利能力低，不能满足农民提高收入水平的需要。

---

① 数据来源：《中国统计年鉴》。

② 以江苏为例，2000 年农村非农就业比例为 49.23%，2018 年为 49.79%。根据《江苏统计年鉴》相关数据计算所得，计算方法为：1-（第一产业就业人数÷乡村就业人数），其中，乡村就业人数＝总就业人数−城镇就业人数。

表 4-1 每亩农产品成本与收益

单位：元

年份	2007	2008	2009	2010	2011	2012	2013	2014	2015	2016	2017	2018	2019	2020
总成本	481.06	562.42	600.41	672.67	791.16	936.42	1026.19	1068.57	1090.04	1093.62	1081.59	1093.77	1108.89	1119.59
生产成本	399.42	462.8	485.79	539.39	641.41	770.23	844.83	864.63	872.28	871.35	866.01	868.9	875.64	880.77
物质与服务费用	239.87	287.78	297.4	312.49	358.36	398.28	415.12	417.88	425.07	429.57	437.18	449.55	462.24	468.01
人工成本	159.55	175.02	188.39	226.9	283.05	371.95	429.71	446.75	447.21	441.78	428.83	419.35	413.4	412.76
土地成本	81.64	99.62	114.62	133.28	149.75	166.19	181.36	203.94	217.76	222.27	215.58	224.87	233.25	238.82
流转地租金	7.91	10.09	11.31	15.37	17.75	21.81	26.28	32.46	36.41	38.51	38.4	41.29	36.72	44.01
自营地折租	73.73	89.53	103.31	117.91	132	144.38	155.08	171.48	181.35	183.76	177.18	183.58	196.53	194.81
净利润	185.18	186.39	192.35	227.17	250.76	168.4	72.94	124.78	19.55	-80.28	-12.53	-85.59	-30.53	47.14
成本利润率	38.49	33.14	32.04	33.77	31.7	17.98	7.11	11.68	1.79	-7.34	-1.16	-7.83	-2.75	4.21

资料来源：《全国农产品成本收益资料汇编 2021》。

注：具体数据为小麦、稻谷和玉米平均值。

（二）城乡收入差距和地区发展差距扩大

1. 城乡收入差距

1954 年，刘易斯在《劳动力无限供给条件下的经济发展》中构建了二元经济结构。假设经济中包括现代工业和传统农业两大部门。在农业中劳动力的边际产量小于等于零，在工业中就业的工资水平高于农业中就业的工资水平。从而大量农业剩余劳动力由农业转入工业，也解释了人口在城乡间的单向流动。1999 年，托达罗在刘易斯二元结构基础上，增加了城乡预期收入差异。不仅修正了刘易斯模型关于农业剩余劳动力的流动，同时也指出了过度流入会加重城市的失业。刘易斯和托达罗的理论可以解释我国大量农业剩余劳动力向城市转移的问题，但是需要强调的是，我国二元经济结构不仅包含城乡发展差异，更重要的是还包括地区发展差异。所以，在加快市民化进程的过程中，就应该同时考虑地区发展差异和城乡发展差异对人口流动的影响。

由表 4-2 可以看出，2000~2020 年全国城乡居民收入比呈现出先增后降的发展趋势。最高年份主要集中在 2007~2009 年，最高达到 3.33。从地区看，江苏城乡居民收入比也呈现先增后降的趋势，2009 年达到最高值 2.51，2020 年下降到 2.19，总体看低于全国城乡居民收入比。广西城乡居民收入比虽然也呈现出同样的发展趋势，但是广西城乡居民收入比远远高于全国水平。最高年份是 2009 年，达到 3.88。说明发达地区城乡居民收入差距小，欠发达地区城乡居民收入差距大。

随着城乡差距的不断拉大，大量农业剩余劳动力从农村流入城市。2011 年全国有 2.5 亿农民工，到 2020 年达到 2.8 亿人。同时，2011 年和 2020 年全国乡村人口分别为 6.5 亿人和 5.5 亿人。说明农村常住人口数量在递减，而流出人口在增加。根据刘易斯和托达罗理论可知，在城乡收入差距不断拉大的情况下，大量农业劳动力会不断向城市转移。

2. 地区发展差异扩大

地区发展差异的本质是地区经济发展水平的差异，这种差异直接决定了不同地区间农业转移人口流动的方向。马克思在论述机器的使用时分析了人口的流动，即机器的使用"使工人的职能和劳动过程的社会结合不断地随着生产的技术基础发生变革。……不断地把资本和大批工人从一个生

表4-2　　城乡居民收入差距　　　　　　单位：元

年份	全国			江苏			广西		
	城镇居民人均可支配收入	农村居民人均可支配收入	收入比	城镇居民人均可支配收入	农村居民人均可支配收入	收入比	城镇居民人均可支配收入	农村居民人均可支配收入	收入比
2000	6280.0	2253.4	2.79	6756	3591	1.88	5834	1865	3.13
2001	6859.6	2366.4	2.90	7311	3778	1.94	6666	1944	3.43
2002	7702.8	2475.6	3.11	8088	3972	2.04	7315	2013	3.63
2003	8472.2	2622.2	3.23	9140	4229	2.16	7785	2095	3.72
2004	9421.6	2936.4	3.21	10319	4740	2.18	8177	2305	3.55
2005	10493.0	3254.9	3.22	12098	5258	2.30	8917	2495	3.57
2006	11759.5	3587.0	3.28	13799	5791	2.38	9899	2771	3.57
2007	13785.8	4140.4	3.33	16009	6533	2.45	12200	3224	3.78
2008	15780.8	4760.6	3.31	18215	7322	2.49	14146	3690	3.83
2009	17174.7	5153.2	3.33	19996	7962	2.51	15451	3980	3.88
2010	19109.4	5919.0	3.23	22273	9067	2.46	17064	4543	3.76
2011	21809.8	6977.3	3.13	25570	10744	2.38	18854	5231	3.60
2012	24564.7	7916.6	3.10	28808	12133	2.37	21243	6008	3.54
2013	26467.0	9429.6	2.81	31585	13521	2.34	23305	6791	3.43
2014	28843.9	10488.9	2.75	34346	14958	2.30	24669	8683	2.84
2015	31194.8	11421.7	2.73	37173	16257	2.29	26416	9467	2.79
2016	33616.2	12363.4	2.72	40152	17606	2.28	28324	10359	2.73
2017	36396.2	13432.4	2.71	43622	19158	2.28	30502	11325	2.69
2018	39250.8	14617.0	2.69	47200	20845	2.26	32436	12435	2.61
2019	42358.8	16020.7	2.64	51056	22675	2.25	34745	13676	2.54
2020	43833.8	17131.5	2.56	53102	24198	2.19	35859	14815	2.42

资料来源：《中国统计年鉴》《江苏统计年鉴》《广西统计年鉴》。

产部门投到另一个生产部门"。[①] 说明了现代工业技术发展对人口流动的决定性作用，在率先实现现代工业技术的地区会牵动人口的流动。从经济发展程度看，我国东部发达地区经济已经进入现代工业发展阶段，与之相对应的是西部欠发达地区的第一产业比重仍然较高，工业发展程度没有东部地区高。这就导致了大量欠发达地区人口向东部地区流入。同时，马克思也指出："人口密度是一种相对的东西，人口较少但交通工具发达的国家，比人口较多但交通工具不发达的国家有着更加密集的人口。"[②] 随着我国交通设施的建设和出行条件的改善，各个地区间的距离缩短，促进了人口在不同地区之间的流动。

从表4-3中可以看出，省际迁入人口中迁入东部地区的比例呈不断上升态势：1990年省际迁入人口中有54.58%迁入东部地区，2000年这一比例大幅提高至76.40%，2010年继续上升至79.27%。中西部地区的省际迁入人口占比则呈现不断下降的态势：中部地区从1990年占比近24%下降至2010年的8.43%，西部地区则从21.42%下降至12.30。从省际迁出人口的角度而言，中部地区的省际迁出占比持续上升，从1990年的31.39%上升至2010年的46.98%，西部地区则从1990年的35.54%小幅下降至2010年的31.41%，东部地区省际迁出占比1990年为33.08%，2000年下降至18.50%，2010年又回升至21.61%。从省际迁入人口和迁出人口占比的比较可以发现，省际迁入人口绝大多数选择迁入东部地区。

表4-3　东中西部人口迁入与迁出比例　　　　　　　单位：%

年份	东部地区		中部地区		西部地区	
	迁入	迁出	迁入	迁出	迁入	迁出
1990	54.58	33.08	23.99	31.39	21.42	35.54
2000	76.40	18.50	9.06	46.92	14.53	34.58
2010	79.27	21.61	8.43	46.98	12.30	31.41

资料来源：毛新雅、王红霞：《有序推进中国农业转移人口市民化的空间思考》，《西北人口》2015年第6期。

---

① 《资本论》第1卷，人民出版社2004年版，第534页。
② 《资本论》第1卷，人民出版社2004年版，第391页。

随着改革进程的深入，东部地区的经济发展实现了现代化，能够为流入人口提供更多的就业机会，从生活质量方面获得的满足感也会比中西部地区高。这也印证了恩格斯指出的："工业的迅速发展产生了对人手的需要，工资提高了，因此，工人成群结队地从农业地区涌入城市。人口以令人难以相信的速度增长起来，而且增加的差不多全是工人阶级。"[①] "自从爱尔兰人知道，在圣乔治海峡彼岸只要手上有劲就可以找到工资高的工作那时起，每年都有大批大批的爱尔兰人到英格兰来。"[②] 地区发展差异和城乡发展差异决定了我国人口流动的特征是大量欠发达地区的农业剩余劳动力向发达地区城市流入（图4-1）。

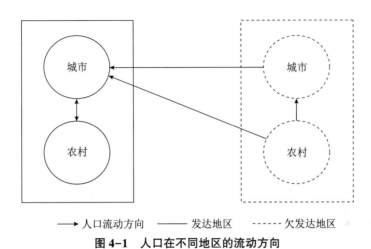

图4-1 人口在不同地区的流动方向

（三）对美好生活的向往

随着经济社会进入新时代，人民生活已经度过了温饱阶段，即使是欠发达地区农村居民的生活也进入富裕阶段。2018年广西城乡居民恩格尔系数分别为30.7%和30.1%，到2020年提高到33.9%和34.6%，基本接近生活富裕阶段。[③] 农村居民也不再仅仅追求丰富的物质文化生活，而是对生活有了更高的要求，包括政治、经济、文化、生态等各个领域。欠发达地区农业剩余劳动力流入发达地区城市就是因为对美好生活的

---

① 《马克思恩格斯全集》第2卷，人民出版社1957年版，第296页。
② 《马克思恩格斯全集》第2卷，人民出版社1957年版，第374页。
③ 数据来源：万德数据库。

向往。

在发达地区的城市，人们可以分享现代发展成果。发达地区有良好的教育资源，子女上学可以得到高质量的人力资本积累。优质的医疗资源保证了人们对健康的需要。他们的生活方式也会得到改变，逐渐趋近于发达地区城市居民。这一切都可以归结为人的全面发展。而这些对美好的生活向往，在欠发达地区的城市（城镇）是无法得到满足的。以江苏和广西的教育、医疗资源为例，2015 年江苏高中阶段专任教师具有硕士以上学历的人数达到 11284 人，而广西仅为 3000 人。2018 年每万人拥有执业（助理）医师人数，江苏为 29 人，而广西仅为 22 人。① 这些都导致了更多的农业剩余劳动力向发达地区城市转移。

二、欠发达地区农业剩余劳动力向发达地区流转的影响

（一）对发达地区的影响

1. 人口过度集中，资源错配

农业剩余劳动力在上述因素的共同作用下流入发达地区，给发达地区城市带来的结果是人口过度集中。大量农业剩余劳动力向发达地区城市过度集中带来的重要影响是资源错配，苏红键、魏后凯（2019）认为，过度城市化有四个方面的资源错配：土地资源与住房空间错配；教育资源错配；医疗资源错配；社会保障资源错配。这些资源的错配不仅不能有效满足流入的剩余劳动力及其家庭的需要，也制约了原城市居民的生活质量。

2. 人工成本上升，制约发达地区城市工业发展

农业剩余劳动力向发达地区流转，制约发达地区城市工业的发展。因为人口过度集中会提高商品、原材料价格，也会提高服务的人均成本。在城市企业竞争中，成本上升必然会压缩企业利润，不利于企业的发展。这个问题已经在我国的深圳和东莞等地企业发展中得到体现，随着农民工的不断流入，租房成本上升。过去的低工资已经不能满足农民工生活开支，因此，提高工资水平是必然的趋势。大量企业因为人工成本上升

---

① 数据来源：万德数据库。

逐渐转移到东南亚地区。这不仅制约工业的发展，也会影响当地经济高质量发展。

(二) 对欠发达地区的影响

1. 经济发展所需人力资本减少

随着人口的不断流出，欠发达地区经济发展会丧失经济增长的最为核心的要素——人力资本。由马克思主义理论可知，生产力是人改变自然的能力。也就是说，生产力发展中最为关键的是人"改造自然"的能力，如果没有必要的劳动力要素，固然就没有"改造自然"的积极因素。赵放、刘雅君（2018）从经济环境、教育、社保等7个方面对东北人口流失进行了研究，分析了人口外流的基本原理和机制。从东北经济增长看，人口向其他省份转移和流动极大地影响了当地经济发展。① 根据常住人口与户籍人口的关系可知，从2005年开始，广西已经进入人口净流出省份行列，2005年人口净流出234万人，到2018年净流出733万人。② 由此可知，大量人口流出使当地丧失劳动力资源，降低经济活跃度，为地方经济发展带来负面影响，特别是对于经济欠发达地区的影响更为显著。

2. 城镇化发展缓慢

从表4-4中可以看出，安徽、广西、海南、四川、贵州、云南几个省份的城镇化率远远低于广东、江苏、浙江的水平。尤其是贵州和云南的城镇化率大多数年份还没有达到50%。随着农业剩余劳动力向发达地区流入，欠发达地区城镇化发展速度缓慢，城镇化规模也小。从而使得这些地区生产力水平的提高变得缓慢，经济规模小。2020年广西GDP为22156.69亿元，是江苏GDP总量的22%，相当于江苏在21世纪初的GDP水平。GDP总量低造成政府财政收入水平低。政府没有像发达地区政府一样具有增加基本公共服务、基础设施供给的能力。城镇建设水平低，更无力改善农村和农业发展的滞后状态，人口进一步流出。这就造成了"人口流出—丧失人力资本—GDP发展水平低—财政规模小—城镇建设缓慢—人口流出"的恶性循环。

---

① 2010~2019年吉林GDP增长率由10.4%下降到3.0%，黑龙江由11.7%下降到4.0%，辽宁由10.3%下降到5.4%。数据由三省相关数据计算所得。

② 数据来源：万德数据库。

表 4-4 部分地区城镇化率比较 单位：%

地区	2012	2013	2014	2015	2016	2017	2018	2019	2020
广东	67.15	68.09	68.62	69.51	70.15	70.74	71.81	72.65	74.15
江苏	63.01	64.39	65.70	67.49	68.93	70.18	71.19	72.47	73.44
浙江	62.91	63.94	64.96	66.32	67.72	68.91	70.02	71.58	72.17
安徽	46.30	47.87	49.31	50.97	52.62	54.29	55.65	57.02	58.33
广西	43.48	45.11	46.54	47.99	49.24	50.59	51.82	52.98	54.2
海南	51.02	52.28	53.30	54.91	56.70	58.04	59.13	59.37	60.27
四川	43.35	44.96	46.51	48.27	50.00	51.78	53.50	55.36	56.73
贵州	36.30	37.89	40.24	42.93	44.64	46.29	47.44	48.67	53.15
云南	38.47	39.99	41.21	42.93	44.64	46.92	47.44	48.67	50.05

资料来源：《中国统计年鉴 2021》。

3. 农业、农村发展受到制约

大量农业剩余劳动力从欠发达地区的农村流入发达地区城市，改变了欠发达地区农村人口结构。全国 65 岁及以上人口比重在 2000 年就已达到 7.0%，2020 年达到了 13.5%。2020 年江苏 65 岁及以上人口占比 16.2%，广西 65 岁及以上人口占比 12.2%。无论 65 岁及以上人口比重在发达地区和欠发达地区差异如何，人口年龄结构已经影响到了未来农业发展。特别是农村居民中适龄劳动力的大量外流，进一步影响了农业现代化的建设。[①]

当城镇化发展程度较低时，城市所形成的规模经济无法达到城市经济影响乡村发展的程度。尤其是在二元经济结构中，城镇化的独立发展更加约束了城镇化外溢效应的发挥。因此，农村的基础设施、基本公共服务无法满足农村居民生活和生产需要，农村发展进一步受到制约。

第二节 欠发达地区新型城镇化的必要性

2016 年，习近平同志对深入推进新型城镇化建设做出重要指示，强调

---

① 魏君英、韩丽艳：《农村人口结构变化对农作物种植结构的影响——基于中国粮食主产区面板数据的全面 FGSL 估计》，《农村经济》2019 年第 3 期。

城镇化是现代化的必由之路。城镇化在经济发展过程中具有拉动经济增长、促进城乡统一、提高人民生活水平等众多积极的作用。为了促进欠发达地区经济社会发展，消除地区间不平衡不充分的发展对经济高质量发展和人民对美好生活向往的制约，以城镇化发展带动经济发展，新型城镇化必须同时兼顾常住人口城镇化和户籍人口城镇化。也就是在保持城镇常住人口增加的同时，还要使流入城镇的农业转移人口和留在农村的居民获得市民权利并享受市民待遇，即欠发达地区需要以农业转移人口和农村居民享受市民待遇为目标，也要以此带动城市、小城镇和农村发展。最终实现欠发达地区经济高质量发展，实现人民共同富裕。从欠发达地区发展情况看，必须加快"以人为核心"的新型城镇化。

一、欠发达地区经济高质量发展的需要

我国经济已经转向高质量发展阶段，所谓高质量发展，就是要体现经济发展的"量"和经济发展的"质"，增长的速度要符合发展阶段的要求，同时也要有结构优化、动能转换、经济质量和效益提升的经济增长环境。[①]在保证经济稳定发展的因素中，城镇化是重要的一个方面，是推动欠发达地区经济稳定发展的重要途径。

城镇化具有经济增长极的作用，通过两个途径体现：一是城市群的带动。在城市群的结构中中心城市和卫星城市相连接，可以通过中心城市影响卫星城市的发展，使要素在城市群内自由流动。二是城镇化的规模效应。城镇化发展的重要特征是人口集中和要素集中。我国农村分布零星化，交易不频繁。但是城镇化能够集中人口，形成规模庞大的市场需求。人口不断集中对基本设施也提出了更高的要求，政府要增加城市建设的财政支出。由此而来，城镇化的规模效应是从社会总需求开始发挥作用的，进而促进经济规模的扩大，这就是城镇化的规模效应。

欠发达地区不仅要提高经济发展的速度，还要保证经济发展的质量，必须探索一条可行的途径，其中城镇化是根本动力。从广西城镇建设水平、经济发展水平、产业结构、基本公共服务和设施建设等各项内容看，进入新时代后广西促进经济高质量发展首先要提高城镇人口集中规模。一

---

① 张雷声：《新时代中国经济发展的理论创新——学习习近平关于经济高质量发展的重要论述》，《理论与改革》2020 年第 5 期。

方面，促进农业转移人口、农村居民就地城镇化；另一方面，要吸引流出的农业剩余劳动力回流。

但是城镇化增长极作用的发挥是有条件的，即人口集中速度要与城市经济增长速度相互协调（Morse，1965）。当人口集中速度超过了城市经济增长速度，就是过度集中，人口集中速度低于城市经济增长速度，又会陷入人口流出的恶性循环。因此，欠发达地区城镇化建设必须同时兼顾经济增长和人口集中。

农业转移人口向发达地区流入，除了获得高收入以外，提高生活水平也是转移的重要因素。他们希望在发达地区能够享受到城市文明，享受高质量的基本公共服务。而农业转移人口对美好生活的向往，欠发达地区的城市和城镇往往不能完全满足。随着人口的流失，欠发达地区的城镇化不仅没有户籍意义上的城镇化，就连农业人口流入城市意义上的城镇化也会受到影响。一方面，造成发达地区城镇承载了过多人口集中并带来"拥堵""污染"等城市病；另一方面，欠发达地区城镇化滞后，二三产业发展得不到足够的人力资本支持。欠发达地区城镇化滞后发展，既制约了农业发展，也制约了二三产业发展。因此，欠发达地区通过新型城镇化建设，促进人口集中意义上的城镇化发展的同时，既可以使农村居民在乡村地区享受市民待遇，推进乡村地区发展，也可以使人口在地区间分布更加合理，不仅有利于缓解发达地区城市承载过多人口的压力，还有利于促进欠发达地区经济高质量发展。

二、欠发达地区城乡协调发展的需要

如果城镇化发展不能发挥其应有的功能，尤其是不能使城市与乡村协调发展，必然会制约欠发达地区经济的高质量发展。马克思认为，当人们的商品交换行为不断向一个地方集中时，该地区便逐渐发展成为城市，在那些没有集中商品交换行为的人口居住区则形成了农村，于是形成了城市和乡村的对立状态。也就是乡村农业人口的分散和大城市工业人口的集中只是工农业发展水平还不够高的表现，它是进一步发展的阻碍。① 从发达地区城乡融合发展与经济发展的基本情况看，城乡协调发展有利于经济发

①《马克思恩格斯全集》第 4 卷，人民出版社 1958 年版，第 371 页。

展。由此可知，欠发达地区的城乡对立会抑制当地经济的高质量发展。

所谓城乡对立发展，就是城市与乡村两个经济区域的独立发展。城市是市场和商业中心，集中了先进生产要素。乡村是农业集中区域。根据马克思两大部类理论可知，城市经济社会发展需要农村和农业的支持。而乡村经济和农业也需要城市及工业的反哺。在城镇发展到一定程度后，城镇化的外溢效用就会逐渐显现，为农业和农村发展提供支持。但是，我国城镇化发展过程的外溢效用之所以没有得到发挥，原因在于城市和乡村两种经济运行模式阻碍了要素向乡村地区流入。与此同时，传统农业生产不能带来高利润，不能吸引城市要素流入乡村和农业。这就进一步加剧了城市与乡村的对立。城乡对立发展的结果就是城市得到发展，而乡村得不到发展，且在农村劳动力不断流失的情况下农业生产受到了威胁。

马克思的城镇化理论指出了城乡对立和城乡统一的过程，但是城乡统一并不意味着农村的消失。习近平总书记指出，即使将来城镇化达到70%以上，还有四五亿人在农村。农村绝不能成为荒芜的农村、留守的农村、记忆中的故园。农村是农业的集中地，所以农村不可能发展成为城镇。但是，农村需要进一步发展，才能实现城乡融合发展。人是生产力中最活跃的因素，乡村地区的发展需要发挥人的积极因素。调动农民积极性的方式是让他们通过市民化富裕起来，和城镇人口一样实现人的现代化。

已有的城市化从一定意义上说是农民进城。虽然已经明确解决进城的农业转移人口的市民化，但是这一步是远远不够的。在我国这样的农村人口众多的大国，如果农民进城才能成为市民，现有的城市无论如何是难以消化数量庞大的进城农民的。城镇化需要发展，农业现代化和新农村建设也要发展，同步发展才能相得益彰。国家统计局数据显示，2020年，我国城镇常住人口90220万人，占总人口比重的63.89%。这标志着农业剩余劳动力的转移进入了"刘易斯拐点"，农民进城意义上的城镇化速度明显放慢。乡村振兴、农业现代化需要稳定农村劳动力，同时也需要城市劳动力进入农村。这样城镇化的新任务是农民不进城就地市民化。

然而，从我国农村的基本情况看，人们更愿意在城镇实现市民化。原因是农村的生活条件和生活环境不佳，部分传统农业生产方式破坏了农村生态环境、抑制了农村基础设施建设等。这就需要城镇化发展促进城乡融合。过去我国城镇化发展没有带动乡村发展，根本原因是城镇和乡村的二元分割，这种分割既有经济运行方式的分割，也有发展重点的分割。它带来的直接后果是乡村生活条件严重落后于城镇。欠发达地区若要保证乡村地区满足农民市民化的要求，就必须通过城镇化发展带动，这是因为城镇化还具有辐射周边的功能。

大量从事农业生产的劳动力都在农村生活。城乡对立发展必然使农业和农村发展滞后、农民得不到发展。所以农业和农民都得到发展的前提是农村要发展，使城市与乡村能够融合、均衡发展。只有城乡均衡发展，才能实现经济的高质量发展。

马克思指出，城乡融合是经济社会发展的必然趋势。因为"城市和乡村的对立的消灭不仅是可能的。它已经成为工业生产本身的直接需要，正如它已经成为农业生产和公共卫生事业的需要一样。只有通过城市和乡村的融合，现在的空气、水和土地的污毒才能排除，只有通过这种融合，才能使现在城市中日益病弱的群众的粪便不致引起疾病，而是用来作为植物的肥料"①。"大工业在农业领域内所起的最革命的作用，是消灭旧社会的堡垒——'农民'，并代之以雇佣工人。因此，农村中社会变革的需要和社会对立，就和城市相同了。"② 但是二元结构的经济中城乡融合发展的根本制约因素是小城镇所应发挥的功能没有得到发挥，也就是城镇不能连接城市和农村，城市要素不能通过城镇延伸到农村。

从小城镇和城市、乡村的功能及城乡关系角度看，小城镇与城市具有相同的经济运行方式，城镇是乡村地区的商业中心。城镇的基础设施没有城市完善，基本公共服务没有城市质量高，城镇商业中心的水平低于城市。一方面，导致城镇的产业发展利润低，另一方面，无法提供较好的生活条件，最终使得城市现代要素无法流入城镇。当城市要素无法流入城镇时，乡村也就不能获得城市现代要素。这样，农村发展滞后于城市，农业发展滞后于工业，农民发展滞后于城镇居民。当"三农"都滞后发展，城乡融合仍然很难得到实现。从农业和工业、服务业的关系看，三大产业也就不能协调发展，城乡不能融合。

乡村振兴的关键在人，尤其是职业农民。农业发展由"剩余"模式转向"品质和附加值"模式，需要推进农业产业化经营，推进农业产业由一产"接二连三"，大力培育和发展农村商贸、物流、信息等服务业，引导农民近距离从事二三产业，实现就地"转产"就业。促进农民由"自耕

---

① 《马克思恩格斯全集》第 20 卷，人民出版社 1971 年版，第 321 页。
② 《马克思恩格斯全集》第 23 卷，人民出版社 1972 年版，第 551 页。

农"向"职业农民"转变，实现就地"转身"就业，农民"转产"与"转身"实现市民化。同时，也需要城市投资者和经营者进入乡村经营现代农业。所有这些都要求加快城乡新社区和新市镇建设，引导农村人口到当地城镇和新市镇居住，推进农业转移人口的就地城镇化和市民化。

2014年《政府工作报告》提出，到2020年市民化有3个1亿的任务，即解决约1亿进城常住的农业转移人口落户城镇，约1亿人口的城镇棚户区和城中村改造，约1亿人口在中西部地区的城镇化。完成这3个1亿的市民化任务，面对市民化的新矛盾，面对高昂的市民化成本，需要有视野，不能只关注城市，还必须关注处于农村的城镇（包括中西部地区的城镇）的市民化作用。当年农民创造了在小城镇自己转移自己的城镇化模式，今天需要在城乡融合发展中创造市民化的新模式。据国家统计局调查数据，2019年本地农民工11652万人，外出农民工17425万人，两者的比率为1∶1.5。这表明已经有相当数量的农业转移人口进入了当地的城镇。

乡村振兴需要城市与乡村地区的经济相互融合，需要在城镇化建设中突出城镇的居间作用。通过城镇在城市与农村之间的桥梁作用，把城市发展的外溢效应延伸到农村，实现乡村地区的发展。

因此，欠发达地区推进城乡协调发展，需要以农村居民在乡村地区市民化为目标和手段，通过市民化目标带动乡村地区建设，以乡村地区建设为市民化目标的实现提供基础和条件。通过两者相互影响、相互促进的关系实现乡村地区发展，提高承接城镇化发展对乡村地区反哺的能力，最终实现城乡融合发展。

三、人民对美好生活的向往和"人的全面发展"需要

（一）人民对美好生活的向往

党的十九大报告提出社会主要矛盾转变为人民日益增长的美好生活需要和不平衡不充分的发展之间的矛盾后，人民对美好生活的向往的价值取向成为引导我国经济社会高质量发展的根本目标。

习近平同志以现实的人为出发点，立足现实的人是历史不断形成着的社会性存在的主体特性，深刻把握人的生活世界是不断生成这一展开逻

辑，着眼于生活的具体样态和丰富内容论述人民美好生活。① 习近平同志分析了人民对美好生活的向往具有发展和具体的特性。

计划经济时代不仅经济体制因素限制了人民生活水平，还包括"大跃进""文化大革命"等因素的影响，当时人民生活条件差，最根本的问题是解决人们的温饱。改革开放政策的提出为我国经济社会发展和人民生活水平的提高奠定了基础。通过家庭联产承包责任制的建立，首先在农村进行了改革，提高了农民的积极性，粮食产量稳步增长，解决了人民吃饭的问题。随着市场经济体制的建立和完善、城镇化的快速发展，人们的生活质量也不断提高。进入新时代，在解决温饱问题以后，人民对生活质量的要求进一步提高，开始了对美好生活的向往。

对美好生活的向往包括政治、经济、法制、公平、正义、生态环境等多方面的内容，其中具体的生活质量是基础。通过对发达地区和欠发达地区居民生活条件的比较、城乡居民生活条件的比较可以发现，欠发达地区居民生活质量和条件低于发达地区居民，欠发达地区农村居民的生活质量和条件更低。② 一方面，与全体人民对美好生活的向往相背离；另一方面，也不符合社会主义的本质要求。

人民对美好生活的向往主要由三个方面因素决定，即居民就业、居民收入、可享受的客观对象，这三个因素都与城镇化发展相关。

首先，城镇化的快速发展可以为居民提供更多的就业机会。随着城镇化的快速发展，在城镇聚集了二三产业，并且二三产业会随着城镇化发展得到进一步聚集。二三产业聚集增加了对劳动力的需求，特别是劳动密集型产业和服务业对劳动力的需求更为显著。③ 这可以从我国农民工向城市流入，在城市就业和生活的实践中可以得到证明。就业是居民获得收入的主要途径，增加居民就业机会、提高就业质量对于居民提高生活水平具有重要意义。因此，欠发达地区加快"以人为核心"的新型城镇化建设步

---

① 颜军：《对习近平关于人民美好生活重要论述的深入思考》，《科学社会主义》2020 年第 2 期。

② 以海南、重庆和四川为例，2020 年海南城镇居民家庭恩格尔系数为 37.8%，农村居民家庭恩格尔系数为 43.8%。重庆城乡居民家庭恩格尔系数分别为 32.6% 和 36.7%，四川分别为 34.8% 和 36.6%。恩格尔系数表征了居民家庭食物支出占总支出的比重，能够衡量居民家庭富裕程度和生活质量。

③ 纪玉俊、郝婷婷：《民族地区制造业集聚与城镇化的互动效应》，《中南民族大学学报（人文社会科学版）》2021 年第 3 期。

伐，在新型城镇化中解决居民就业，从而提高欠发达地区居民生活质量。

其次，城镇化建设可以提高居民收入水平和调整收入分配。城镇化建设包括基本公共服务建设，特别是教育建设。马克思在分析人的全面发展中也论述了教育的作用，新古典经济学也进一步证明了教育在人力资本积累中的作用。通过城镇化发展，加快教育水平提高和均等化建设有利于更多的居民通过教育积累人力资本。在提高劳动生产率的基础上，提高居民收入水平。与此同时，城镇化建设也可以调整收入分配，缩小收入差距。城镇化建设中教育有利于减缓相对贫困①，在城乡融合发展中，城镇化建设有利于要素向乡村地区流入，在农地经营权流转的条件下使农地逐渐成为农民的财产，从而缩小城乡差距。因此，欠发达地区加快城镇化建设的速度有利于居民收入水平的提高和收入分配合理化，从而提高生活质量。

最后，城镇化建设扩展和提高了居民可享受的对象。城镇化建设包括生活设施、生产设施建设和基本公共服务建设，如公路、桥梁、公园、学校、医院、商场等。从发达地区和欠发达地区城镇化建设的比较中可以发现，发达地区城镇化建设中公路、桥梁、公园、学校、医院、商场方面建设的质量更高、数量更多，给居民生活条件改善提供了便利条件，增加了可享受对象的数量和质量。欠发达地区加快城镇化建设，包括以小城镇为中心的乡村地区的城市功能建设，就是要在这些方面有所提高，不仅在数量上满足需求，更要在质量上满足人们所提出的要求。

（二）"人的全面发展"需要

1. 农业转移人口的发展

人是生产力的核心要素，经济发展的最终目的也是人的发展。根据马克思关于"人的全面发展"理论可知，"人的全面发展"对生产力发展具有积极的作用。"人的全面发展"包括智力、体力、道德等诸多方面，马克思也指出了教育在"人的全面发展"中的作用。但是人一直处于一定的生产关系中，人的发展受到生产方式的制约。因此，经济发展水平决定着人的发展水平。

在欠发达地区，原有城镇户籍人口可以享受城镇化发展带来的有利条件，接受较好的教育，获得较好的医疗保障。但是受到二元户籍制度的制

---

① 何春、刘荣增：《教育扩展与教育分化对城镇相对贫困的影响研究》，《华中科技大学学报（社会科学版）》2021年第2期。

约，流入城市的农业转移人口不能公平地享受高质量的基本公共服务。这就限制了农业转移人口的"人的全面发展"。当大量农业剩余劳动力不断流入城镇就业和生活后，二元户籍制度仍然发挥着对他们公平享受与原城镇居民同等水平的基本公共服务的限制。由马克思主义理论可知，劳动力价值由维持劳动者本身所需的生活资料价值、家庭所需的生活资料价值和劳动力延续所需的资料价值构成。随着城镇生活成本的不断上升，劳动力使用成本也在增加。在这种情况下，城镇化发展必须重视农业转移人口的全面发展。通过农业转移人口的全面发展为提高生产力核心要素的活力提供支撑，从而促进生产力发展。

新时代的新型城镇化突出强调了人的核心作用，首要解决的问题是二元户籍制度及其相关的社会福利制度在城镇常住人口之间进行分割的影响。加快城镇化建设，包括生产性基础设施、生活性基础设施和基本公共服务供给，以常住人口为对象实现基本公共服务均等化，在"以人为核心"的新型城镇化建设中，使农业转移人口也可以在智力、体力、道德等诸多方面都有所提高，不断向"人的全面发展"趋近。在此条件下提高农业转移人口的人力资本，提高劳动力生产率，提升其活跃度，从而实现欠发达地区城镇的高质量发展。

2. 农村居民的发展

经济高质量发展需要乡村经济高质量发展，而乡村经济发展的中心和起点就是农业的发展，推动农业现代化是根本措施。现代农业要求具有管理才能的现代人力资本来经营，但是不排除农业中仍然使用劳动力，这些农业劳动力仍然需要具有一定的人力资本存量，这就提出了农民发展的问题。传统农业是在土地分散化经营的条件下，依靠传统耕作经营大量投入劳动力获得粮食产量的提高，但这种生产方式制约了农民的发展。同时，这种以农业经营收入为主的收入结构决定了农民和城市居民的收入差异，这是因为农业经营收入的特点是低水平和不稳定。如果将农民自己参与农业生产的劳动力成本计算在内，那么，农业收益会更低。收入是决定人们生活条件的重要因素，低收入水平下生活条件不可能得到有效改善，农民不可能向"人的全面发展"靠近。

马克思指出："人们用以生产自己的生活资料的方式，首先取决于他们已有的和需要再生产的生活资料本身的特性。这种生产方式不应当只从它是个人肉体存在的再生产这方面加以考察。它在更大程度上是这些个人的一定的活动方式，是他们表现自己生活的一定方式、他们的一定的生活方式。个人怎样表现自己的生活，他们自己就是怎样。因此，他们是什么样的，这同他们的生产是一致的——既和他们生产什么一致，又和他们怎样生产一致。因而，个人是什么样的，这取决于他们进行生产的物质条件。"① 说明生活方式由生产方式决定，农民的生活方式是什么状态，取决于农业生产方式是传统的还是现代的。

在过去家庭联产承包责任制的农地制度下，农民在自己的承包地上投入大量劳动力从事农业生产，这种生产方式决定了他们的生活方式是以土地为中心、消费层次低、居住条件差、休闲时间少，总体上表现为"日出而作，日落而息"和"面朝黄土背朝天"的生活方式。在这种生活方式下人们的观念得不到解放，容易处于落后的状态。要改变农民的生活方式，必须改变农业生产方式，正如马克思所说："他们在自己的平静、庸碌的生活中感到很舒服，假若没有产业革命，他们是永远不会丢开这种生活方式的。"② "一个民族越落后，它的风俗习惯和生活方式越接近古诺曼人，它就越具有'斯堪的那维亚的'性格。"③ 恩格斯也指出："当18世纪的农民和手工工场工人被吸引到大工业中以后，他们改变了自己的整个生活方式而完全成为另一种人。"④ 由此可知，传统农业生产方式制约了农民的发展，进而不能为现代农业积累"人"的因素。除此之外，我国长期城乡对立发展，乡村地区没有满足农村居民需要的教育、医疗等基本公共服务，以及相应的基础设施。在这些因素的共同作用下，即使农村居民在智力、体力、健康、道德等方面得到提升，也与"人的全面发展"相差甚远。

新型城镇化强调城乡融合发展、产业融合发展和小城镇的城市功能建设。一方面，在产业融合发展中通过农地制度的改革转变农业生产方式，使农业与城市二三产业发展要求相适应。使工业对农业的反哺由收入反哺转向要素反哺，使城市第三产业为农业发展提供生产性便利条件。在产业融合发展中提高农民收入水平，保证其有能力享受到基本公共服务。另一方面，以小城镇的城市功能建设为重点，促进城乡融合发展。在小城镇建

---

① 《马克思恩格斯选集》第1卷，人民出版社1995年版，第67页。
② 《马克思恩格斯全集》第2卷，人民出版社1957年版，第283页。
③ 《马克思恩格斯全集》第5卷，人民出版社1958年版，第465页。
④ 《马克思恩格斯全集》第2卷，人民出版社2005年版，第370页。

设与城市相当的教育、医疗水平，在基本公共服务均等化的要求下，使农村居民得到智力、体力、健康的改善。通过农村居民不断向"人的全面发展"的趋近，为乡村地区提供必要的人力资本，最终消除欠发达地区城乡对立。

第三节　欠发达地区的新型城镇化与农民工返乡创业

一、欠发达地区新型城镇化要求农民工返乡创业

从以上分析可知，城乡差距、地区发展差异为欠发达地区带来的影响是"人口流出—丧失人力资本—GDP 发展水平低—财政规模小—城镇建设缓慢—人口流出"的恶性循环。新型城镇化建设不排斥常住人口城镇化，欠发达地区的新型城镇化的前提条件是城镇常住人口规模的扩大和更多的人力资本存量。

在常住人口规模扩大方面：2020 年广西、贵州和四川户籍人口分别为5718 万人、4620 万人和9082 万人，常住人口分别为5019 万人、3858 万人和8371 万人。户籍人口与常住人口的差额可以表示人口净流入或净流出的规模。由此可知，2020 年广西、贵州和四川分别净流出 699 万人、762 万人和711 万人，分别占户籍人口的 12.22%、16.49%和 7.83%。[1] 2020 年我国一共有 2.8 亿农民工，广西、贵州、四川三省区流出人口总量占农民工总量的 7.6%。[2] 可以看出，欠发达地区人口外流规模巨大，对于人口在城镇集中层面的城镇化建设具有极大影响。在人口自然增长率较高的情况下，如果这些流出的人口，特别是已经外流的农民工回流，可以进一步扩大欠发达地区城镇化的人口规模。[3] 可以充分发挥城镇化发展带来的规模

---

① 根据《广西统计年鉴》《四川统计年鉴》《贵州统计年鉴》中人口相关数据计算。

② 数据来源：《2020 年农民工监测调查报告》。

③ 2019 年广西、四川、贵州三省区的人口自然增长率分别为 7.17%、3.61%和 6.70%，总体高于发达地区人口自然增长率水平。

效应，通过人口规模的扩大促进消费与投资对经济的拉动作用。

在人力资本存量增加方面：人是生产力中最活跃的因素，保证地区人口规模是地区经济发展的重要条件。在人口不断流出的情况下，发挥城镇化对经济增长和经济发展的积极作用，需要通过多种途径和方式鼓励农民工返乡创业。鼓励流出的农民工返乡创业，原因在于为欠发达地区经济发展奠定人力资本。新古典经济理论将人力资本作为内生变量，分析了"人"对经济增长的作用。这些流出的农民工长期在发达地区就业和生活，受到了市场经济环境的熏陶，积累了一定的人力资本，其过程就是新古典经济理论中所说的"干中学"。

二、鼓励欠发达地区农民工返乡的条件

农民工由欠发达地区农村流入发达地区城镇的原因在于发达地区城镇化带来的就业机会多、收入水平高、生活条件好。通过对发达地区和欠发达地区城镇化发展的比较后发现，鼓励欠发达地区农民工返乡创业，可以将这三个方面总结为推力条件和拉力条件。

在推力条件方面，发达地区产业升级给农民工返乡创业提供了推动力。东部发达地区在中国各地区经济发展中处于遥遥领先的地位，在国家提出加快建设创新型国家的基本战略背景下，这些地区产业结构也在转换，瞄准世界科技前沿。因此，由欠发达地区转移到东部发达地区的农业转移人口将很难适应发达地区经济发展要求，它们的人力资本存量与产业发展之间会产生结构性矛盾。

刘林平（2020）从我国制造业中农民工就业数量方面对农民工现状进行了分析，发现制造业中农民工数量逐渐减少，收入与城镇居民收入差距不断扩大。得出了农民工雇佣中的矛盾，不仅包括上述产业发展与人力资本之间的结构性矛盾，还包括严格管理与工人自由发展之间的矛盾，以及成本增加与收入增加的矛盾。这些问题和矛盾共同促成了农民工返乡创业意愿和外在推动力的形成。

在拉力条件方面，欠发达地区必须在就业、收入和生活条件三个方面加大建设，作为农民工返乡创业的吸引力。

马克思考察了人口变动和经济发展的关系，从人口与生产条件的相互关系中阐明了人口迁移的规律和在不同社会的特点，他认为不论人口在国

际间还是城乡间迁移，都受到生产力和生产关系的制约。以广西为例，由前文广西户籍人口和常住人口数据的计算可知，广西属于人口净流出省份。原因在于广西不能在收入和就业方面满足人口流入需求，在地区差异显著的情况下，广西城市生产力发展水平低，必然会出现人口净流出。马克思认为，社会生产条件只能适应一定数量的人口，这种由一定形式的生产条件的扩展能力所设定的人口限制随着生产条件的变化而变化。马克思指出："同并不存在的生产资料绝对量根本没有关系，而是同再生产的条件，同这些生存资料的生产条件有关，而这种生产条件同样也包括人的再生产条件，包括整个人口的再生产条件，包括相对过剩人口的再生产条件。"① 马克思的理论将人口问题与生产关系、生产条件结合在一起，充分地说明了人口增长与经济发展之间的关系。

经济发展成果集中体现在城市和城镇的发展上，它是商业要素的集中区域，也集中了大量个人发展的机会。因此，鼓励农民工返乡的条件是欠发达地区城镇化的高质量发展。

首先，城市和城镇有完善的基础设施。基础设施可以分为生产性基础设施和服务性基础设施。生产性基础设施主要包括煤气水电设施、道路、桥梁等，服务性基础设施主要包括仓储、通信、绿化等。根据科斯的交易成本理论可知，完善的基础设施会降低交易成本，从而加快商品交换速度、提高交换频率、提高利润水平。

其次，城市和城镇有完善的基本公共服务。基本公共服务的作用归根结底是关系人的发展问题，包括教育、医疗、社会保障等。长期的地区发展差异、城乡对立发展使得基本公共服务的优质资源向城市集中、向东部发达地区集中。欠发达地区鼓励农民工返乡需要完善的基本公共服务，尤其是新生代农民工更加注重个人发展，更需要突出基本公共服务的作用。不仅要建设完善的基本公共服务，也需要基本公共服务资源的配置与分布均衡化。

最后，返乡创业的市场条件。从地区发展差异和城乡发展差异的结合看，鼓励农民工返乡创业必须充分地了解其返乡的主要影响因素。谢勇、周润希（2017）通过实证分析发现，男性、40岁以上、较高的家庭规模和家庭人口抚养比将导致农民工返乡的概率显著上升；人力资本水平与农民

---

① 《马克思恩格斯全集》第8卷，人民出版社1961年版，第619页。

工返乡之间存在着显著的负相关关系；男性返乡者失业的可能性显著降低；随着受教育水平、个人能力的提高，返乡农民工处于失业、雇员和自我雇佣等状况的概率也显著上升；而村庄特征和相关的外出务工经历也对就业分化产生了显著影响。这其中特别需要关注的是人力资本存量高、受教育水平高的农民工返乡。因此，需要为农民工返乡创业创造良好的条件。

市场经济重要的特征是要素在价格机制、供求机制和竞争机制的作用下，以追求收益最大化为目标。欠发达地区鼓励流出的农民工返乡，如果仅仅以市场为依据是不能吸引他们返乡的，必须让农民工看到返乡的利益。首先，构建良好的营商环境，为他们返乡创业提供公平的外部环境。其次，提供优惠政策，主要是税收政策和资源使用政策。再次，进行培训、创业指导和人力资本投资，提高他们的创业能力。最后，建设高质量的基本公共服务，提高生活水平并改善生活条件。

第五章

在新型城镇化中推进
市民化的制约因素

20 世纪 50 年代建立的二元户籍制度，将大量人口限制在农村和农业中。改革开放后，二元户籍制度仍然发挥着作用，流入城市的农业转移人口无法获得市民权利、享受市民待遇。经济社会发展进入新时代，消除户籍及其相关的基本公共服务制度二元化对农业转移人口的限制势在必行。然而，在地区发展差异显著的条件下，户籍制度一元化也表现出差异化。对于发达地区破除二元户籍制度，关键是城市对人口的承载力。对于欠发达地区而言，制度性制约的关键是城镇化发展水平低。因此，消除二元户籍制度应从承载力和城镇化建设着手。

第一节　农民市民化的必要性和制约因素

一、农民市民化要求

（一）农业发展与粮食安全需要

习近平同志指出："中国人的饭碗任何时候都要牢牢端在自己手上。我们的饭碗应该主要装中国粮。"党的二十大报告中再一次提出确保中国人的饭碗牢牢端在自己手中，充分地说明了粮食安全的重要意义。20 世纪 80 年代建立的家庭联产承包责任制针对平均主义分配方式进行了土地制度改革，充分地调动了农民参与农业生产的积极性，解决了中国人民的吃饭问题。1985 年粮食产量 37910.80 万吨，1990 年粮食产量 44624.30 万吨，粮食产量逐年增加。随着大量农业剩余劳动力流入城市，粮食产量依然呈现逐年增加的趋势，2000 年粮食产量为 46217.52 万吨，2005 年为 48402.19 万吨，2010 年为 55911.31 万吨。需要强调的是，伴随着劳动力外流，粮食产量不但没有受到影响，反而在逐年提高，根本原因是劳动的边际产量的增加，即过去农村土地承载了超过限度的劳动力数量，随着劳动力外流，每一位劳动力的产量在提升。如果农村劳动力进一步流出，则涉及农业种植、粮食安全问题。所以提出农民市民化也是基于农业发展和粮食安全。

党的二十大报告再次提出发展农业农村现代化的基本战略。所谓农业现代化，就是在土地集中的基础上，采用现代农业技术、现代管理方式提高农业生产率的生产方式。然而，农业现代化并不排斥农业劳动力参与农业生产，相反农业现代化仍然需要农业劳动力。只不过在现代农业中更加凸显技术的贡献，以及劳动力的组织。

在城市对人口吸纳能力有限，以及共同富裕的目标下，让农民在乡村地区实现市民化，享受与城镇居民同等的市民待遇，不仅是公平与正义、"以人民为中心"的体现，也是保证粮食生产的必要条件。原因是农民市民化可以破解现有的人地关系，释放土地并提升农业生产效率。

原有的土地制度是以集体成员为前提平均分配土地，农户在各自土地上自主经营农业，带来的结果是土地分散化。现代农业是要求土地集中并规模化，土地分散化对于农民而言不仅是农业种植，而且承担着农民的社会保障功能。农民市民化后，可以享受与城镇居民同等的基本公共服务和社会保障，这就消除了土地附加的其他功能，还原了土地作为生产要素的作用。所以农民市民化有利于农业现代化、提高农业生产率，进而保证粮食供给安全。

（二）农民生活与个人发展要求

新时代是承前启后、继往开来、在新的历史条件下继续夺取新时代中国特色社会主义伟大胜利的时代，是决胜全面建成小康社会的时代。随着人民对美好生活的日益向往，不仅对物质文化生活方面提出了更高要求，而且在民主、法治、公平、正义、安全、环境等方面的要求也日益增长。

然而，这些更高的要求只有通过市民化才能得到实现。过去由于城乡二元化分割，农民被限制在农业和农村，形成了人地依赖关系。在城市、工业不能以要素反哺和在农业生产方式没有改变的条件下，农民生活条件差、生活质量低。随着大量农业转移人口不断流出，工资性收入逐渐成为农民的主要收入来源。收入水平和生活质量都得到了提高，进入了生活富裕阶段。但是乡村的生活环境、生态环境仍然没有得到改善，制约了农民对美好生活的向往。农民对生活所提出的新要求，在原有方式下是不能够得到满足的，必须加快城乡融合发展，改变乡村面貌。使农民在乡村地区也能够享受与城市人一样的待遇，分享时代发展的成果。

农民不仅对生活有更高的要求，也需要有个人的发展，实现人的现代化。农民个人发展也是农民市民化的要求。

长期城乡二元化分割，使得教育和医疗资源也集中在城市。农民很少通过教育积累人力资本，很少通过乡村医疗保证身体健康。农业转移人口越来越重视子女教育就说明了农民也开始注重个人的发展问题。然而，制约农民个人发展的因素除了上述教育和医疗资源在城乡间的不均衡外，还包括生产方式。马克思将"人的全面发展"放在生产关系中探讨，说明了生产方式对人的发展的影响。传统农业生产方式在土地分散化基础上依靠大量劳动力投入，农民的工作和生活融为一体，没有城市居民在工作和生活两者间的明确界限。这就导致农民的生活方式落后，即"面朝黄土背朝天"，农民没有像城市居民一样的精神生活。随即带来的是农民思想观念的落后。

农民市民化不仅要求生活方式转变，也需要思想观念能够得到改变。农民不仅要在城镇城市化建设中发展，还要转变农业生产方式，使农民的身份转变为产业工人。在工作和生活方式都发生显著性转变之后，通过城镇基本公共服务建设促进农民个人的发展。

二、农民市民化的制约因素

(一) 城乡对立发展

马克思从分工、要素流动和技术发展等方面分析了城乡对立发展。他指出："各民族之间的相互关系取决于每一个民族的生产力、分工和内部交往的发展程度。……某一民族内部的分工，首先引起工商业劳动和农业劳动的分离，从而也引起城乡的分离和城乡利益的对立。"① 再加上资本和土地的分离，技术创新在城市集中并进一步加大了城乡之间的对立。

城乡对立发展对于农业、农村和农民而言都会起到制约作用。

一方面，城市的快速发展与农村的滞后发展并存，理性的农民会从农村流入城市。"工业的迅速发展产生了对人手的需要；工资提高了，因此，工人成群结队地从农业地区涌入城市。"② 大量的农村劳动力流入城市，使得农业生产逐渐失去劳动力资源。另一方面，农业是一个国家的基础和基本产业，关系到人民的吃饭问题。如果大量农业劳动力流入城市，就会危及农业生产发展，也制约农业的可持续发展。农村是农业的集中地，如果农业得不到可持续发展必然会带来农村发展滞后。在我国二元结构没有从根本上消除的条件下，大量农业劳动力流出，留在农村的主要以老人、妇女、儿童为主。教育资源长期在城乡间的不均衡配置，导致他们的人力资本存量不能满足现代农业的要求，进而使他们在"人的发展"方面滞后于城镇居民，正如马克思所说："道德水平和智力水平究竟怎样，是不难想象的。"③

(二) 城市对人口的可吸纳性

无论用常住人口城镇化率还是户籍人口城镇化率来衡量城镇化，都表现为人口在城市和城镇的集中。如果过度集中就会带来城市承载压力巨大的负面影响。但是限制人口向城市流入，将他们集中在农村也会带来人口压力。城市发展与人口承载之间存在着一个均衡点，如果人口流入导致城市承载能力超过这个均衡点，就是城市过度发展。为了防止城市人口过剩而采取限制人口流入的措施会造成农村人口过剩，而农村人口过剩带来的危害远远大于过度城市化带来的危害 (Firebaugh, 1979)。所以，从人口集中的角度看，应该是城市、城镇和农村合理分布，城镇是人口集中的中心点。

随着家庭联产承包责任制对农业剩余劳动力的释放，大量农业剩余劳动力流入东部经济发达地区的城市。造成了大城市道路拥堵、环境污染等城市病，2017 年北上广深四大城市的人口密度分别为 1144 人/平方公里、

---

① 《马克思恩格斯全集》第 3 卷，人民出版社 1960 年版，第 24-25 页。
② 《马克思恩格斯全集》第 2 卷，人民出版社 2005 年版，第 296 页。
③ 《马克思恩格斯全集》第 2 卷，人民出版社 2005 年版，第 282 页。

3814 人/平方公里、1208 人/平方公里和6234 人/平方公里。① 党的十八大到党的十九大，共有8000 万农业转移人口流入城市，平均每年有1600 万人。2019 年中国还有5.5 亿人生活在农村，以现有城市对人口的吸纳能力，以及人口流入城镇的速度看，无论如何也无法吸纳这些农业人口。②

农民是农业生产的主体，是重要的人口组成部分。无论从不平衡不充分的发展的角度，还是共同富裕、公平正义的角度看，农业都应该公平地分享时代发展成果，市民化是重要的途径。然而，从上述城市对人口的吸纳能力看，让农民进入城市实现市民化不是最优选择，可行的办法是在乡村地区就可以获得市民权利并享受市民待遇。

我国农村分布广泛，只有在农村范围内发展高质量的城镇，依托城镇连接城市与乡村的经济、政治、文化、生活方式等各方面，才能使城市的现代化发展辐射到农村，促进农业、农村和农民的发展。城镇若要成为农民市民化的阵地和中心，必须使城镇具有承担市民化任务的能力，即城镇城市化建设。使城镇具有城市功能，如商业发达、交通便利、服务业完善、完备的基础设施和公共服务等。新时代城镇城市化建设的基本步骤是农村向城镇集中和城市功能建设。

(三) 农业的传统化经营

农业是农村的基本产业，农业发展水平直接决定着乡村经济的发展，更决定着农民生活水平的提高。因此，农业是否为现代经营方式关系着农村和农民的发展。传统方式经营的农业是不能推动乡村经济发展的，更不能使农民收入提高、生活条件改善。

首先，传统农业排斥技术应用。在大量农业劳动力外流的情况下，农业的可持续发展必须转变生产方式，在农业生产中应用现代先进技术，这样就可以降低农业生产对自然条件的过度依赖。家庭联产承包责任制将土地以集体身份平均分配，导致土地分散经营。农户在各自的承包地上，以传统生产经验为基础，种植农产品。农产品收获情况很大程度上由自然条件决定。农民没有能力，也没有意愿在土地上追加投资。这是因为"小块土地所有制按其性质来说排斥社会劳动生产力的发展、劳动的社会形式、

---

① 数据来源：万德数据库。
② 数据来源：万德数据库。

资本的社会积聚、大规模的畜牧和对科学的累进的应用"①。

其次，传统农业获利能力低。传统农业依靠大量劳动力的投入，一方面，土地价值得不到体现；另一方面，农产品附加值低，最终使得农业生产收益低。例如，以成本利润率作为指标衡量传统农业生产经济收益，2016 年利润率为 -7.74%，2017 年利润率为 -1.16%，2018 年利润率为 -7.83%。② 农业生产经营收入决定了农民收入水平和收入结构的变化。2007 年农村居民可支配收入增长率为 15.43%，此后逐年递减，到 2019 年可支配收入增长率下降到 9.60%。从收入结构看，2015 年起工资性收入逐渐成为农民收入的主要来源，农业经营收入作为农民重要收入来源的地位被取代。③

总之，传统农业的特性最终使得农业生产收益低，也限制了农民个人的发展和农民收入、生活质量的提高。

第二节　农业转移人口市民化的城市承载力制约

户籍和基本公共服务制度的一元化与城市对人口集中的承载能力是紧密联系在一起的。我国 20 世纪 50 年代建立农业、非农业户籍以及在此基础上的基本公共服务制度，根本原因是为了解除农村人口大量流入城市给城市化和工业化发展带来的人口压力。随着城乡差距和地区发展差异的叠加，大量农业转移人口流入发达地区城市，城市仍然面临着人口承载力问题。这也是很多地方政府推进农业转移人口市民化的积极性不高的原因，他们面临着户籍和基本公共服务制度一元化与城市承载力协调的两难选择。现今，随着城市的发展，诸如交通拥堵、住房和资源供给紧张、环境污染等问题普遍出现，也面临着城市产业发展中就业供给压力。城市对人口的承载力在一定的情况下会制约流入这里的农业转移人口市民化的进程和程度。所以，推动农业转移人口市民化不能脱离城市承载力的因素而孤

---

① 《资本论》第 1 卷，人民出版社 2004 年版，第 910 页。
② 数据来源：万德数据库。
③ 数据来源：万德数据库和中经网数据库。

立地研究市民化问题，必须把承载力与户籍和基本公共服务制度一元化结合在一起。

一、农业转移人口向城市的流入

城乡差距的拉大使农业转移人口直接向城市流入。用 w_c 和 w_r 表示农业转移人口流入城市获得的收入和原户籍地的收入。这个差距吸引着农村劳动力向城市流动，但是理性的农村劳动力向城市流动过程中还要考虑流动成本，即在城市中住房、子女上学和医疗等方面的支出，用 $C(t)$ 表示，也是市民化的私人成本。只要向城市流动的农业转移人口预期收入大于成本，就会流向城市并且愿意市民化。刘易斯和托达罗分析了二元经济结构中的农业人口流动，本书以此为基础构建了以下模型。为了分析问题的简便，假设农村劳动力 t 期向城市流动的效用函数为以下准线性形式：

$$U = \int_{t=0}^{\infty} e^{-\rho t}(w_c - w_r)dt - C(t) = \frac{1}{\rho}(w_c - w_r) - C(t) \qquad (5-1)$$

其中，ρ 为收入差距的贴现率。$C(t)$ 的函数形式为：

$$C(t) = P\left(\frac{K(t)}{1 + E_m(t)}\right)w_c \qquad (5-2)$$

从农村流入城市的农业转移人口，在基本公共服务享受方面与当地居民存在差别。这种差别越大，说明市民化权利获得程度越低。这个差别就是二元户籍和基本公共服务制度，用 $P \in (0, 1)$ 表示。这个比例越大，表示户籍和基本公共服务制度在农村劳动力与城镇居民之间越不平等，也可以将 P 理解为二元户籍和基本公共服务制度的度量。

农业转移人口向城市流入，一方面，提高了对城市公共设施和公共服务的需求；另一方面，需要城市提供更多的就业岗位来满足农业转移人口需求，由此给城市承载人口能力带来了巨大的压力。为了缓解城市对人口的承载压力，各地也出台了一系列措施加以限制。在式（5-2）中制度 P 受到要素承载力 $\dfrac{K(t)}{1 + E_m(t)}$ 的限制，这样户籍和基本公共服务制度在模型中被内生化。

式（5-2）中的 K 代表城市资本存量，假设城镇人口单位化为 1，E_m

代表流动到城市的农业转移人口。

农业转移人口向城市流动只有在 $U > 0$ 的时候才会发生，即：

$$U = \frac{1}{\rho}(w_c - w_r) - C(t) > 0 \qquad (5-3)$$

均衡条件为：

$$U = \frac{1}{\rho}(w_c - w_r) - C(t) = 0 \qquad (5-4)$$

即：

$$\frac{1}{\rho}(w_c - w_r) = P\left(\frac{K(t)}{1 + E_m(t)}\right)w_c \qquad (5-5)$$

二、城市现代产业与传统农业的生产函数

将城市人口单位化为 1，农村人口为 E_{r0}，城市中的生产要素为人力资源和资本，农业生产要素为人力资源和土地，城市和农村的生产函数分别为：

$$Y_c(t) = (1 + E_m)^{\alpha}K(t)^{1-\alpha} \qquad (5-6)$$

$$Y_r(t) = (E_{r0} - E_m)^{\beta}R(t)^{1-\beta} \qquad (\alpha > \beta) \qquad (5-7)$$

当人口相对于自然资源而言规模庞大时，劳动的边际产量很小，因此，对城市和农村生产函数做出 $\alpha > \beta$ 的限定是符合经济现实的。

假设资本和土地增长方式与农村劳动力流动方式为：

$$K(t) = K(0)e^{\lambda t}, R(t) = R(0)e^{\mu t}, 1 + E_m(t) = (1 + E_m(0))e^{\theta t} (\theta > \lambda)$$

$$(5-8)$$

城市工资总收入和农业生产总收入分别为：

$$W_c = Y_c(t) - K(t)Y'_{c, K}(t) = \alpha(1 + E_m)^{\alpha}K(t)^{1-\alpha} \qquad (5-9)$$

$$W_r = Y_r(t) - R(t)Y'_{r, R}(t) = \beta(E_{r0} - E_m)^{\beta}R(t)^{1-\beta} \qquad (5-10)$$

将式（5-8）和式（5-9）人均化后为：

$$w_c = \alpha\left(\frac{K(t)}{1 + E_m}\right)^{1-\alpha} \qquad (5-11)$$

$$w_r = \beta\left(\frac{R(t)}{E_{r0} - E_m}\right)^{1-\beta} \qquad (5-12)$$

将式（5-10）和式（5-11）代入均衡条件中得：

$$P\left(\frac{K(t)}{1+E_m}\right)=\frac{1}{\rho}\left(1-\frac{w_r}{w_c}\right) \tag{5-13}$$

即：

$$P(\sigma_1 e^{(\lambda-\theta)t})=\frac{1}{\rho}(1-\sigma_2 e^{[(1-\beta)(\mu-\theta)-(1-\alpha)(\lambda-\theta)]t}) \tag{5-14}$$

其中：$\sigma_1=\dfrac{K(0)}{1+E_m(0)}$，$\sigma_2=\dfrac{\beta}{\alpha}\left(\dfrac{R(0)}{E_{r0}-E_m(0)}\right)^{(1-\beta)}\left(\dfrac{K(0)}{1-E_m(0)}\right)^{-(1-\alpha)}$。

三、承载力对人口流动的制约机制

式（5-13）表示在城市承载压力不断增加的情况下，户籍和基本公共服务制度二元化与收入差距之间的关系。对该式两边同时微分可以得到如下三式：

$$\frac{d\theta}{d(\lambda-\theta)}=\frac{d\theta}{dp}\frac{dp}{d(\lambda-\theta)}=-\frac{1-\alpha}{\alpha-\beta}<0 \tag{5-15}$$

$$\frac{dp}{d(\lambda-\theta)}=\frac{1}{\rho}\frac{\sigma_2}{\sigma_1}e^{[(1-\beta)(\mu-\theta)-(2-\alpha)(\lambda-\theta)]t}(1-\alpha)>0 \tag{5-16}$$

$$\frac{d\theta}{dp}=-\rho\frac{\sigma_1}{\sigma_2}e^{[(2-\alpha)(\lambda-\theta)-(1-\beta)(\mu-\theta)]t}\frac{1}{\alpha-\beta}<0 \tag{5-17}$$

由式（5-14）可以知道，当城市资本增速不能超过人口增速时，人口增速关于资本增速与人口增速差的弹性是关于人力资本在城市和农业生产中的重要性的函数，并且呈现负相关关系。由式（5-14）到式（5-16）可知，户籍和基本公共服务制度与城市对人口的吸收呈反向关系，城市承载力越小，户籍和基本公共服务制度严格程度越大。

由式（5-15）和式（5-16）可得，农村劳动力流入城市的均衡点，

在均衡点处 $\theta=-\dfrac{2-\alpha}{1-\beta}(\lambda-\theta)-\sigma_3$，其中 $\sigma_3=\mu+\dfrac{(1-\beta)-2\ln\left(\rho\dfrac{\sigma_1}{\sigma_2}\right)}{2t(1-\beta)}$。

该均衡点表达式说明了农业转移人口向发达地区城市转移受到城市要素承载压力影响的变化路径，也表示城市要素承载力已达到极限。

四、承载力制约的假设

(一) 城市承载力不受影响时

农业转移人口由农村流入城市的初期，在城市承载力不受影响的条件下可直接市民化。

根据农业转移人口流动均衡条件和均衡点的解，当 $E_m < E_1$ 时，均衡点移动路径斜率绝对值大于曲线 $\dfrac{d\theta}{dp}$ 的斜率绝对值，即 $\left| \dfrac{2-\alpha}{1-\beta} \right| >$ $\left| \rho \dfrac{\alpha}{\beta} \dfrac{2-\alpha}{1-\beta} \dfrac{\sigma_1}{\sigma_2} \right|$，如图 5-1 所示。初期由于农业转移人口流入为城市承载力带来的压力较小，即农业转移人口向城市流动没有达到均衡点 E。随着城市资本存量的不断提高，能够吸纳较多的农业转移人口的流入。此时，可以直接沿着均衡路径 BE' 曲线弱化户籍和基本公共服务制度制约能力，使农村劳动力向城市流入规模由 E_1 达到 E_3，从而促进农业转移人口向城市流动实现市民化。

(二) 城市承载力接近限度时

当流入的农业转移人口规模接近城市承载力限度时，户籍和基本公共服务制度制约市民化。

农业转移人口向城市流入，不断给城市要素承载力带来巨大压力时，人口转移与户籍和基本公共服务制度阻碍将实现均衡，这时流入人口数量达到 E_2，城市承载力已达到极限，不能吸收更多农业转移人口的流入。此时均衡路径斜率绝对值小于 $\dfrac{d\theta}{dp}$ 曲线的斜率绝对值，即 $\left| \dfrac{2-\alpha}{1-\beta} \right| <$ $\left| \rho \dfrac{\alpha}{\beta} \dfrac{2-\alpha}{1-\beta} \dfrac{\sigma_1}{\sigma_2} \right|$。为了能够使城市吸纳更多的农村劳动力，使转移规模达到 E_3，政府首先在原有户籍和基本公共服务制度范围内进一步提高制度严格程度，在图 5-1 中表现为 E 点首先沿着 $\dfrac{dp}{d(\lambda-\theta)}$ 曲线移动到 A 点。这种做法的目的在于加快城市建设，提高城市承载力。当城市要素承载力能够容纳较多人口时，再沿着均衡路径 AE' 曲线从 A 点向 E' 点移动，弱化户

籍和基本公共服务制度的制约能力，进而使农业转移人口向城市流入规模达到 E_3。

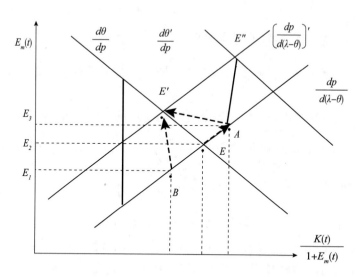

图 5-1　制度对农业户籍人口向城市流入和市民化的制约作用

(三) 城市承载力提高后

城市承载力得到提高后，户籍和基本公共服务制度对市民化的制约作用逐渐消除，有利于市民化。

在户籍和基本公共服务制度不断弱化，即户籍和基本公共服务制度一元化转变以及城市承载力提高同时进行的条件下，农业转移人口市民化将会沿着 EAE'' 的路径运行。此时如果不提高城市承载力而直接将户籍和基本公共服务制度由二元转化为一元，则城市承载压力已经远远超过了承载力极限。

五、承载力制约的实证分析

(一) 数据来源和变量选择

为了保证各个指标具有统一性和避免数据缺失，本书选择浙江、江苏、福建、广东、广西、贵州、云南、甘肃八个省区 1992~2014 年相关数据，数据来源于万德数据库、各个省区的统计年鉴和中经网统计数据库。

1. 制度衡量变量

城乡医疗支出比率差反映农业转移人口与城镇居民的医疗支出占收入比重的差别，一方面，体现农业转移人口对医疗的需求；另一方面，体现医疗制度在两个群体间的不平衡，即城镇人口医疗报销额度和比例大于农业转移人口报销额度和比例。计算方法为：

$$YL = \left(\frac{\text{农村居民医疗支出}}{\text{农村居民消费支出}} - \frac{\text{城镇居民医疗支出}}{\text{城镇居民消费支出}} \right) \times 100\%$$

$$(5-18)$$

上述指标是反向指标，即数值越大说明农业转移人口在市民化过程中制度约束越严格；城乡医疗支出比率差越大，说明医疗保险制度越倾向于城镇居民。

2. 市民化水平指标

市民化水平是指农业户籍人口转变为非农业户籍人口，用城市非农业户籍人口增长率表示（SMH）。

3. 城市承载力指标

城市承载力表示城市对人口的吸纳能力，既包括城市空间对人口的吸纳能力，也包括城市产业所提供的就业机会。限于数据的可获得性，本书用人口密度加以衡量（CZL）。

4. 工具变量

城乡居民收入差距（SRCJ），用农村居民收入与城镇居民收入比计算。城市二三产业占比（CYBZ），用城市二三产业占 GDP 比重表示。

（二）实证结果

1. 指标的描述性统计

从表 5-1 可以看出，以城市中非农业户籍人口增长率表征市民化水平（SMH）的平均值为 0.0174，最大值为 0.5858，最小值为 0.1774，方差为 0.0674。说明经济发达地区转移速度快，欠发达地区则表现出了人口净流出。表征制度性约束的医疗制度（YL）平均值为 -0.0015，最大值为 0.0368，最小值为 -0.0353，方差为 0.0143，说明医疗制度的二元化向一元化转变在发达地区和欠发达地区的差别较大。表征城市对人口承载和吸纳能力的承载力指标（CZL）的平均值为 7.0292，最大值为 8.1131，最小值为 5.9541，方差为 0.5225，说明发达地区承载了过多的人口，而欠发达地区还有进入吸纳农业人口流入城市的空间。表征城乡对立的指标城乡收入差距（SRCJ）的平均值为 0.3438，最大值为 0.5841，最小值为 0.2101，方差为 0.0885，说明在发达地区城乡融合过程中城乡居民收入差距在缩小，而欠发达地区的城乡居民收入差距还比较大。二三产业的发展是城市吸纳更多人口的重要因素，二三产业越发达，城市为流入人口提供的就业机会越多，城市承载力也会提高。城市二三产业占比（CYBZ）的平均值为 0.8385，最大值为 0.9558，最小值为 0.6396，方差为 0.0778。说明发达地区和欠发达地区的二三产业差异较大，发达地区城市空间不能容纳更多人口，但是能够提供更多的就业机会，欠发达地区正好相反，所能提供的就业机会不多。

表 5-1　变量的描述性统计

变量	平均值	最大值	最小值	方差
SMH	0.0174	0.5858	0.1744	0.0674
YL	−0.0015	0.0368	−0.0353	0.0143
CZL	7.0292	8.1131	5.9541	0.5225
SRCJ	0.3438	0.5841	0.2101	0.0885
CYBZ	0.8385	0.9558	0.6396	0.0778

2. 实证结果

本书构建模型如下：

$$y_{it} = \alpha_0 + \sum \alpha_{it} x_{it} + \sum \beta_{it} x_{it} x_{jt} + e_t \tag{5-19}$$

其中，$i = 1, 2, \cdots, 8$；$t = 1992, \cdots, 2014$。

模型中 y 为城市非农业户籍人口比重（SMH），主要解释变量为制度性变量（YL）。其中，制度性变量会受到城市承载力的影响，城市承载力也会直接作用于市民化，因此，模型中会增加 YL 和 CZL 交叉项表征两者的影响机制。

由表 5-2 可知，表征制度性约束的医疗制度（YL）与市民化（SMH）呈现反向关系，t 值和 p 值通过检验。说明制度性约束在城镇居民和农业转移人口之间表现越明显，市民化进程越缓慢。表征城市对人口吸纳和承载能力的指标 CZL 与市民化也呈现反向关系，t 值和 p 值显著，说明随着大量农业转移人口向城市流入，城市对人口集中的承载压力越大，使得市民化进程越缓慢。从 YL 和 CZL 的交叉项看，城市承载力与制度性约束对市民化具有一定的约束机制，该交叉项与市民化呈现反向关系，说明城市承载压力越大，政府越会采用严格的制度性约束限制市民化。验证的结果充分地说明了制度性约束对市民化的影响。

表5-2 制度和承载力对市民化的影响

变量	因变量：SMH		
	系数	t 值	p 值
YL	−7.8230	−1.86	0.064
CZL	−0.0274	−2.15	0.033
YL×CZL	−1.1947	−2.01	0.046
SRCJ	0.1750	3.42	0.001
CYBZ	0.1752	2.91	0.004
_CONS	0.0048	0.06	0.953

3. 模型的稳健性检验

为了能够进一步验证上述结果的合理性，本书采用分组法对此进行稳健性检验，检验结果如表5-3所示。从表5-3中可以看出，对于发达地区而言，医疗制度的二元化对市民化影响最大，需要强调的是，制度因素与承载力因素共同对市民化的影响表现出正向关系，可能的原因是发达地区经济快速发展提高了城市对人口的吸纳和承载能力。对于欠发达地区而言，城市承载力对市民化影响呈正向关系，产生这样结果的原因在于欠发达地区的城市人口密度小，有进一步吸收农业转移人口的空间能力。而医疗制度因素和承载力因素共同作用与市民化呈现反向关系，说明了制度性因素的确是制约市民化的关键。由此可知，通过分组方式进行稳健性检验，进一步证明了本书的核心观点。

表 5-3 稳健性检验结果

变量	发达地区		欠发达地区	
	系数	t 值	系数	t 值
YL	−23.6278	−1.42	—	—
CZL	—	—	0.1120	7.08
YL×CZL	3.1105	1.40	−0.0566	−0.89
SRCJ	−0.4168	−2.02	0.3387	2.09
CYBZ	1.9198	7.60	0.5511	5.59
_CONS	−1.1448	−4.25	−0.8812	−7.54

(三) 模型的政策含义

城镇化建设过程不是简单地推进农业转移人口市民化的过程，只有把制约市民化的制度因素作为研究的重点，把决定制度的根源内生化，才能从根本上解决农业转移人口市民化问题，从而不断提高城镇化水平。中国大量农业转移人口向城市转移的规模，验证了托达罗认为城乡收入差距构成了迁移机制的主要方面这一结论，但是转移速度逐年下降的现实需从内生化制度方面加以阐释。

在基于城市要素承载压力的人口转移模型中，我们发现在农村人口绝对大于城市人口的情况下，城市承载力是造成制度约束农业转移人口向城市转移的根本原因。随着城市边际资本产出不断高于农村边际土地产出，大量农业转移人口受到城乡差距的吸引向城市转移。这种向城市转移并不断市民化为城市经济发展做出重大贡献的同时，也对城市要素承载压力提出了挑战（如城市交通拥堵、环境恶化、就业机会的提供等），由此基于城市要素承载压力的制度提高了农业转移人口市民化的成本。

同时，本书建立的基于城市承载压力的人口转移模型，在一定程度上为平衡农业转移人口流动的区域结构矛盾，以及缓解城市吸纳能力限度的问题提供参考。在发达地区和欠发达地区差异不断拉大的背景下，加快农业转移人口市民化进程，提高城市化水平的政策制定，应从调整区域经济水平差距，加强中小城市经济发展，普遍提高城市承载力以弱化制度制约力，才能从根本上解决城镇化建设的问题，推动经济平稳发展。

第三节　农业转移人口市民化的成本制约

一、欠发达地区与发达地区市民化私人成本的差异

现今，大多数农民工在城市就业和生活不再是孤身一人进入城市，而是带着家庭。他们在城市就业和生活的时间也不再是过去短暂的停留，而具有长期性。但是长期在城市工作和生活只能使他们实现居住化，不能实现市民化。而制约其市民化的重要因素之一就是私人成本过高。

所谓市民化私人成本，就是市民化个人所发生的各项支出，包括生活费、子女教育、住房等。私人成本的产生有两个因素：一个是户籍和基本公共服务制度二元化带来的支出增加，另一个是市场因素形成的支出。对于市场因素形成的支出，无论是对原城镇居民还是农业转移人口，都是公平和平等的，其与个人能力有着非常紧密的联系。对于户籍和基本公共服务制度二元化带来的成本增加，需要政府通过户籍和基本公共服务制度一元化建设加以消除。

农业转移人口市民化的私人成本在欠发达地区和发达地区对市民化带来的制约作用表现出一定的差异。市民化就是要求农业转移人口与原城镇居民具有同等的生活水平，计算市民化私人成本的方法是用流入城市发生的相关支出减去未流出时的相关支出。为了更加清晰地展现市民化私人成本差异，这里以江苏和广西为例，考虑广西农村人口分别流入江苏城市和广西城市的新增私人支出，不考虑江苏农村人口流入江苏城市的新增私人成本。农业转移人口市民化的私人支出主要体现在子女教育成本、住房成本和医疗成本三个方面。

(一) 私人成本的地区差异

1. 子女教育成本

（1）市民化子女教育成本的总体情况。根据国家统计局公布的《2019年农民工监测调查报告》，50.9%的农民工反映随迁子女在城市上学面临一

些问题。《2020年农民工监测调查报告》显示，随迁子女上学面临的困难有所下降，但是困难程度仍然较高，达到47.5%。2020年，对于义务教育阶段随迁儿童，回答本地升学难、费用高的农民工所占比重较高，分别为29.6%和26.4%；2019年，回答随迁子女无法在本地参加高考的农民工所占比重增加明显，比2018年提高4.3个百分点至14.3%。2019年，东部地区农民工反映随迁子女存在升学难、费用高、无法在本地参加高考问题，所占比重分别为44.9%、30.1%和21.3%，分别比上年提高14.1个、3.6个和7.8个百分点，显著高于其他地区。城市规模越大，升学、费用和高考问题越突出，在500万以上人口的大城市这些问题更加显著。

（2）市民化子女教育成本的地区差异比较。计算方法可表示为：$NE1 = Etjs - Eagx$ 和 $NE2 = Etgx - Eagx$，其中 $Etjs$、$Etgx$、$Eagx$ 分别表示在江苏城市、广西城市子女教育支出和广西农村教育支出。$NE1$、$NE2$ 分别表示广西农村人口流入江苏城市和广西城市增加的子女教育支出。数据采用江苏城镇居民用于子女教育方面的支出、广西城镇居民用于子女教育方面的支出和广西农村居民用于子女教育方面的支出，数据来源于万德数据库。[①]计算结果如表5-4所示。

表5-4　市民化教育成本　　　　　　　　单位：元，%

变量	2014	2015	2016	2017	2018	2019	2020
$NE1$	2156.30	2216.69	2163.10	2322.63	1882.11	2107.50	1093.00
$NE2$	1006.42	1003.29	1002.15	1023.66	1220.06	1110.94	1506.00
务工收入（东部地区）	35592	38556	41448	44124	47460	50664	52212
务工收入（西部地区）	33564	35568	37404	40200	42264	44676	45696
教育成本压力1	6.06	5.75	5.22	5.26	3.97	4.16	2.09
教育成本压力2	3.00	2.82	2.68	2.55	2.89	2.49	3.29

从表5-4中数据可以看出，广西农村人口分别流入江苏城市和广西城市需要承担的子女教育的私人成本差异较大，大部分年份流入江苏城市的成本基本上是流入广西城市成本的2倍。以东部和西部地区农民工收入为基准，可以判断在江苏城市和广西城市市民化的子女教育成本支出的压

---

① 本章无标注数据均来自万德数据库。

力。从表中可以看到，在江苏城市市民化的教育支出占收入的比重由 2014 年的 6.06% 下降到 2019 年的 4.16%。在广西城市市民化的教育支出占收入的比重由 2014 年的 3.00% 下降到 2019 年的 2.49%。2020 年出现了相反的变化，在发达地区上学教育成本压力降低，欠发达地区地区上学教育成本压力提高，并且大于发达地区的压力。虽然总体上都呈现出下降的趋势，但是在大多数年份发达地区市民化的支出压力高于欠发达地区，基本上为 2 倍关系。从压力程度看，教育支出占收入比重较小，市民化压力不大。

2. 住房成本

（1）总体情况。随着 20 世纪 90 年代开始的住房制度改革到现在的住房公积金制度的实施，原城镇居民在住房方面已经走过了解决住房到改善住房的阶段。随着城市人口集中增加对住房需求和地方政府土地财政等多种因素共同作用下，城市房价不断攀升。虽然对原城镇居民而言也有一定的住房压力，但是住房公积金降低了购房成本。然而，对于农业转移人口而言，一方面，因为户籍制约；另一方面，没有稳定就业，从而收入低且不稳定，使得他们在购房方面的压力远远高于城镇居民。

（2）市民化住房成本的地区比较。表 5-5 使用了江苏、广西城镇居民的住房消费支出，从表中可以看出，江苏城镇居民居住方面的支出整体高于广西城镇居民的支出水平，并且呈现逐步扩大的趋势。如果以农民工在东部地区和西部地区的务工收入作为基础，那么，农业转移人口在江苏城市市民化的住房成本压力高于在广西城市市民化的住房成本压力，两者也呈现逐步扩大的趋势，2018 年在江苏城市市民化的住房成本压力高出广西城市市民化住房成本压力 7.06%。

表 5-5　市民化住房成本　　　　　　单位：元，%

变量	2013	2014	2015	2016	2017	2018	2019	2020
江苏城镇居住支出	1564.30	5101.48	5644.72	6140.57	6773.00	8104.00	4261.00	3786.00
广西城镇居住支出	1662.50	3390.09	3629.33	3784.29	3884.55	4235.94	4468.00	4645.00
务工收入（东部地区）	32316	35592	38556	41448	44124	47460	50664	52212
务工收入（西部地区）	30612	33564	35568	37404	40200	42264	44676	45696
住房成本压力 1	4.84	14.33	14.64	14.82	15.35	17.08	8.41	7.25
住房成本压力 2	5.43	10.10	10.20	10.12	9.66	10.02	10.00	10.16

以房价收入比为指标进行衡量，2018 年北上广深房价收入比分别达到 22.97、25.31、13.3、34.38，南京和杭州分别为 13.69 和 11.51。根据国家统计局公布的农民工平均工资水平，东部地区农民工月工资为 3955 元，低于城镇居民就业工资和可支配收入水平，由此对于农民工而言，房价收入比将进一步提高。因此，在农业转移人口市民化私人成本方面，最核心的是住房成本。值得一提的是，2019 年和 2020 年中东部地区住房压力下降并低于西部地区住房压力。这与发达地区房价调控和西部地区受疫情冲击对经济增长的影响有关。

3. 医疗成本

医疗资源分布不均衡和二元户籍制度使得农业转移人口在城市享受医疗保障方面的私人支出增加。2002 年我国建立农村居民医疗保障制度——"新农合"，农民缴费负担减轻。但是如果进入城市就医，则报销比例提高，增加了农民在城市享受医疗服务的成本。随着经济发达地区财政在医疗方面的支出增加，外来人口在当地的就医限制放宽，这在一定程度上减轻了农业转移人口市民化的医疗保障压力。

从表 5-6 中可以看出，2013~2020 年江苏城镇居民医疗方面支出水平基本在 3%~4% 幅度波动，而广西城镇居民支出水平整体呈递增趋势。相对于务工收入而言，无论江苏城市市民化，还是广西城市市民化所带来的压力 2013~2018 年相当；2019 年和 2020 年则表现为在广西实现市民化的就医压力高于在江苏实现市民化的压力。

表 5-6　市民化医疗成本　　　　　　　　　单位：元，%

变量	2013	2014	2015	2016	2017	2018	2019	2020
江苏城镇医疗支出	1122.00	1616.70	1594.26	1624.49	1574.00	2273.00	1675.00	1712.00
广西城镇医疗支出	776.26	845.73	866.24	1065.92	1254.24	1699.33	2971.00	1904.00
务工收入（东部地区）	32316	35592	38556	41448	44124	47460	50664	52212
务工收入（西部地区）	30612	33564	35568	37404	40200	42264	44676	45696
医疗成本压力 1	3.47	4.54	4.13	3.92	3.57	4.79	3.31	3.27
医疗成本压力 2	2.54	2.52	2.44	2.85	3.12	4.02	6.65	4.17

4. 市民化私人成本总体压力比较

以上是农业转移人口市民化在发达地区城市和欠发达地区城市所发生

的主要支出，其中主要支出压力在于住房方面。表5-7是将三个方面汇总后的支出，并与当地城镇居民相关支出进行比较。表5-7中，市民化压力1表示在江苏城市市民化的压力，市民化压力2表示在广西城市市民化的压力。可以看出，这些支出对农业转移人口市民化带来的压力在江苏和广西具有较大差异。2014～2018年，在江苏市民化的压力基本为25%左右，在广西城市市民化的压力基本为15%左右，相差10%。总体趋势是，在江苏实现市民化的压力逐渐下降，反而在广西实现市民化的压力提升。根本原因在于在支出保持相当水平的情况下，广西城镇居民收入低于江苏城镇居民收入。通过表中市民化压力1和市民化压力2与江苏城镇居民生活压力和广西城镇居民生活压力相比较可知，在江苏市民化对农业转移人口的压力与江苏城镇居民生活压力无差异，但是在广西城市市民化带来的压力低于当地城镇居民生活压力。原因在于广西务工收入高于城镇居民收入。

表5-7　市民化私人成本的地区比较　　　　　　单位：元，%

变量	2014	2015	2016	2017	2018	2019	2020
江苏城镇总支出	8874.48	9455.67	9928.16	10669.63	12259.11	8043.50	6591.00
广西城镇总支出	5242.24	5498.86	5852.36	6162.45	7155.33	8549.94	8055.00
务工收入（东部地区）	35592	38556	41448	44124	47460	50664	52212
务工收入（西部地区）	33564	35568	37404	40200	42264	44676	45696
市民化压力1	24.93	24.52	23.95	24.18	25.83	15.87	12.62
市民化压力2	15.62	15.46	15.65	15.33	16.93	19.13	17.62
江苏城镇居民收入	34346.26	37173.48	40151.59	43621.75	47199.97	51056.00	53102.00
广西城镇居民收入	24669.00	26415.87	28324.43	30502.07	32436.07	34745.00	35859.00
江苏城镇居民生活压力	25.84	25.44	24.73	24.46	25.97	15.74	12.41
广西城镇居民生活压力	21.25	20.82	20.66	20.20	22.06	24.60	22.46

二、欠发达地区与发达地区市民化公共成本的差异

为了使农业转移人口在城市获得市民权利并享受市民待遇，使农民在城镇实现市民化，城市和城镇的基本公共服务与基础设施水平都应该满足市民化的要求。这里以城市基本公共服务和基础设施人均财政支出为衡量

标准，计算农业转移人口市民化和农民在城镇市民化所需要的新增财政总支出。

（一）欠发达地区与发达地区市民化公共成本比较

1. 不同地区的基本公共教育成本

市民化基本公共教育成本是指为使更多农业转移人口在城市和城镇实现市民化，使其子女在城市和城镇获得与原城市居民无差异的基础教育而发生的财政教育支出，主要包括优秀的教师资源和良好的办学条件。市民化子女教育公共成本只体现为市民化带来的新增财政教育支出。由于现有农业转移人口子女也在农村和城镇教育部门开办的幼儿园、小学和中学接受教育，同样需要增加财政在这些学校的教育经费支出。差别在于，总体上在农村和城镇学校的财政教育经费支出低于城市学校的财政教育经费支出，最终导致农村和城镇教育资源的不平衡以及办学条件的巨大差异。为此，市民化后子女基本公共教育成本即为财政教育经费支出的新增成本。

（1）发达地区教育新增成本。由于无法获得农业转移人口在地区分布的相关数据，这里以户籍人口和常住人口计算估计农业转移人口数量，即常住人口减去户籍人口，据此计算江苏属于人口净流入省份。如表 5-8 所示，2013 年净流入人口为 322.65 万人，人口流入呈现递减趋势，到 2017 年为 235.11 万人。假设家庭结构由父母和子女三人构成，在小初高阶段子女数各占 1/3。根据表 5-8 计算的在江苏城镇需要上学的人数：2013 年为 107.55 万人，到 2017 年下降到 78.37 万人。

表 5-8　江苏人口流入情况　　　　　　　单位：万人

年份	常住人口	户籍人口	净流入人口	学生数
2013	7939.49	7616.84	322.65	107.55
2014	7960.06	7684.69	275.37	91.79
2015	7976.30	7717.59	258.71	86.24
2016	7998.60	7775.66	222.94	74.31
2017	8029.30	7794.19	235.11	78.37

资料来源：《江苏统计年鉴》。

注：由于部分数据，特别是户籍人口数据无法获得，为了能够在时间上使各个指标能够相互计算，以及发达地区与欠发达地区的横向比较，指标控制到 2017 年截止。下同。

市民化要求农业转移人口和农村居民都能享受到同等的教育机会和教育条件。所以江苏省市民化教育新增成本应该包括两部分：一部分是农业转移人口子女上学的财政支出，计算方法是农业转移人口子女数量乘以城镇小初高各阶段人均教育经费支出的总和；另一部分是使农村居民享受与城镇居民同等水平的教育需要增加的财政教育经费，计算方式为城镇小初高生均教育经费新增数量乘以农村学生数量。农村学生数量计算方法为农村教育经费除以人均教育经费，计算结果见表 5-10。市民化新增财政教育经费总支出结果见表 5-11。从表 5-11 中看，2013~2017 年，江苏省为了推进农业转移人口和农村居民市民化所需要的教育均等化，所承担的财政教育支出呈逐年递增的趋势，从 1956889.06 万元增长到 2573968.00 万元。2017 年新增的财政教育支出占当年江苏在城乡小初高教育阶段的财政教育总支出的比重大约为 14%。

表 5-9　江苏城乡小初高生均教育经费　　　　　　　　单位：元

年份	城镇高中	农村高中	城镇初中	农村初中	城镇小学	农村小学
2013	20722.61	15892.30	19674.73	21223.88	13493.54	13425.63
2014	22169.72	16788.12	21053.95	20578.09	13803.34	13050.51
2015	25331.60	20771.40	22824.03	21916.09	14119.44	13096.03
2016	27687.61	21888.92	24705.01	22812.35	14330.21	13012.90
2017	30572.71	24586.05	25914.83	24484.64	14907.52	13188.42

资料来源：《中国教育经费统计年鉴》。

表 5-10　江苏农村学生数量　　　　　　　　单位：万人

年份	高中	初中	小学
2013	27.33	78.94	223.51
2014	31.53	67.43	202.53
2015	28.77	71.23	228.93
2016	29.74	74.12	244.61
2017	28.22	77.31	249.77

资料来源：《中国教育统计年鉴》。

表5-11　江苏教育新增财政支出　　　　　　单位：万元

年份	2013	2014	2015	2016	2017
城镇高中	742905.60	678319.50	728199.10	687114.20	798661.10
农村高中	132012.40	169681.80	131197.00	172453.00	168943.50
城镇初中	705339.10	644180.70	656114.80	613096.00	676981.70
农村初中	-122290.00	32087.24	64672.57	140284.00	110568.00
城镇小学	483743.40	422336.20	405886.80	355628.00	389434.10
农村小学	15178.56	152470.70	234289.30	322227.20	429379.60
合计	1956889.06	2099076.14	2220359.57	2290802.40	2573968.00

（2）欠发达地区教育新增成本。根据常住人口减去户籍人口的方法，广西属于人口净流出省份。2013年净流出人口为702.95万人，到2017年为714.65万人（表5-12）。虽然没有像江苏表现出明显农业转移人口带来的市民化压力，但是地区内的城乡间人口流动表现是欠发达地区市民化的重要内容。因此，市民化教育成本包含两部分：一部分是流入城市的农业转移人口的市民化教育财政的新增支出，另一部分是城乡居民教育均等化的教育新增财政支出。

表5-12　广西人口流入情况　　　　　　单位：万人

年份	常住人口	户籍人口	净流入人口
2013	4719	5421.95	-702.95
2014	4754	5475.49	-721.49
2015	4796	5518.23	-722.23
2016	4838	5579.12	-741.12
2017	4885	5599.65	-714.65

使农村居民享受与城镇居民同等水平的教育，需要增加的教育经费，计算方式是农村学生数量乘以生均教育经费支出（表5-13），农村学生数量具体见表5-14。市民化教育新增总支出如表5-15所示。从表5-15中可以看出，为了满足农业转移人口和城乡教育均衡的要求，需要新增财政教育经费支出呈逐年递增趋势，2013年新增约18亿元，到2017年增加到约

42 亿元。2017 年新增财政教育支出占当年小初高教育经费支出的 3.8%。

表 5-13 广西小初高生均教育经费 单位：元

年份	城镇高中	农村高中	城镇初中	农村初中	城镇小学	农村小学
2013	9774.87	7232.02	7925.30	7609.62	6123.95	5865.45
2014	10451.05	8030.92	8640.01	7936.90	6821.80	6669.79
2015	11925.36	9469.56	10122.52	9255.16	7998.07	7865.96
2016	12649.47	10302.27	10945.68	10036.66	8795.50	8647.89
2017	13326.54	10510.45	11615.32	10552.78	9065.96	8714.64

资料来源：《中国教育经费统计年鉴》。

表 5-14 广西农村学生数量 单位：万人

年份	高中	初中	小学
2013	8.93	121.74	324.15
2014	36.04	135.28	308.79
2015	38.38	138.32	315.11
2016	39.81	136.72	312.10
2017	41.50	135.93	314.82

资料来源：《中国教育统计年鉴》。

表 5-15 广西城乡居民教育均等化新增财政教育支出 单位：万元

年份	2013	2014	2015	2016	2017
城镇高中	14390.78	12436.75	14111.68	14336.07	19841.74
农村高中	22707.65	87221.49	94253.60	93442.03	116867.70
城镇初中	11667.80	10281.61	11978.32	12405.10	17293.92
农村初中	38430.88	95116.72	119973.20	124281.20	144431.10
城镇小学	9015.82	8117.942	9464.383	9968.233	13498.21
农村小学	83792.78	46939.17	41629.18	46069.08	110602.60
合计	180005.71	260113.68	291410.36	300501.71	422535.27

2. 不同地区的住房保障成本

我国的住房保障制度由改革开放前的配置制度逐渐转变为市场供给制

度，不仅解决了人们的住房问题，同时也提高了人们的居住环境。在土地供给约束和土地财政多种因素的共同作用下，房价不断攀升。这不仅降低了一部分没有住房的城市居民的生活质量，也是阻碍市民化进程的重要因素。保障性住房是政府帮助那些依靠市场解决住房问题有困难的群众的一项重要制度，是住房保障制度的重要组成部分，主要形式包括廉租房、公租房和经济适用房。

所谓市民化住房保障成本，是指政府为市民化的农业转移人口在城市市民化和农村居民在城镇市民化提供保障性住房，使市民化后能在城市和城镇安居所必需的政府最低资金投入。假设政府已在城镇建设廉租房、公租房和经济适用房推动市民化，那么这些财政支出即为市民化住房保障成本。鉴于数据的可获得性，假设农村居民市民化需要在城镇实现，政府需要在城镇建设公租房和廉租房（可以通过农村住房置换城镇住房，但是无法估计农村住房价值，这里暂时忽略不计）。农业转移人口住房成本主要表现为政府建设公租房、廉租房等财政新增支出。2019年我国居民人均居住面积为30平方米。[①] 住房成本计算统一用各地住房建设成本乘以市民化人数再乘以人均住房面积。由此江苏和广西市民化住房新增成本如表5-16所示。

表5-16　江苏和广西市民化住房新增成本

单位：元/平方米，万人，亿元

年份	江苏造价	广西造价	江苏农业转移人口和农村人口	广西农业转移人口和农村人口	江苏住房成本	广西住房成本
2013	3064	2282	3172.13	2617.25	29158.22	17917.69
2014	3096	2444	3044.67	2577.71	28278.89	18899.77
2015	3402	2808	2929.18	2549.65	29895.21	21478.25
2016	3651	2500	2805.29	2522.20	30726.34	18916.50
2017	3579	2791	2743.46	2494.40	29456.53	20885.61

资料来源：《中国统计年鉴》《江苏统计年鉴》《广西统计年鉴》。

从表5-16可以看出，无论是江苏还是广西，推动并加快市民化进程

---

① 数据来源：《中国统计年鉴》。

所需要承担的住房成本规模巨大，2017 年江苏达到 29456.53 亿元，广西达到 20885.61 亿元。这带来的直接后果是政府财政收支压力巨大。

3. 不同地区的社会保障成本

社会保障是社会稳定和谐发展的安全网，每一个劳动者都有公平地享有社会保障的权利。农业户籍人口的养老、医疗等社会保障并没有与城市居民保持平等，这增加了他们工作和生活的风险，不利于市民化的稳步推进。市民化社会保障成本指市民化后与城镇职工享受同等社会保障福利待遇，需要政府新增的城镇基本养老保险、基本医疗保险、失业保险、工伤保险和生育保险等社会保险基金支出。

社会保障制度的建立需要政府财政的投入，并随着经济增长而不断增加投入。市民化则要求农业转移人口、农村居民和原城镇居民都要有平等、公平地获得社会保障的机会和权利。计算方法是财政用于城镇居民社会保障的人均支出乘以农业转移人口和农村居民数量（由于年鉴中财政在社会保障方面的支出没有划分城乡的支出明细，这里假设社会保障支出仅包括城镇居民）。计算结果如表 5-17 所示。从表中可以看出，江苏因为人口流入大，所以承担市民化社会保障新增成本高，而广西人口流出大，所以承担新增成本低。江苏呈现逐年递增趋势，广西则随着人口流出的变动，新增成本先增后降，但是 2015~2017 年也基本为 100 亿元左右。

表 5-17　江苏和广西社会保障新增支出

单位：万人，万元，亿元

年份	江苏农业转移人口和农村人口	广西农业转移人口和农村人口	江苏城镇居民社会保障人均支出	广西城镇居民社会保障人均支出	江苏城镇居民社会保障新增支出	广西城镇居民社会保障新增支出
2013	3172.13	2617.25	0.12	0.02	380.66	52.35
2014	3044.67	2577.71	0.14	0.03	426.25	77.33
2015	2929.18	2549.65	0.16	0.04	468.67	101.99
2016	2805.29	2522.2	0.17	0.04	476.90	100.89
2017	2743.46	2494.4	0.19	0.04	521.26	99.78

资料来源：《江苏统计年鉴》《广西统计年鉴》。

4. 不同地区的公共卫生服务成本

公共卫生是关系到一个地区人民群众健康的重要事业，包括对传染病的预防、监控和治疗等，主要由当地的基层卫生机构承担该项事务。市民化要求乡镇卫生院能够提供与城市相当水平的公共卫生供给，这就需要财政增加相应的支出。如果说在教育和社保等方面存在不同群体和地区间差异，那么对于基本公共卫生服务，不仅在群体间和地区间不能存在差异，即使个人之间也不能有差异，这关系到个人身体健康和群体卫生安全。具体计算结果如表5-18所示。

从表5-18中可以看出，江苏和广西两省区基本医疗卫生方面财政新增支出均呈现逐年递增趋势，江苏2013年需要新增285.49亿元，到2017年需要新增384.08亿元。广西2013年需要新增157.04亿元，到2017年需要新增224.50亿元。在江苏和广西之间，新增成本支出也存在较大差异。

表5-18　江苏和广西基本医疗新增支出

单位：万人，万元，亿元

年份	江苏农业转移人口和农村人口	广西农业转移人口和农村人口	江苏城镇居民基本医疗人均支出	广西城镇居民基本医疗人均支出	江苏城镇居民基本医疗新增支出	广西城镇居民基本医疗新增支出
2013	3172.13	2617.25	0.09	0.06	285.49	157.04
2014	3044.67	2577.71	0.11	0.07	334.91	180.44
2015	2929.18	2549.65	0.12	0.08	351.50	203.97
2016	2805.29	2522.2	0.13	0.09	364.69	227.00
2017	2743.46	2494.4	0.14	0.09	384.08	224.50

资料来源：《江苏统计年鉴》《广西统计年鉴》。

5. 不同地区的基础设施建设成本

市民化对于发达地区而言，需要提高城市对人口的承载能力和空间范围，这就需要对城市基础设施建设增加投资。在促进农村居民市民化的过程中，使城镇具有城市功能，同样需要基础设施建设。对于欠发达地区而言，城市在空间上可以进一步容纳人口，因此，计算成本时暂时假定欠发达地区城市不需要城市基础设施建设。但是城镇的城市功能建设是农村居民市民化的要求，需要在这方面进行投资。

从表5-19中可以看出，江苏市民化在城镇提高交通设施建设所需要承担的新增财政支出呈现递减趋势，这是因为已有的城市基础设施规模较大，进一步增加投资的数量会不断降低。2013年的新增支出为285.49亿元，到2017年则为246.91亿元。广西在加快市民化进程中需要增加城镇基础设施建设方面的支出远远低于江苏水平，一方面，人口少；另一方面，已有建设作为基础，所以也呈现递减趋势。2013年需要新增130.86亿元支出，到2017年需要新增的支出下降到99.78亿元。

表5-19　江苏和广西交通建设新增支出

单位：万人，万元，亿元

年份	江苏农业转移人口和农村人口	广西农业转移人口和农村人口	江苏城镇交通建设人均支出	广西城镇交通建设人均支出	江苏城镇交通新增支出	广西城镇交通新增支出
2013	3172.13	2617.25	0.09	0.05	285.49	130.86
2014	3044.67	2577.71	0.10	0.04	304.47	103.11
2015	2929.18	2549.65	0.10	0.04	292.92	101.99
2016	2805.29	2522.20	0.09	0.04	252.48	100.89
2017	2743.46	2494.40	0.09	0.04	246.91	99.78

资料来源：《江苏统计年鉴》《广西统计年鉴》。

6. 不同地区的公共总成本

上述基本公共教育、住房保障、社会保障、基本公共卫生服务、城镇基础设施建设成本共同构成了政府为推进在新型城镇化进程中的市民化需要发生的财政支出。根据以上关于教育、社会保障等政府新增财政支出的测算，不同地区间财政支出存在较大差异，这对不同发展程度的地区带来的财政压力也不同。将这些项目合并在一起就是政府为推进和加快市民化进程的总成本，见表5-20。表中数据是假设市民化在一年内完成，所以无论对于江苏还是广西，成本支出已经远远超出了政府财政收支能力和范围。

党的十九大报告指出，在党的十八大以来的五年时间中，八千多万农业转移人口成为城镇居民，即每年平均转移1600万人口，占总人口的1.2%。为了加快市民化进程，各地需要在5年内或者10年内完成全部人口市民化，那么，成本将在5年内或10年内平均分配。这样市民化成本就降低了。2017

年江苏和广西市民化新增财政支出5年平均和10年平均分别为6173.24亿元、3086.62亿元和4270.38亿元、2135.19亿元。2017年江苏和广西财政总支出为10621.39亿元和4908.55亿元。江苏5年内市民化年平均支出6173.24亿元占当年财政总支出的58%,10年内市民化年平均支出3086.62亿元占当年财政总支出的29%。广西5年内市民化年平均支出4270.38亿元占当年财政总支出的87%,10年内市民化平均支出2135.19亿元占当年财政总支出的43%。由此可知,无论是5年内市民化还是10年内市民化,对于江苏的财政收支压力都小于广西市民化的财政收支压力。两者的差距相当于江苏5年内完成市民化的全部进程,而广西需要10年内才能完成。

表5-20　江苏和广西市民化新增财政总支出　　　　单位:亿元

年份	江苏市民化财政新增总支出	广西市民化财政新增总支出
2013	30305.55	18275.94
2014	29554.43	19286.66
2015	31230.34	21915.34
2016	32049.49	19375.33
2017	30866.18	21351.92

(二) 各地市民化的财政压力

根据上述关于总成本的计算以及财政指标,可以计算2013~2017年江苏和广西推进和加快市民化的过程中政府的财政压力。

1. 两地市民化新增成本占财政收入比重

从表5-21和表5-22比较可知,江苏在没有中央政府承担50%的情况下,5年内完成市民化进程的财政压力基本为29%~36%,10年内完成市民化进程的财政压力基本为14%~18%。如果中央政府承担50%,5年内完成市民化进程的财政压力基本为14%~18%,10年内完成市民化进程的财政压力基本为7%~9%,这两种水平相当于2017年江苏企业所得税的比重和行政事业性收费、罚没收入占财政总收入的比重。

广西在没有中央政府分担的情况下,无论是5年内完成市民化进程还是10年内完成市民化进程,市民化财政新增支出都已经是当年财政总收入的1~3倍。即使在中央政府分担的情况下,只有在10年内完成市民化进程才能降低压力,但仍占财政收入60%以上。

表5-21 江苏市民化财政新增支出占财政收入比重　单位：亿元，%

年份	地方政府承担		地方政府承担50%		财政总收入	占财政收入的比重			
						地方政府承担		地方政府承担50%	
	5 年	10 年	5 年	10 年		5 年	10 年	5 年	10 年
2013	6061.11	3030.56	3030.56	1515.28	17328.80	34.98	17.49	17.49	8.74
2014	5910.89	2955.44	2955.44	1477.72	18201.33	32.48	16.24	16.24	8.12
2015	6246.07	3123.03	3123.03	1561.52	17841.60	35.01	17.50	17.50	8.75
2016	6409.90	3204.95	3204.95	1602.47	19464.48	32.93	16.47	16.47	8.23
2017	6173.24	3086.62	3086.62	1543.31	21125.77	29.22	14.61	14.61	7.31

表5-22 广西市民化财政新增支出占财政收入比重　单位：亿元，%

年份	地方政府承担		地方政府承担50%		财政总收入	占财政收入的比重			
						地方政府承担		地方政府承担50%	
	5 年	10 年	5 年	10 年		5 年	10 年	5 年	10 年
2013	3655.19	1827.59	1827.59	913.80	1317.60	277.41	138.71	138.71	69.35
2014	3857.33	1928.67	1928.67	964.33	1422.28	271.21	135.60	135.60	67.80
2015	4383.07	2191.53	2191.53	1095.77	1515.16	289.28	144.64	144.64	72.32
2016	3875.07	1937.53	1937.53	968.77	1556.27	249.00	124.50	124.50	62.25
2017	4270.38	2135.19	2135.19	1067.60	1615.13	264.40	132.20	132.20	66.10

2. 两地市民化新增成本占财政支出的比重

从表5-23和表5-24的比较可知，江苏在没有中央政府承担50%的情况下，5年内完成市民化进程的财政压力基本为58%～78%，10年内完成市民化进程的财政压力基本为29%～39%。如果中央政府承担50%的情况下，5年内完成市民化进程的财政压力基本为29%～39%，10年内完成市民化进程的财政压力基本为14%～20%。主要原因是江苏财政收入上缴中央的比重不同，可用于解决地方事务的财政能力降低了。

广西在没有中央政府分担的情况下，5年内完成市民化进程新增支出占财政支出的比重在87%～114%，10年内完成市民化进程新增支出占财政支出43%～57%。在中央政府承担50%的情况下，5年内完成市民化进程新增财政支出占总支出的43%～57%，10年内完成市民化进程新增财政支出占总支出21%～29%。因为广西财政支出大于收入，收支差额有时是财政总收入的2倍。

表5-23　江苏市民化财政新增支出占财政支出比重　单位：亿元，%

| 年份 | 地方政府承担 | | 地方政府承担50% | | 财政总支出 | 占财政收入的比重 | | | |
| | | | | | | 地方政府承担 | | 地方政府承担50% | |
	5年	10年	5年	10年		5年	10年	5年	10年
2013	6061.11	3030.56	3030.56	1515.28	7798.47	77.72	38.86	38.86	19.43
2014	5910.89	2955.44	2955.44	1477.72	8472.45	69.77	34.88	34.88	17.44
2015	6246.07	3123.03	3123.03	1561.52	9687.58	64.48	32.24	32.24	16.12
2016	6409.90	3204.95	3204.95	1602.47	9981.96	64.21	32.11	32.11	16.05
2017	6173.24	3086.62	3086.62	1543.31	10621.40	58.12	29.06	29.06	14.53

表5-24　广西市民化财政新增支出占财政支出比重　单位：亿元，%

| 年份 | 地方政府承担 | | 地方政府承担50% | | 财政总支出 | 占财政收入的比重 | | | |
| | | | | | | 地方政府承担 | | 地方政府承担50% | |
	5年	10年	5年	10年		5年	10年	5年	10年
2013	3655.19	1827.59	1827.59	913.80	3208.67	113.92	56.96	56.96	28.48
2014	3857.33	1928.67	1928.67	964.33	3479.79	110.85	55.42	55.42	27.71
2015	4383.07	2191.53	2191.53	1095.77	4065.51	107.81	53.91	53.91	26.95
2016	3875.07	1937.53	1937.53	968.77	4441.70	87.24	43.62	43.62	21.81
2017	4270.38	2135.19	2135.19	1067.60	4908.55	87.00	43.50	43.50	21.75

三、市民化公共成本的分担机制

制约农业转移人口市民化和农民市民化的重要因素之一，就是他们市民化的成本太高。市民化涉及农业转移人口、企业和政府三个利益主体，市民化也必然给三个利益主体带来成本支出。

其中，个人需要支出的包括住房支出、教育和医疗等自费部分与生活成本支出，从产生的原因看，分为市场因素和制度性因素造成的私人成本增加，只需要政府消除户籍和基本公共服务二元制度就可以降低。对于企业而言，市民化要求户籍和基本公共服务制度由二元向一元转变，企业雇用农业转移人口发生的成本表现为新增工资成本和社会保障成本、教育培训成本等。在公平与正义的原则下，这些成本企业必须承担。降低企业负担的根本途径是，提高创新能力，提高利润水平。

私人成本可以通过政府政策调整和个人人力资本存量提高得到降低，企业可以通过提高竞争优势、提高活力，缓解市民化成本压力。然而，在户籍和基本公共服务二元结构中，加快市民化进程需要基础设施和基本公共服务建设，这些成本需要政府承担。公共成本必然给政府财政收支带来压力，分解公共成本、建立成本分担机制是有效推进市民化的重要环节。

（一）中央政府与地方政府市民化成本分担的依据

中央与地方政府的市民化成本分担能力取决于各自的财政收支水平。财政收支水平会影响政府对农业转移人口市民化问题的态度。在分税制体制下，中央政府的主要财政收入来源于中央税和共享税中的中央共享部分，而地方政府的主要财政收入来源于地方税和共享税中的地方分享部分，并且在财政总收入中中央政府占比低于地方政府占比。从表5-26数据可知，2020年中央税收收入为82770.72亿元，占全国税收收入的比重为45.25%，与2018年相比下降了5%；而地方税收收入为100143.16亿元，占全国税收收入的比重为54.75%。

表5-25　2018年中央和地方一般公共预算主要收入项目

分级财政收入	财政收入项目
中央政府固定收入（中央税）	消费税（含进口环节海关代征的部分）、车辆购置税、关税、海关代征的进口环节增值税、船舶吨税
地方政府固定收入（地方税）	城镇土地使用税、耕地占用税、土地增值税、房产税、车船税、契税、印花税、烟叶税
中央政府与地方政府共享收入（中央和地方共享税）	增值税、营业税、城市维护建设税（铁道部、各银行总行、各保险总公司集中缴纳的部分归中央政府，其余部分归地方政府）、企业所得税、个人所得税、资源税（海洋石油企业缴纳的部分归中央政府，其余部分归地方政府）、证券交易印花税、其他税收收入

表5-26　2020年中央和地方税收收入情况　　　　单位：亿元

项目	总收入	中央总收入	地方总收入
税收收入	154312.29	79644.23	74668.06
国内增值税	56791.24	28353.14	28438.10
国内消费税	12028.10	12028.10	—

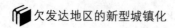

续表

项目	总收入	中央总收入	地方总收入
进口货物增值税	13914.52	13914.52	—
进口消费品消费税	620.98	620.98	—
出口货物退增值税	−13611.63	−13611.63	—
出口消费品退消费税	−17.35	−17.35	—
企业所得税	36425.81	23257.53	13168.28
个人所得税	11568.26	6940.99	4627.27
资源税	1754.76	48.23	1706.53
城市维护建设税	4607.58	164.48	4443.10
房产税	2841.76	—	2841.76
印花税	3087.45	1773.65	1313.80
其中：证券交易印花税	1773.65	1773.65	—
城镇土地使用税	2058.22	—	2058.22
土地增值税	6468.51	—	6468.51
车船税	945.41	—	945.41
船舶吨税	53.72	53.72	
车辆购置税	3530.88	3530.88	
关税	2564.25	2564.25	—
耕地占用税	1257.57		1257.57
契税	7061.02	—	7061.02
烟叶税	108.67		108.67
环境保护税	207.06	—	207.06
其他税收收入	45.50	22.74	22.76
非税收入	28601.59	3126.49	25475.10
专项收入	7123.36	196.28	6927.08
行政事业性收费收入	3838.65	419.22	3419.43
罚没收入	3113.87	144.81	2969.06
国有资本经营收入	1938.95	972.89	966.06
国有资源（资产）有偿使用收入	9934.33	1282.39	8651.94
其他收入	2652.43	110.90	2541.53
合计	182913.88	82770.72	100143.16

资料来源：《中国统计年鉴2021》。

分税制改革后，地方政府在总财政支出中的比例大幅度提高。表5-27中2020年中央政府负责的支付项目主要包括：国家安全、外交和中央机关运转费用，中央一级的公、检、法支出，文化、教育、卫生、科学等事业费支出，中央直属单位的技术改造与新产品试制费，地质勘探费等相关支出，中央统管的基本建设投资与债务支出等。地方政府主要承担：本地区的行政管理费，公、检、法支出，地方单位的技术改造和新产品试制费，地方文化、教育、卫生、科学等事业费支出，地方统筹的基本建设投资，城市维护和建设费等。

从表5-28数据可知，2020年中央一般公共预算支出为35095.57亿元，占全国一般公共预算支出的比重为14.29%；而地方一般公共预算支出为210583.46亿元，占全国一般公共预算支出的比重为85.71%。

由以上分析可以知道，中央政府与地方政府的支出责任与各自的支出能力不匹配，中央政府的支出责任小于支出能力，而地方政府的支出责任大于支出能力。

由表5-29整理出与市民化相关的支出项目包括教育支出、社会保障和就业支出、医疗卫生和计划生育支出、城乡社区支出、交通运输支出和住房保障支出6项。具体支出数据和中央、地方支出比例如表5-29所示。根据表中数据可知，在这几项支出中，地方政府是主体，每一项支出中地方财政支出均在94%以上。

表5-27　中央和地方一般公共预算主要支付项目

分级财政支出	财政支出项目
中央政府主要支付项目	国家安全、外交和中央机关运转费用；中央一级的公、检、法支出；文化、教育、卫生、科学等事业费支出；中央直属单位的技术改造与新产品试制费；地质勘探费等相关支出；中央统管的基本建设投资与债务支出
地方政府主要支付项目	本地区的行政管理费；公、检、法支出；地方单位的技术改造和新产品试制费；地方文化、教育、卫生、科学等事业费支出；地方统筹的基本建设投资；城市维护和建设费等

表 5-28　2020 年中央和地方一般公共预算主要支出项目情况

单位：亿元

支出项目	总支出	中央总支出	地方总支出
一般公共服务支出	20061.10	1735.21	18325.89
外交支出	515.44	514.07	1.37
国防支出	12918.77	12679.92	238.85
公共安全支出	13862.90	1835.91	12026.99
教育支出	36359.94	1673.64	34686.30
科学技术支出	9018.34	3216.48	5801.86
文化体育与传媒支出	4245.58	250.24	3995.34
社会保障和就业支出	32568.51	1119.98	31448.53
医疗卫生和计划生育支出	19216.19	342.78	18873.41
节能环保支出	6333.40	344.26	5989.14
城乡社区支出	19945.91	77.25	19868.66
农林水支出	23948.46	503.32	23445.14
交通运输支出	12197.88	1165.93	11031.95
资源勘探信息等支出	6066.88	308.85	5758.03
商业服务业等支出	1568.92	47.16	1521.76
金融支出	1277.39	639.05	638.34
援助其他地区支出	448.59	—	448.59
国土海洋气象等支出	2333.94	262.18	2071.76
住房保障支出	7106.08	606.58	6499.50
粮油物资储备支出	2117.30	1224.57	892.73
债务付息支出	1940.66	429.82	1510.84
债务发行费用支出	9812.62	5538.95	4273.67
其他支出	77.05	52.21	24.84
合计	245679.03	35095.57	210583.46

资料来源：《中国统计年鉴 2021》。

表5-29　2020年农民工市民化中央和地方一般公共预算相关支出项目情况

单位：亿元，%

农民工市民化相关支出项目	全国一般公共预算支出	中央支出	中央比重	地方支出	地方比重
教育支出	36359.94	1673.64	4.60	34686.30	95.40
社会保障和就业支出	32568.51	1119.98	3.44	31448.53	96.56
医疗卫生和计划生育支出	19216.19	342.78	1.78	18873.41	98.22
城乡社区支出	6333.40	344.26	5.44	5989.14	94.56
交通运输支出	19945.91	77.25	0.39	19868.66	99.61
住房保障支出	23948.46	503.32	2.10	23445.14	97.90
合计	138372.41	4061.23	2.93	134311.18	97.07

资料来源：《中国统计年鉴2021》。

(二) 中央政府与地方政府市民化成本分担建议

为推动农业转移人口市民化，有必要依据事权与财权相对等的原则，合理分担中央政府与地方政府各自应承担的市民化成本。

1. 合理分担市民化子女义务教育成本

一方面，由于中央政府财政负担能力大于地方政府；另一方面，教育收益在城市政府间具有较大外部性，最终受益主体是整个社会。因此，农业转移人口市民化子女的义务教育成本应在中央政府与迁入地政府之间分配。由中央政府承担他们市民化基本公共教育成本的50%，地方政府承担基本公共教育成本的50%。

2. 合理负担农民工市民化的保障房建设成本

影响农民工市民化意愿的最主要因素是城市居住成本过高。一方面，居高不下的商品房价格使得流入城市的农业转移人口个人很难靠自己的努力奋斗在城市购买商品住房；另一方面，地方政府财政负担能力有限，无法承担巨额的保障房建设成本。因此，市民化保障房建设成本应在中央政府与迁入地政府之间分配。由中央政府承担农民工市民化住房保障成本的50%，地方政府承担农民工市民化住房保障成本的50%。

3. 合理负担市民化的社会保障成本和医疗服务成本

社会保障成本是市民化成本中的重要组成部分。单纯依靠流入地政府的财力或城镇财力，很难保证社会保障资金的足额供给。因此，市民化社会保障成本应在中央政府与地方政府之间分配。由中央政府承担市民化社会保障成本的50%，地方政府承担市民化社会保障成本的50%。

4. 合理分担农民工的就业培训成本

若要提高农业转移人口的市民化能力，就必须对他们进行职业技能培训。一方面，依靠就业企业提供技能培训，远远无法满足推进市民化过程对市民化能力的要求。另一方面，加大流入城市、城镇的农业转移人口技能培训，势必会增强人力资本积累，这一人力资源收益同子女教育相同，在地区间具有较大外部性。因此，市民化的就业培训成本应在中央政府与迁入地政府之间分配。由中央政府承担市民化就业培训成本的50%，地方政府承担市民化就业培训成本的50%。

（三）中央政府与流入地政府合理分担市民化成本的财政政策

理论上，分税制能够体现事权与财权相对等的原则，在各级政府之间合理划分收支范围，并通过转移支付来协调各级政府的财政关系。

1. 调整分税制体制，提高地方政府承担市民化支出的能力

第一，提高地方财政收入比重。将现有中央税中的消费税改为中央、地方共享税种，增加地方政府的财力；增加共享税的地方共享比例，如提高增值税地方分享的比重，增强地方政府推动农业转移人口市民化的能力。

第二，完善地方税制结构。分税制改革后，地方税主要是一些税源分散、税额少的小税种，在地方税层面，应考虑开征物业税、遗产税等新的税种，以扩大地方税收入来源，进一步提高地方政府承担市民化公共成本的能力。

2. 完善财政转移支付制度，优化市民化资金的转移方式和使用效益

第一，设立市民化专项转移支付资金。以农业转移人口数量作为转移支付指标，纳入流入地一般性转移支付公式。

第二，增加对流入地的财政转移支付。市民化的转移支付资金的流向以农业转移人口的流入地为标准。在引导他们在中小城市实现市民化的基础上，中央财政可以加大对农业转移人口市民化流入地的专项转移支付力度。

第三，优化市民化专项转移支付资金的转移方式。由中央政府直接转移给农业转移人口市民化流入地市级政府，甚至是县级政府。精减流通环

节，防止专项转移支付资金转移层级过多，出现被截留、被挪用的现象。

第四，提高市民化财政转移支付资金的使用效益。考虑到子女教育和住房是市民化急需解决的问题，要保证市民化专项转移支付资金优先满足基本公共教育服务和住房保障服务需求，再向社会保障和其他公共服务领域倾斜。

总之，缓解各地市民化财政压力的成本分担机制的途径为：一是市民化逐年推进降低各地政府每年的财政压力，二是中央政府和地方政府之间的财政收支分配，三是中央政府将财政收支根据各地实际情况在不同地区间调配。

第六章
欠发达地区加快新型城镇化建设的关键因素分析

欠发达地区加快推进新型城镇化建设是现代化发展的必然选择，也是实现共同富裕的重要途径。欠发达地区加快新型城镇化，需要正确分析欠发达地区新型城镇化的关键因素。

第一节　欠发达地区经济快速发展的基础

一、后发优势及发挥

格申克龙（Gerchenkron，1962）提出了后发优势理论，他认为经济落后国家在工业化过程中，会因为制造业的高速增长而带来经济的快速增长。这是因为落后国家没有发达国家经济发展的条件，但是可以从自身的实际情况出发探索一条更加适合的途径开启工业化道路。同时，发达国家已经成型的理论和经验，可以给落后国家带来外溢效应，尤其是发达国家的先进科学技术和管理技术等对落后国家的输入，能使落后国家快速发展起来。

在"人口红利"逐渐消失和发达地区逐步转向创新驱动的背景下，欠发达地区仍然具有促进经济快速发展的机会——后发优势：应通过引进东部发达地区技术、管理、人力资本等要素，借鉴东部发达地区的发展经验，探索适合本地区的经济发展路径。具体的方式包括：技术方面跟踪和模仿、产业方面承接转移、投入方面以劳动密集型为主。[①] 特别是在欠发达地区的人力成本没有发达地区那么高的情况下，发展劳动力密集型产业更有利于欠发达地区的经济发展。以城镇单位就业人员平均工资为例，2010 年江苏和广西城分别为 39772 元和 30673 元，2015 年分别为 66196 元和 52987 元，2019 年分别为 96527 元和 76479 元。[②] 可以看出，广西城镇单位就业人员平均工资水平在增加，但是与经济发达的江苏地区相比较低，并且两者差距呈现扩大的趋势，为发展劳动密集型产业提供了低成本劳动力资源。

借助后发优势发展经济离不开高效的资源配置。在资源配置方式中，政府和市场发挥着不同的作用。党的十九届四中全会将市场经济体制上升为基本经济制度，意味着市场在资源配置中起决定性作用。然而，欠发达地区市场化程度相对滞后于发达地区，使市场在资源配置中起决定性作用，还需要充分发挥政府的积极作用。特别是城乡基础设施建设、基本公共服务建设、市场秩序、市场规则等诸多方面需要政府参与其中，逐步提高市场化水平。与此同时，需要注重收入分配中的效率与公平，缩小收入差距。通过提高低收入者收入水平，扩大中等收入者比重。以此提高中低收入者在经济活动中的活跃度和积极性，最终使欠发达地区的后发优势得到有效发挥。

二、政策优势及利用

政府发挥重要作用，不仅体现在基础设施和基本公共服务建设等方面，还体现在政策制定和政策支持上。西部大开发是国家基于推动西部落后地区发展而提出的一项重要战略，并先后制定了相关的政策加以支持（表 6-1）。从表中可以发现，中央政府不断加大对西部欠发达地区的政策支持力度，涉及范围广泛，包括产业、生态、文化、体制、人才等诸多方面。

---

① 刘志彪：《从后发到先发：关于实施创新驱动战略的理论思考》，《产业经济研究》2011年第 4 期。

② 数据来源：国家统计局网站。

表6-1　国家关于西部大开发的政策

时间	文件	目标或内容
2004	国务院关于进一步推进西部大开发的若干意见	扎实推进生态建设和环境保护，实现生态改善和农民增收；继续加快基础设施重点工程建设，为西部地区加快发展打好基础；进一步加强农业和农村基础设施建设，加快改善农民生产生活条件；大力调整产业结构，积极发展有特色的优势产业；积极推进重点地带开发，加快培育区域经济增长极；大力加强科技教育卫生文化等社会事业，促进经济和社会协调发展；深化经济体制改革，为西部地区发展创造良好环境；拓宽资金渠道，为西部大开发提供资金保障；加强西部地区人才队伍建设，为西部大开发提供有力的人才保障
2007	国务院关于西部大开发"十一五"规划的批复	实现西部地区经济又好又快发展，人民生活水平持续稳定提高，基础设施和生态环境建设取得新突破，重点区域和重点产业的发展达到新水平，教育、卫生等基本公共服务均等化取得新成效，构建社会主义和谐社会迈出扎实步伐
	国务院办公厅关于中部六省比照实施振兴东北地区等老工业基地和西部大开发有关政策范围的通知	确定中部六省比照实施振兴东北地区等老工业基地有关政策的城市；确定中部六省比照实施西部大开发有关政策的县（市、区）
2012	国务院关于西部大开发"十二五"规划的批复	明确主体功能区，对重点经济区、农产品主产区、重点生态区、资源富集区、沿边开放区和特殊困难地区，实施分类指导；继续把基础设施建设放在优先位置，突出交通和水利两个关键环节，加快构建适度超前、功能配套、安全高效的现代化基础设施体系；加大生态建设和环境保护力度，从源头上扭转生态恶化趋势。加强环境综合治理和节能减排，大力发展循环经济；发展特色优势产业，建设国家能源、资源深加工、装备制造业和战略性新兴产业基地；加快发展现代特色农业，建立有西部特色的农产品生产加工体系，拓宽农民增收渠道，建设农民幸福家园；培育中小城市和特色鲜明的小城镇，提升城镇化的质量和水平；优先发展教育，千方百计扩大就业，推进基本公共服务均等化。增强科技创新能力，建设创新型区域；全面提升对内对外开放水平，不断增强发展动力和活力
2017	国务院关于西部大开发"十三五"规划的批复	创新驱动、开放引领，充分发挥自身比较优势，以基础设施和生态环保作为关键，增强可持续发展支撑能力，统筹推进新型城镇化与新型工业化、信息化、农业现代化协调发展，推动经济转型升级、缩小区域发展差距

以中央财政对广西财政的支持为例，2005 年、2010 年、2015 年和 2020 年的财政收入为 283.04 亿元、771.99 亿元、1515.16 亿元和 1716.94 亿元，财政支出分别为 611.48 亿元、2007.59 亿元、4065.51 亿元和 6179.47 亿元。[①] 可以看出，广西财政收支情况为财政支出大于财政收入，财政收支差额分别是财政收入的 1.16 倍、1.60 倍、1.68 倍和 2.60 倍。可见，中央政府对欠发达地区的支持力度之大。

随着中央不断出台推动欠发达地区发展的政策，欠发达地区充分利用政策，获得政策红利，需要正确处理几个方面的关系：第一，经济增长与社会发展的关系。不能仅仅以 GDP 为目标，需要将经济增长与社会发展协调统一。第二，经济发展与生态建设的关系。习近平同志时任浙江省委书记时就提出了"绿水青山就是金山银山"的生态财富思想。欠发达地区经济发展不能以牺牲生态为代价，必须将经济发展与生态建设相结合，明确生态财富理念。第三，经济增长与共同富裕的关系。经济增长与共同富裕并非存在直接的正向作用，会出现经济增长和贫富差距过大共存。因此，欠发达地区在推动经济增长过程中，必须为居民提供参与经济活动的公平机会，促进经济增长的同时缩小贫富差距。

三、区位优势与发挥

根据区域经济学的相关理论可知，处于同一经济区域中的各个地区在一定的空间内可以对资源和要素进行再配置，从而提高经济效率。早在 19 世纪德国资产阶级经济学家杜能（Thunen）就提出了区位理论，假设一个孤立国家内部只有一个城市的情况下形成了不同区位的农业经济圈。1909 年德国经济学家韦伯（Weber）出版了《工业区位论》，韦伯发现在不考虑其他因素的情况下，交通条件和人力成本两个因素决定了工业圈的形成。在同一经济区域内，对互为补充关系的产业或地区增加投资，不仅可以创造更大的市场总需求，还可以加强它们之间的关联性进而提高效率。这就消除了欠发达地区的"落后—发展水平低—落后"的恶性循环。

以广西为例，广西具有"沿海""沿江""沿边"相结合的地理区位优势。从"沿海"看，港口多，并且自然条件好。从"沿江"看，西江源

---

① 数据来源：《广西统计年鉴》。

自贵州，贯穿广西，最终汇入珠江。从"沿边"看，与越南接壤，两地往来频繁和便利。广西优越的地理位置为其经济发展奠定了基础。地理位置与经济增长间的关系主要集中在以下几个方面：

首先，交通方面。地理位置带来的最大优势是交通便利条件的满足。交通便利可以增加区域之间的经济活动关联度，在交通设施完善的条件下还能进一步降低交易成本。因此，在中央政府加大财政支持力度的情况下，广西应该以交通基础设施为着力点，扩大投资总需求，从而推进经济增长。

其次，产业方面。广西毗邻广东省，临近粤港澳大湾区，可以获得广东、港澳地区的经济辐射。因此，在产业建设方面应该与广东产业增强关联度，以本地区优势为基础，参与跨区域的产业链建设。特别是广西作为香港蔬菜供给主体，应注重传统产业的升级。

最后，对外贸易方面。广西接壤越南，与越南的进出口贸易总量在与东盟十国的贸易中占比最大。2017年与越南进出口贸易总量为1626.26亿元，2018年为2061.49亿元，2019年为2334.56亿元，分别占东盟十国贸易总量的85.87%、84.85%和75.12%。[①] 因此，借助区位优势加大对外贸易是广西推动经济的重要途径。

四、资源优势及利用

（一）自然资源

由马克思关于生产力的理论可以知道，生产力就是人们从自然界获得生活、生产资料的能力。自然界不仅可以直接为我们提供生活资料，还可以为生产提供基本要素。这就意味着，一个地区丰富的资源可以为经济快速发展提供基本条件。

以广西为例，广西的重要资源主要包括海洋资源、矿产资源和水资源等。其中，海洋资源中海岸线长度达到1629公里，浅滩面积达到6488平方公里，滩涂面积达到903平方公里；矿产资源中锰矿达到47634万吨，铝土矿达到162606万吨，煤矿达到207305万吨；水资源方面总储量达到

---

① 数据来源：《广西统计年鉴》。

2271 亿立方米。这些丰富的自然资源为广西快速发展经济奠定了物质基础。①

自然资源如何促进经济增长，涉及经济增长与生态环境之间的平衡问题。过去在粗放型经济运行环境下，大量资源投入获得产出，资源的使用效率低，环境污染大。我国经济面临着资源、环境的制约，对于欠发达地区，在资源禀赋的优势中需要集约化应用自然资源，提高自然资源在经济增长中的作用。

生态文明是中华民族永续发展的千年大计。必须树立和践行绿水青山就是金山银山的理念，坚持节约资源和保护环境的基本国策，像对待生命一样对待生态环境，统筹山水林田湖草沙系统治理，实行最严格的生态环境保护制度，形成绿色发展方式和生活方式，坚定走生产发展、生活富裕、生态良好的文明发展道路，建设美丽中国，为人民创造良好的生产生活环境，为全球生态安全做出贡献。这就需要探索新的经济与生态和谐发展的路径，使自然资源与技术创新相结合，实现绿色增长。②

（二）劳动力资源

穆勒（Mill）指出，生产力不仅表现为物质的生产能力，还表现为人的生产能力，明确了人在生产过程中的重要作用。马克思的生产力理论更是将人作为生产力发展中的积极主动因素，并在劳动价值论中详细地分析了劳动力在生产过程中的作用，以及与资本结合的方式。

仍然以广西为例，广西作为经济发展欠发达地区，2020 年劳动力资源总量达到 3604 万人，占地区总人口的 71.9%，占全国劳动力资源的4.5%，劳动力资源利用率为 71.0%。非私营单位从业人员平均报酬 82751元，私营单位平均报酬 45238 元。2020 年江苏非私营单位从业人员平均报酬达到 103621 元，私营单位达到 63830 元。由此可知，广西劳动力资源丰富且成本低。③

对于欠发达地区而言，提高劳动力资源在生产力中的积极主动性，关键在于三个方面：劳动力参与经济活动的机会、劳动力的生产效率、劳动

---

① 数据来源：《广西统计年鉴 2020》。

② 孟望生、张扬：《自然资源禀赋、技术进步方式与绿色经济增长——基于中国省级面板数据的经验研究》，《资源科学》2020 年第 12 期。

③ 数据来源：《广西统计年鉴》《江苏统计年鉴》。

力的积极性，其中重点是提高劳动力的积极性。基本途径就是推动本地企业发展，提高就业率，实现教育均等化，提高人力资本存量。在提高劳动力的积极性方面，根本因素在于提高劳动力的劳动性收入水平，缩小收入差距。

第二节　欠发达地区增加城市供给提高城市承载力

欠发达地区加快新型城镇化建设，重点是让城乡居民获得市民权利并享受市民待遇，使城乡居民在经济发展过程中有获得感、满足感和安全感。这就需要欠发达地区既要发展城市，也要发展乡村。特别是城市发展既关系到经济发展，也关系到城市对乡村的影响。因此，欠发达地区加快"以人为核心"的新型城镇化，要增加城市供给，提高城市承载力。

一、城市的功能

（一）城市是工业生产的集中地和商业服务的中心

马克思从分工的角度分析了城市的形成，他指出："这种对立鲜明地反映出个人屈从于分工、屈从于他被迫从事的某种活动，这种屈从现象把一部分人变为受局限的城市动物，把另一部分人变为受局限的乡村动物，并且每天都不断地产生他们利益之间的对立。"[1] 正是劳动分工使得"某一民族内部的分工，首先引起工商业劳动和农业劳动的分离，从而也引起城乡的分离和城乡利益的对立"[2]。与此同时，资本和土地分离逐步使先进的要素集中在城市，尤其是技术的不断创新使城市集中要素的同时，更成为生产的集中地和商业的中心。

---

① 《马克思恩格斯全集》第 3 卷，人民出版社 1960 年版，第 57 页。
② 《马克思恩格斯全集》第 3 卷，人民出版社 1960 年版，第 24-25 页。

（二）促进经济增长和社会转型

当城市成为要素、生产和商业等的集中地以后，进一步集中了大量的人口。在城市人口规模不断扩大的情况下，城市逐渐成为经济增长和经济发展的重要支撑。特别是在城市发展到一定程度后，产业结构转变和生产率提高促进了经济增长。[①] 改革开放以来，我国的二三产业主要集中在城市，也得到了快速发展。2018 年二三产业对经济增长的贡献达到 95.8%，说明了城市的发展对经济增长的重要程度。城市的这种集中功能不仅对经济增长具有积极的推动作用，也对社会发展具有积极的促进作用。随着大量的农业剩余劳动力逐步流入城市中，不仅增加了城市人口集中度，提高了城市的规模效应，还使他们通过身份转变和职业转变加快社会融合。这是城市发展对社会转型的积极贡献。[②]

（三）促进城乡融合发展

城市的发展还具有促进城乡融合发展的功能。马克思指出："城市和乡村的对立的消灭不仅是可能的。"[③] 而且通过城市发展促进城乡融合还可以使"现在的空气、水和土地的污毒"得到排除。也就是城市发展对乡村地区的影响，其中包括经济的辐射、观念的影响、生活方式的转变等。例如，江苏的昆山城乡融合发展、常熟的城乡融合发展。在这两个地区，城乡融合发展不仅使农村居民生活水平和质量得到提高和改善，也推动了两个地区城市经济的发展、人的发展和社会的发展。

二、欠发达地区加强城市功能建设

（一）欠发达地区城市供给不足

城市是商业中心、市场中心，城市发展是一个地区经济发展水平的重

---

① 于斌斌：《产业结构调整与生产率提升的经济增长效应——基于中国城市动态空间面板模型的分析》，《中国工业经济》2015 年第 12 期。

② 文军：《回到"人"的城市化：城市化的战略转型与意义重建》，《探索与争鸣》2013 年第 1 期。

③ 《马克思恩格斯全集》第 20 卷，人民出版社 1971 年版，第 321 页。

要体现。正是因为城市的这种中心地位，才能通过人口聚集创造规模巨大的消费和投资需求，从而形成规模效应，成为经济增长极。这就意味着一个地区经济社会的发展必须增加城市供给，城市供给不足也是欠发达地区经济发展滞后的重要原因。接下来以广西南宁和江苏南京为例，比较城市发展状态。

2018 年南宁市 GDP 总量为 4027 亿元，是南京市 GDP 的 31%。南宁市第一产业比重为 10.5%，远远高于南京市第一产业比重，第二产业为 30.4%，低于南京的 36.8%，第三产业比重高于南京的比重。从城市建设看，南宁市的绿化率为 42.36%，与南京市绿化水平相当；在创新能力方面，南宁市获得专利授权数 1358 个，仅为南京市的 3.08%；在基本公共服务方面，南宁中小学数量处于绝对优势，但是高校数量少于南京市水平，南宁市医院数量为 86 家，占南京市数量的 38.74%；在基础设施建设方面，南宁市道路面积占城市面积比为 15.82%，南京市达到 19.47%。[①]

从以上比较中可以看出，南宁市不仅在经济发展水平方面滞后于南京市，在城市建设方面也落后于南京市。南京市具有良好的绿化水平，为人们生活提供更好的生活条件；基本公共服务和基本公共设施较为发达，为民生发展和生产发展提供了基本条件。农业转移人口流入发达地区的城市，不仅是因为能够获得高收入，有更多的发展机会，更重要的是生活条件能够得到改善。南京人口和生产的集中度高，2018 年南京市人口规模达到 843 万人，多于南宁市人口；南京规模以上工业企业个数为 2556 个，是南宁数量的 2.34 倍。[②]

由此可知，欠发达地区的城市供给不足带来的结果包括：经济发展缓慢，城镇化增长极功能得不到发挥；城市建设落后，不能为生活和生产提供便利条件；无法聚集更多人口，规模效应得不到发挥。这几个方面共同作用使得欠发达地区经济、社会发展滞后于发达地区，更不能在城镇化发展过程中让更多的人分享时代发展成果。增加城市供给并不意味着增加城市的数量和扩大城市的规模，关键在于城市对人口的承载能力，其中既包括空间上的人口承载力，也包括城市经济对人口的承载力。

---

① 数据来源：万德数据库。
② 数据来源：万德数据库。

（二）欠发达地区加强城市功能建设途径

Davis（1955）认为，一个国家城市化程度越高就越会形成中心城市与卫星城市，这些中心城市能成为一个增长极。Gottmann（1957）认为，地理位置相邻的城市会形成都市圈，并主导全国其他地区。这是因为：一是特大城市更专注于更精细的精加工行业与涉及大量实验室工作与研究的行业；二是都市圈具有发达的商业和金融功能。所以广西提高经济发展水平，并加快农业转移人口市民化，需要增加城市供给，以城市发展带动地区经济发展。所谓增加城市供给，并不是单纯指增加城市数量和扩大城市规模，更应该注重城市功能建设，即市场功能、服务功能和设施功能建设。只有使城市的这些功能都能够得到极大发展，才能为更多人口集中提供便利和完善的生活条件，才能为生产提供便利的发展条件。

马克思在论述城市发展中也分析了城市发展的基本条件，一个是交通，另一个是其他基础设施。"铁路只是在最近才修筑起来的。第一条大铁路是从利物浦通到曼彻斯特的铁路（1830年通车）。从那时起，一切大城市彼此都用铁路联系起来了。"[1] "当股份公司等等进行为期很长的工程事业时，如铺设铁路、开凿运河、建筑船坞、大的城市建设、建造铁船、大规模农田排水工程等等，这个要素将是十分重要的。"[2] 对于欠发达地区而言，如何增加城市供给，提高城市对人口的承载力，具体途径包括以下两点：

第一，城市建设。城市建设包括基础设施建设和基本公共服务建设，其中，基础设施建设包括生活性基础设施建设和生产性基础设施建设。生活性基础设施建设为城市居民生活提供便利条件，生产性基础设施建设为生产提供便利条件。基本公共服务包括学校、医院等，满足人们个人发展所需。在中央政府加大对欠发达地区包括财政在内的各方面支持的情况下，欠发达地区扩大城市供给、提高城市承载力，首先要以基础设施和基本公共建设为着力点。使城市建设能够满足人们在城市聚集的基本要求，在此基础上不断减轻人口流入而带来的人口压力。

第二，小城镇城市功能建设。小城镇是连接城市和农村的重要桥梁，小城镇的作用在于：一方面，承接城市对其的影响；另一方面，辐射农村

---

[1] 《马克思恩格斯全集》第2卷，人民出版社1957年版，第295页。
[2] 《马克思恩格斯全集》第24卷，人民出版社1972年版，第536页。

地区。与此同时，小城镇的发展也是农民提高生活质量、公平分享时代发展成果的重要载体。因此，增加城市供给还包括小城镇城市功能建设，主要体现在小城镇基础设施、基本公共服务建设，为城市产业转移提供基本条件。

第三，企业发展。企业是市场经济的重要主体，其生产过程需要组织劳动力、资本、土地等各种要素。欠发达地区增加城市供给、提高城市承载力，需要企业发挥积极作用，特别是本地企业。企业发展好，有利于城市常住人口就业率增加。由此，大量人口在城市聚集，不仅仅是生存，更能促进个人发展。从而提高城市对人口的就业承载能力。

第三节　欠发达地区以现代农业促进乡村经济发展

城镇独立发展不是新型城镇化，新型城镇化需要乡村经济得到发展。党的十九大报告同时提出了"新型工业、信息化、城镇化、农业现代化同步发展"和"乡村振兴"战略，意味着新型城镇化发展必须结合现代农业发展，城市经济和乡村经济协调发展。欠发达地区加快新型城镇化建设，还需要提高以现代农业为起点的乡村经济发展。以广西为例，广西现代农业建设存在产业化水平低、加工能力不强、现代农业拓展能力不足等特征[1]，滞后的现代农业建设制约了农村经济发展，因此，欠发达地区乡村经济发展必然要以农业为起点。

一、欠发达地区需要加快土地集中连片

钱忠好、冀县卿（2016）对广西、江苏等地农村土地分散和流转情况进行了实地调研，发现作为发达地区的江苏农地流转率明显高于欠发达地区，江苏农地流转率为 17.67%，而广西流转率仅为 6.96%。因此，欠发达地区发展现代农业，首要的任务是加快土地集中。

---

① 王政武：《基于现代农业支撑的广西新型城镇化发展路径探析》，《广西社会科学》2015年第 3 期。

（一）农业现代化要求土地集中

小块土地承包制限制土地资本积累。土地作为自然力对农业发挥作用，绝不意味着自身不需要得到投入。土地作为一种自然力，不是取之不尽、用之不竭的。随着社会经济的快速发展，土地自然力不仅需要补偿，还需要增加肥力，建立人们合理利用自然力的有效机制。马克思认为，"没有一块土地是不用投资就提供产品的"。[①] 马克思把投入土地的资本称为土地资本，其具体内容是："资本能够固定在土地上，即投入土地，其中有的是比较短期的，如化学性质的改良、施肥等等，有的是比较长期的，如修排水渠、建设灌溉工程、平整土地、建造经营建筑物等等。"[②] 改良土地会"增加土地产量，并使土地由单纯的物质变为土地资本"[③]。土地资本积累的投入一般难以在小块土地上进行，尤其是农业基础设施的投入和建设需要在集中、连片的土地上进行。

农业现代化需要改变小块土地经营。小块、零散的土地承包制与农业现代化是格格不入的。正如马克思在《资本论》中所说："小块土地所有制按其性质来说排斥社会劳动生产力的发展、劳动的社会形式、资本的社会积聚、大规模的畜牧和对科学的不断扩大的应用。"[④] 农业现代化的重要目标是乡村振兴，涉及农民富裕、农业和非农产业协调发展以及乡村美丽。乡村无论发展哪一个产业都要求土地集中，即便是发展生态农业、绿色农业。乡村振兴一般都需要"三集中"，即工业向园区集中，农业向农业区集中，居民向社区集中。与此相应的不仅有零散小块的农业承包地，还有农村居民散落零星的宅基地，都需要按农业区（包括粮食种植、果园、养殖等）、非农产业区、社区进行统一规划和集中。这个集中过程不可避免要触及现行的承包地。"三集中"需要对已有的承包地格局进行统一规划。

---

① 《资本论》第 3 卷，人民出版社 2004 年版，第 798 页。
② 《资本论》第 3 卷，人民出版社 2004 年版，第 698 页。
③ 《资本论》第 3 卷，人民出版社 2004 年版，第 698–699 页。
④ 《资本论》第 3 卷，人民出版社 2004 年版，第 910 页。

（二）通过"反租倒包"和"承包权的股权化"实现土地"三权分置"

农村土地承包制是需要长期稳定的农村制度。承包地流转给村集体，不是把承包权流转给集体。而是在农户保留承包权的基础上流转承包的土地。其实现方式在有些地区称为"反租倒包"。原来承包户与所有者的关系实际上是农户"租"集体所有的土地，现在是指村集体将承包到户的土地通过租赁形式集中到集体，这就称为"反租"。"倒包"是指村集体将统一规划和布局的土地经营权不再发包给原来的承包户，而是通过市场方式发包给农业经营大户或者从事农业经营的公司。采取这种反租形式也就是坚持农户承包权基础上的市场方式。农户从村集体以承包权所占比例获得相应的土地经营收益，实现其承包权。

农民承包的土地流转给集体，农户承包权的权益没有被损害，只是采取新的形式。原先"两权分离"中的承包权益体现在农民经营产出的实物收益上，即交足集体的，剩下是自己的。在农户承包的土地流转给集体后，其承包权益则体现在货币收益上。也就是承包权益货币化，相当于实物地租变为货币地租。这种货币化收益一般表现为股权收益，即将承包的土地权益还原为股权，如果土地流转后的经营者是村集体，农户与村集体的关系是通过承包权的股权化按承包土地的份额获取股权收益。如果新的经营者是村集体发包的，在租赁期内，新经营者将土地收益的一部分按合同支付给村集体，再由村集体将其收取的收益按股分红给农户。农户则通过承包权的股权化，从村集体获得股份分红，获取货币化的收益体现其承包权的实现，这是一种新型的合作经济。

在"三权分置"中，稳定农户土地承包权的重要路径是农户承包权转化为了股权。承包地流转给集体后获取货币化的股权收益可以明显增加农民收入。第一，过去承包户经营农业时，土地实际上是不计入价值的，农产品价值实际上只是农民的劳动价值。农民并没有获取土地收益。现在土地流转后，土地价值就凸显了。第二，相比农户直接将土地经营权流转给新的经营者，土地经由村集体发包，一方面，可降低交易成本，尤其是能够克服分散的农户直接同新经营者谈判时的弱势地位，防止其利益受损；另一方面，土地在经过集体统一规划、整理后积累了土地资本，土地实现增值便可增加承包地的流转总收入。

二、现代农业需要培育现代农业经营主体

现代农业需要现代农业经营主体来经营，特别是对于欠发达地区而言，在农村劳动力流出、人力资本存量低的情况下，尤其需要培育现代农业经营主体。

(一) 发展现代农业需要引入"现代要素"

改变二元结构的农业现代化理论实际上有两种思路，这两种思路的提出者同年获得诺贝尔经济学奖。一个是刘易斯理论：转移农业剩余劳动力到非农产业；另一个是舒尔茨理论：现有的农业要素基本上是传统农业要素，这些要素已经充分释放，发展现代农业需要引入新的现代要素。引入新的要素实际上需要新型经营主体来带动。

马克思在考察大工业时就指出了大工业对农业起的革命性作用："在农业领域，就消灭旧社会的堡垒——'农民'，并代之以雇佣工人来说，大工业起了最革命的作用。这样，农村中社会变革的需要和社会对立，就与城市相同了。最墨守成规和最不合理的经营，被科学在工艺上的自觉应用代替了。"马克思这里所说的农业现代化的关键词有两个，一个是消灭传统的"农民"，代之以现代农业经营主体；另一个是科学的应用。这两个方面同样适用于农业现代化，所要引入的现代化要素主要是这两个。

过去的农业发展可以用"农业剩余"范式加以概括，解决人民温饱问题，增加农业剩余的主要途径是增加劳动投入，其结果是增产不增收。农业现代化要求农业发展由农产品"数量剩余"范式转向"农产品品质+附加值"范式。这种范式与剩余范式的不同在于，由单纯追求产量转向追求农产品品质、品种的改善，发展优质、高效、绿色的农产品，形成与居民消费快速升级相适应的优质高效的现代化农产品体系。为此，一方面，需要发展优质、高效绿色农业，涉及农产品品种的优化和品质的提升；另一方面，发展现代农业产业组织，推动农产品由初级品向最终产品延伸。在农业全产业链中提高农产品附加值，需要农业科技创新和投入。农业技术创新是现代农业发展的基本途径，可以分为两方面：农业机械技术创新和农业生物技术创新。农业机械技术创新可以提高农产品产量，节省劳动力投入。农业生物技术创新可以培育出优良品种，提高农产品品质和附加

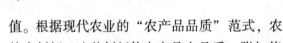

值。根据现代农业的"农产品品质"范式，农业科技创新更应该突出生物技术创新。这种创新使农产品在品质、附加值方面都能够得到提升，是现代农业发展的基本方向。

(二)"现代要素"需要引入现代农业经营主体

进入新时代后，农业现代化的内容最终需要农业经营主体来贯彻，也就是谁来种地的问题。谁来种地应该理解为谁来经营农业。我国已有的城镇化、工业化的发展吸引了大量农村劳动力流入城市和非农产业。农村流出去的是人力资本，留下来的是低人力资本含量的劳动力。农业从业人员以女性、高龄、低文化程度为主。很显然，依靠这些农民来经营农业，难以实现农业现代化的要求。即使对这些农民进行人力资本投资，也难以发展现代农业。在实施"两权分离"阶段，推行土地向种田能手集中，流向农业种植大户。虽然在长期的规模经营中，这些农业种植大户积累了一定的管理经验，但文化水平低、高龄化、管理水平滞后等因素限制了他们的农业现代化视野。由于年龄及视野的限制，这些种田能手已无力承担发展现代农业的职能。在苏南不少地区当年的种田能手开始把集中的承包地交还村集体，就说明了这一点。

"三权分置"的土地制度改革是在已有的土地所有权与承包经营权相分离的基础上，在农户的承包经营权中分离出经营权，通过土地经营权流转来解决好谁来种地问题。土地流转最终还是要选择经营主体。在"两权分离"阶段实际上也有承包土地的流转，即承包地向种田能手和种田大户集中。新时代农业现代化需要土地制度有新的突破，推动土地向能够承担上述农业现代化任务的新型农业经营主体流转。

现代农业需要引入现代要素，现代要素是需要人来引入的，这个人就是新型农业经营主体。现代农业经营主体应该是"以有知识、有创新精神的农民，称职的科学家和技术人员，有远见的公共行政管理人员和企业家形式表现出来的人力资本的改善"。这就对现代农业经营主体的素质提出了基本要求，即要有知识，懂技术，具备企业家素养，以管理企业的方式经营农业。农业生产过程中的劳动者已经不能满足现代农业对经营主体的要求，必须培育现代农业经营主体。这就要求从农村和农业之外引入人力资本，尤其是引入新型农业经营主体，包括农业、农村以外的投资者和企业家。在现实中，新型农业经营主体不只是引入，更重要的是培育，经营权的流转必须同培育新型农业经营主体结合起来。

（三）新型农业经营主体的培育

农业经营主体实际上要区分土地经营权流向的经营主体和农业产业组织中的经营主体。前者就是农地"三权分置"中所要实现的土地经营主体，相当于马克思在《资本论》中所说的租地农场主，其经营的土地由农户承包地的流转而取得。如前文所述，获取经营权的土地要集中、不能零散，便于根据农业现代化和乡村振兴要求进行统一规划，采取现代农业生产和经营方式。在此基础上，对土地经营权主体进行全方位管理和培育。

第一，经营土地的新型农业经营主体，不只是经营者，更是投资者。现在农业农村以外的投资者和企业家对进入农业望而却步，根本原因是农业投资收益率低，等量投资得不到等量利润。如何提高投资收益率？取得土地经营权的新型农业经营主体不能靠降低地租来提高收益率，而是要通过寻求收益率高的农业经营项目来提高收益率。这就迫使其在经营的农业品质、品种上做文章，在优质高效上增加收益。这同农业现代化要求是一致的。

第二，农业经营单位需要扩大。原先的零散的承包地适合单一的农业种植。现在农业转向大农业、转向品质和提高附加值模式后，农用土地不只是种植粮食，还需要农林牧副渔多种经营，需要统一规划成竹园、果园、经济林木园、养殖区，需要循环种养，甚至开辟生态旅游项目。所有这些都需要对农地进行统一规划和开发，需要打破原有的零散的承包地范围的限制，一般应是以村为单位的经营主体。需要从以农户为单位转向以村为单位的土地经营模式，或者转向投资者形成的公司性质的农场，或者是直接由村集体经营，实现小农业向大农业的转化。

第三，村集体需要承担对土地经营主体的选择和监管职能。为保证集体所有的土地不被滥用，符合乡村振兴的规划，村集体需要承担对土地经营主体的选择和监管职能。特别要强调的是土地经营权流向的效率和防止村集体领导人的权力寻租问题。取得土地经营权的经营主体（无论是租地农场主还是村集体）所面对的所有者不是土地私有者，而是村集体所有者。意味着土地经营主体的选择和监管必须有村民参与和集体决策，以保证村集体利益不受侵害，并能达到农业现代化要求。

第四，现代农业经营主体的多元化。进一步的研究发现，现代农业中的经营主体不只是获取土地经营权的经营主体，在现代农业的整个产业链中都会有新的经营主体的参与。这些经营主体通过市场化经营与获取土地经营权的主体相配合。农业弱势就在于其产品附加值低，附加值低就在于其基本上是初级产品，农业生产缺少专业化分工，农产品的产业链短，农产品附加值低。农户需要承担农业生产全部过程的劳动，既不专业，还费时，劳动生产率低下。农业现代化就要求在拉长农业产业链的同时扩大农业社会分工。其要求是，一方面，农业由提供初级产品转向提供最终产品；另一方面，在农业的产前、产中和产后形成专业化的分工环节。现代农业要求生产的各个环节都有分工并且有专业化的公司承担专业的工作和市场化的服务：产前的分工突出的是农产品品质和品种的培育和创新，如种子公司提供高品质种子；产中的分工突出的是专业化服务，如机耕公司、喷洒农药和化肥的公司；产后的分工突出的是农产品加工和专业市场服务，如农产品加工厂、专业的农产品销售公司等。这些实际上是以大工业思路发展现代农业，依靠分工的扩大，拉长农产品价值链，明显增加农产品附加值，从根本上改变农业的弱势地位。其中每个环节都在增加农产品附加值，每个环节都在节省劳动投入，每个环节都在提高农产品品质。

第五，重视农业科技创新主体的培育。新型农业经营主体的培育尤其要重视农业科技创新主体的培育。农业现代化越来越需要在源头上进行科技创新，涉及研发、推广和应用等环节，研发的主体是高校和农业技术院所，应用的主体就是现代农业生产经营者。根据现代农业发展的"品质范式"要求，现代农业的经营主体所需要得到的科技要素是可以直接采用的现代科技的投入品，如优良品种、现代农药和肥料、现代农业机械、种植和培育技术。涉及农业科技创新投入和对农业科技创新主体的激励问题。农业科技创新具有一定的风险和不确定性，政府要提供必要的农业科技创新的引导资金，但更多的还是企业化的资金投入。同时，也应该转变支持对象的结构，科技投入主要不是直接给现代农业经营主体，而是高校和农业技术科研院所。它由农业生产周期长和季节性要求高、受自然条件影响大的特征所决定，农业中新技术的采用也是有风险的。因此，农业中的新技术需要有推广和示范的过程，推广和示范中发生的费用应该计入农业科技的创新投入。同时，也要鼓励农业科技人员深入农村推广技术，帮助现代农业经营主体解决技术问题。

第七章

欠发达地区新型城镇化的驱动力

欠发达地区加快推进新型城镇化建设的步伐，有利于欠发达地区经济的高质量发展，有利于城乡协调发展和"人的全面发展"。然而，欠发达地区以什么样的方式驱动加快新型城镇化建设决定着新型城镇化建设的程度和效果。因此，有必要进一步分析欠发达地区新型城镇化建设的驱动力。

第一节　欠发达地区土地城镇化驱动新型城镇化

一、城镇化的驱动力

从要素流动的角度看，城镇化可以分为人口城镇化和土地城镇化。因此，城镇化发展的驱动力也可以从这两个方面分析。

第一，人口城镇化为驱动力。所谓人口城镇化，就是指农村居民向城镇流入，城镇常住人口占总人口比例不断提高的过程。在二元经济结构中，由于地区发展差异、城乡发展差异较大。根据托达罗和刘易斯的相关理论可知，在城乡收入差距不断拉大的情况下，农业劳动力为了获得更多的收入而不断流向城市。特别是在乡村地区的生活条件和生活质量远远低于城市水平的时候，农业劳动力会进一步流向城市，最终使城镇常住人口规模不断扩大，推动人口城镇化的发展。

改革开放后，东部沿海地区在政策支持、地理优势等多种因素共同作用下快速发展。中西部地区经济发展滞后于东部地区，形成了经济发展水平的地区差异化。这就大大推动了农业劳动力向东部发达省份的城镇流入，在城镇就业和生活。人口城镇化带来的效应主要包括以下几个方面：一是为城市产业发展提供低成本劳动力。一方面，农业劳动力的人力资本存量低于城镇居民；另一方面，由于二元户籍制度的制约，农业劳动力不能享受城镇居民的基本保障，企业用人成本低。所以，城市产业发展较快，这就是中国"人口红利"的重要体现。二是城镇人口规模扩大，促进了经济增长。一方面，城镇人口增加扩大了消费需求的规模；另一方面，城镇人口增加提高了对基础设施的需求。两大需求的增加拉动了经济的快速增长。

第二，土地城镇化为驱动力。所谓土地城镇化，就是指农村土地转变为城镇建设用地的过程。土地城镇化的形成原因包括几个方面：一是城镇人口规模扩大，原有城镇土地已经无法进一步承载过多人口。需要将城市周边的农村土地纳入城区范围，以满足市区人口向周边的扩散。二是产业转移需要。城镇土地价格的不断上升，制约了城市产业的发展。城市产业不断向土地成本较低的地方转移，而城市周边的农村土地能够满足转移需要，由此城郊农村土地转变为城市建设用地。三是政府财政收入需要。2020年我国财政总支出为245679亿元，其中用于一般公共服务、教育、医疗、保障等方面的支出占比达到44%。[①] 由此可知，新时代城镇化发展中的基本公共服务建设（包括基础设施建设）在不断提高，这需要足够规模的财政收入作为支撑。在政府以土地增加财政收入的驱动力下，大量城市周边的农村土地逐渐转变为城市建设用地，以满足城市无法承载的产业、人口向城市周边扩展和增加财政收入的需要。四是土地城镇化可以将城镇周边的农村居民转变为城镇人口，加快了人口城镇化进程。这些城市周边的农村居民实现身份转换以后，获得了市民权利，享受了市民待遇。因此，可以逐步实现让更多人口有机会分享时代发展成果，推进新型城镇化发展。

然而，促进农村土地不断向城镇建设用地转变，发挥上述土地城镇化的积极效应，需要具备一定的条件。通常土地城镇化需要满足以下几个条件：一是可利用的土地资源。其中耕地资源限度、土地自然类型等决定了城市是否可以进一步通过土地城镇化扩张。二是农村居民对农村土地转变

---

① 数据来源：《中国统计年鉴2021》。

为城市建设用地的意愿和带来的收益。农村生活条件和城镇户籍福利两方面共同作用，农村居民对土地城镇化具有积极的意愿，这是因为土地城镇化会提高农村居民的社会福利和生活质量。然而，需要强调的是，农村土地对于农村居民而言，不仅是农业生产的基本要素，还承担着农村居民的社会保障功能。农村土地转变为城镇建设用地，意味着土地不再是农村居民赖以生存的条件。因此，土地城镇化的关键决定因素是农民在土地转变为城镇建设用地后的长期收益是否高于土地没有转变的收益。这些收益包括土地补偿金、社会保障、预期就业稳定性和预期收入水平。三是地方政府财政能力。农村土地转变为城镇建设用地必然要发生巨大的财政支出，用以补偿失地农民的损失，以及未来的基础设施建设费用。如果地方政府财政收入不能完全承担这些相应支出，则土地城镇化将受到制约。

在区域经济发展存在不平衡的情况下，欠发达地区如何选择以人口城镇化为动力和以土地城镇化为动力呢?

首先，由以上几点分析可以知道，人口城镇化和土地城镇化的形成存在一定的差异。通常在城乡收入差距、生活条件差距较大的情况下，农业劳动力会向城市流入，扩大城镇人口规模。而土地城镇化形成的因素包括政府主动推动和产业、人口向外扩展的客观需要。所以，对于欠发达地区而言，在城市发展没有达到发达地区水平时，人口城镇化发展速度没有发达地区快。根本原因是欠发达地区的城市为人口流入提供的就业机会、发展条件、基本公共服务和基础设施水平较低。在人口城镇化为动力缺少基础条件时，选择土地城镇化可以带动人口城镇化的快速发展。与此同时，欠发达地区推动城镇化发展，更应该突出使城乡居民都能够有机会和有能力分享经济社会发展的最新成果。特别是以城镇为中心的乡村地区，需要对农村土地进行整理和规划，使更多的农村土地进入小城镇的建设中，使农村居民可以在乡村地区享受市民待遇。

其次，人口城镇化和土地城镇化的协调发展。现有城区无法承载过多的人口，主城区会向周边延展，促进土地城镇化的发展。土地城镇化也会促进人口城镇化的发展，土地城镇化会使农村土地转变为城镇建设用地，相应地，原有农村居民自然转变为城镇户籍人口，从而促进户籍人口城镇化率的提高。因此，人口城镇化和土地城镇化是相互影响、相互促进的关系。人口城镇化和土地城镇化是城镇化发展过程中两个不可忽视的重要内容，根据新发展理念可知，人口城镇化和土地城镇化也要保持协调发展。陈凤桂等（2010）对我国人口城镇化和土地城镇化进行了测度，发现2002年以后土地城镇化上升速度快于人口城镇化速度，并且呈现出总体水平低、区域差异大等特征。人口城镇化发展过快，土地城镇化发展滞后会导致城镇承载过多人口而带来的各种问题加剧。土地城镇化发展过快，而人口城镇化发展滞后会导致城镇化发展缺少支撑力，例如，我国有些城市因为过度发展土地城镇化而出现的"鬼城"就是生动写照。因此，推动新型城镇化的快速发展，必须充分协调人口城镇化和土地城镇化。

二、欠发达地区土地城镇化驱动新型城镇化

随着经济社会进入新时代，地区发展差异依然存在，特别是欠发达地区城市和乡村地区的人口在基本公共服务享受方面仍表现出不公平。然而，农业人口向城市流入的途径会使他们获得的市民权利受到城市承载力的制约。在经济发展水平、财政能力有限的条件下，这种方式可能不会带来显著效果，也可能达不到预期目标。可行的途径是用土地城镇化的方式驱动人口城镇化，使城镇化发展更加凸显"以人为核心"。

在欠发达地区推进新型城镇化的过程中实现农业转移人口和农民市民化的重要途径是依靠土地城镇化来驱动。土地城镇化主要包括两种形式：城市周边的农村土地城镇化和乡村地区土地城镇化。对于欠发达地区而言，应该从这两方面着手以土地城镇化驱动人口城镇化，实现市民权利和市民待遇的公平化。

（一）欠发达地区提高大中城市承载力的需要

城市承载力包括：城市空间的承载力（空间可容纳程度），通常用城市人口密度衡量；城市经济的承载力（城市经济可提供的就业机会或岗位数量），可以用经济的就业弹性衡量。

对于欠发达地区，只有在提高城市承载力的情况下，才能更好地推动人口城镇化。而提高城市承载力的重要途径和动力是土地城镇化。

第一，可以提高大中城市的空间承载力。以广西的南宁和柳州为例，2018年每平方公里城市建设面积承载了1.46万人和1.13万人，高于同期

南京市 0.899 万人的水平。① 即广西作为欠发达地区，其大中城市的城市空间承载了更多的人口，城市空间承载力较低。因此，欠发达地区加快"以人为核心"的新型城镇化，应该以大中城市将周边农村土地转化为城市建设用地，扩大城市建设面积，提高城市空间承载力为中心。

第二，提高城市经济对人口就业的承载能力。大中城市的土地价格不断上升，给企业发展带来了巨大的成本压力。其中一个重要因素是地方政府通过税收调节土地使用带来的成本增加，同时在发达地区和欠发达地区呈现出不同的特征，在欠发达地区表现为上升趋势，在发达地区表现为下降趋势。以地方政府关于城镇土地使用税和土地增值税为例，2018 年广西城镇土地使用税和土地增值税决算数占全年决算数的 9.93%，2010 年为5.96%；2018 年江苏城镇土地使用税和土地增值税决算数占全年决算数的4.2%，2010 年为 8.3%。在经济对人口就业的承载力方面，2019 年南宁GDP 为 4506.56 亿元，增长 11.91%；就业人数为 254.74 万人，增长 6%。经济增长的就业弹性为 0.4753，即经济增长每上升 1%，带来就业增长0.48%。作为新一线城市的南京，2019 年 GDP 为 14030.15 亿元，增长9.4%；就业人数为 464.0 万人，增长 0.3%。经济增长的就业弹性为0.3191，即经济增长每上升 1%，带来就业增长约 0.32%。② 可见欠发达地区的大中城市经济增长的就业弹性较低，城市能够带来的就业岗位少，就业承载力低。在土地财政收入和就业承载力的共同作用下，欠发达地区需要向城市周边延展，将城郊农村土地转变为城市建设用地，满足城市产业转移和建设需要，从而提高城市的就业承载力。向城市周边转移和建设产业已经是产业发展的基本规律，欠发达地区推动地方经济发展的产业建设也需要遵循这个规律。尤其是在欠发达地区土地财政的影响下，将城市周边土地转变为城市建设用地，是提高经济增长的重要手段。由此可以缓解产业发展的土地成本制约，也可以将更多的农村居民转变为城镇户籍人口，从而实现"以人为核心"的新型城镇化。

（二）小城市自身发展的需要

新型城镇化发展要求大中小城市协调发展，欠发达地区的小城市发展

---

① 根据 2019 年《中国城市统计年鉴》《广西统计年鉴》《江苏统计年鉴》中城市建设面积和城镇人口数据计算所得。

② 数据来源：《中国财政年鉴》。

相对滞后。以广西贺州市为例，2019 年 GDP 为 700.11 亿元，其中农业、工业和服务业占比分别为 19.18%、34.98% 和 45.84%。2019 年总人口为 208.53 万人，其中城镇常住人口为 97.7 万人，占比仅为 46.85%。根据发展经济学理论可知，城镇化发展对经济增长的拉动作用关键体现在城镇常住人口规模扩大带来的总需求增加。对于欠发达地区的小城市而言，工业、服务业不能有力支撑经济增长时，推动城镇化发展是重要的选择。2019 年贺州市社会消费品零售总额 173.03 亿元，占 GDP 的比重为 24.71%。相比而言，2018 年南宁社会消费品零售总额为 2234.27 亿元，占 GDP 比重为 49.58%。① 由此可知，欠发达地区小城市需要扩大城市常住人口规模。然而，欠发达地区的小城市的经济没有与大城市相当的竞争优势，无法吸引农村劳动力流入小城市。所以，必须选择土地城镇化为动力驱动人口城镇化，扩大小城市常住人口规模。通过小城市常住人口规模的扩大，提高社会总需求，从而拉动小城市经济增长。

（三）农业的可持续发展需要

农业发展关系到乡村经济发展和粮食安全。长期以来的家庭联产承包责任制在调动农民积极性方面发挥了重要作用。随着大量农业剩余劳动力不断流向城市，在劳动力边际生产力逐渐提高的情况下，粮食产量虽然一直在提高，但是农村劳动力年龄、体力、人力资本等都不能满足农业可持续发展的需要。基本途径是在农地"三权分置"基础上集中土地，发展现代农业。

现代农业的重要特征是土地集中，使用现代农业技术和大型机械。由此可知，现代农业将会使用现代技术替代大量农业劳动力。土地分散化经营阶段释放大量农业剩余劳动力，这是因为过多劳动力被束缚在土地之上。现代农业进一步释放劳动力是资本和劳动力的替代所致。如何重新配置进一步释放的农业劳动力和谁来种田成为现代农业必须解决的问题。可行的途径是小城镇附近的农村土地实现城镇化，集中进一步释放的农业劳动力，并在小城镇从事二三产业。

以广西贺州市为例，现代农业建设的优势在于自然条件优越。2019 年平均气温为 20.2℃，地表和地下总出水量达到 167.79 亿立方米，年降雨

---

① 数据来源:《广西统计年鉴 2020》。

量平均为1831.7毫米。然而，制约贺州市现代农业建设的主要因素在于土地分散和村庄分散，2017年贺州共有707个行政村庄。[①] 在现代农业建设优势和劣势共存的条件下，需要通过乡村地区土地城镇化，将人口分布集中化。促使小城镇规模化发展，凸显规模经济对小城镇经济增长的积极效应。

第二节　欠发达地区以农民市民化驱动新型城镇化

市民化是"以人为核心"的新型城镇化建设的重点，尤其是农村居民市民化，关系到共同富裕的实现。因此，欠发达地区加快新型城镇化建设，需要重视农民市民化，以农民市民化为驱动力建设新型城镇化。

一、欠发达地区小城镇发展和农村居民生活条件

根据马克思关于城市发展理论可以知道，不同层次、不同规模的城市形成的商业中心、市场中心规模也存在较大差距。随着长期的城镇化发展，大中城市逐步实现现代化，尤其是大城市的现代化水平更高。小城镇的建设与大中城市的建设相比相差甚远。特别是对于欠发达地区而言，在大量人口外流和地方政府财政收支能力有限的作用下，小城镇的城市建设更为滞后。

以广西贺州市为例，城北镇是富川县重点建设的乡镇之一。从调研情况看，与县城建设和贺州市城区建设差距巨大。从贺州市主城区——八步区和富川县基本建设看，2019年八步区公路里程1129公里，富川县为832公里；八步区普通中学数量为23所，富川县为11所；八步区小学数量为89所，富川县为32所；八步区图书馆藏书量为287千册，富川县为150千册；八步区执业医师数量为845人，富川县为395人。由这些数据比较可以知道，小城镇（包括县城）的城市基本公共服务和基础设施建设落后

---

① 数据来源：《贺州统计年鉴2018》。

于城市。①

不同地区城镇发展的差异和城镇与城市发展的差异决定了人口流向，更决定了农民市民化是否能够实现以及进程。2009～2015年农民工流入直辖市、省会城市和地级市的比重达到65%，也就是说，绝大部分农民工都集中在城市，在城市就业并获得高收入。农民工是理性的经济人，其流动不仅由收入、就业等因素决定，生活条件也是影响其流动的重要因素。从以上相关数据可以看出，城镇发展水平落后于城市。城镇现有的发展水平不能为农民市民化提供良好的市民待遇。

生活富裕的决定因素包括居民的收入水平和生活条件两个方面。收入水平决定人们的生活质量，主要的衡量指标有恩格尔系数、耐用品消费比例、服务和个人发展的消费比例等。生活条件主要是指人们生活区域的基础设施条件等，主要的衡量指标有生活类基础设施的人均数量，如公园的人均面积等。收入水平提高、生活条件差不是生活富裕，生活条件好、收入水平低也不是生活富裕。只有收入水平和生活条件都能够不断提高和改善，才是生活富裕的表现。从以上分析中可以看出，欠发达地区的小城镇建设远远滞后于主城区建设水平。因此，乡村居民生活条件没有城区居民生活条件好，生活富裕程度也远远低于城区居民。与此同时，乡村居民的收入水平也低于城区居民的收入水平。2019年贺州市城乡居民人均可支配收入分别为33179元和12737元，城乡居民人均可支配收入比为2.6∶1。相对于欠发达地区而言，发达地区农村居民收入水平相对较高，以江苏省无锡市为例，2019年农村居民人均可支配收入为33574元，城乡居民收入比为1.8∶1。② 欠发达地区的农村居民无论在收入水平，还是在生活条件方面都落后于发达地区。因此，欠发达地区推进新型城镇化，必须以提高人民生活水平，尤其是乡村居民生活水平为重点，以市民化为驱动力促进新型城镇化的发展。

二、欠发达地区以农民市民化驱动新型城镇化

加快农业转移人口市民化，使基本公共服务覆盖农业转移人口。过去

---

① 数据来源：《广西统计年鉴》。
② 数据来源：《广西统计年鉴》《江苏统计年鉴》。

大量农业转移人口通过流向城市，获得就业机会，在城市获得市民权利是市民化的一个途径，但不是唯一途径。如果过度依赖在城市市民化，必然带来城市的人口聚集压力。所以，城镇必须承担市民化的任务，使农民不进入城市就可以获得市民权利，享受市民待遇。

（一）城镇发展要求农民在城镇市民化

马克思的城市化理论认为，城市现代化的重要特点是集中，包括人口集中、商业集中、文化集中等。"城市本身表明了人口、生产工具、资本、享乐和需求的集中；而在乡村里所看到的是完全相反的情况：孤立和分散。"[①]"资产阶级日甚一日地消灭生产资料、财产和人口的分散状态。它使人口密集起来，使生产资料集中起来，使财产聚集在少数人的手里。由此必然产生的后果就是政治的集中。"[②]这就说明人口集中是城市、城镇发展的首要条件，只有人口集中才能有生产集中，才能有商业集中等。城镇要成为乡村振兴的中心，主要功能是吸引现代生产要素。从城市现代化发展的过程看，随着城市规模的不断扩大，基础设施和基本公共服务不断完善，集中了人力资本（尤其是高素质的人才）、管理资本的现代要素。这些要素在推动城市经济的进一步发展中发挥了重要作用。而城镇的滞后发展，包括基础设施在内都与城市相差太远，所以不但不能聚集要素，反而使要素不断流向城市。所以城镇要成为乡村地区的中心，必须具备吸引现代要素的能力。推动农民在城镇市民化，也是使人口向城镇集中，使城镇得到快速发展。因此，市民化是新型城镇化发展的核心。

（二）城镇吸收城市产业需要农业转移人口在城镇市民化

城镇要吸引大城市疏散转移的产业和人口，相应地就要承接其市民化任务。城市产业转移的同时农业转移人口集中在城镇，可以促进城镇的发展。尤其是县城要提升公共基础设施和服务能力，以适应农民到县城就业安家的需求。城镇实现这些任务就要具有城市功能，也就是城镇城市化，涉及产业发展、公共服务、吸纳就业、人口集聚等城市功能。处于农村的城镇具有城市功能，农民就可以在城镇就近实现市民化。农民就近在城镇享受市民权利，可以大大降低市民化的私人成本和公共成本。尤其

---

① 《马克思恩格斯全集》第3卷，人民出版社1956年版，第57页。
② 《马克思恩格斯选集》第1卷，人民出版社1995年版，第255页。

是农业转移人口的住房等方面的开支可以大大降低，也提高了他们的市民化能力。

第三节 欠发达地区城镇城市化 驱动新型城镇化

Park（1929）认为，城市化发展过程分为聚集和扩散两个阶段。城市化的过程是要素、市场和生产不断集中的过程，其发展成熟后就进入扩散阶段，也就是要素向周边城镇和农村辐射。Clark（1931）认为，这种辐射会改变农村生活的形式和内容，包括文明、价值观和行为模式等。这些内容就是农村人口转变为城镇人口、实现人的现代化的重要内容。Gee（1935）分析了美国的城市发展，发现在以农业为中心的南方地区，城市化的快速发展不仅提高了农业转移人口的收入水平，同时也提高了农村的生活水平。

欠发达地区以城市带动地区经济发展，不但要发展城市，而且要发展乡村；不但要发展城市工业，还要发展现代农业，重点仍然是城镇城市化建设、农业和农村现代化。这就是欠发达地区推进市民化相对于东部地区推进市民化更复杂、更困难的原因。欠发达地区城镇城市化是新型城镇化中农民市民化的根本措施。所谓城镇城市化，是指让城镇也具备城市的各个功能，要求城镇有产业、有完善的设施，能够吸纳人口，能够提供更多的就业机会和更高的收入。

新型城镇化中农民市民化的步骤是在农业现代化推动农村经济的基础上，通过农村向城镇集中，扩大城镇的规模，并使城镇具有城市功能。

一、欠发达地区村庄向城镇周围集中

我国城镇发展滞后于城市发展，其中一项重要因素在于供给和需求规模小。对比城市和城镇发展水平可知，城市能够快速发展是由于城市的聚集能力形成了庞大的市场供给和需求规模，也就是城市的规模经济效应。因此，农村向城镇集中就是要扩大城镇的供给和需求规模。

（一）村庄向城镇集中有利于新型城镇化建设

1. 村庄空间集中有利于发展现代农业

现代农业相对于传统农业，最突出的特征在于土地集中规模化经营。我国农地分散化经营的制度性根源是家庭联产承包责任制，2014 年农地的"三权分置"改革和创新解除了这种制度性障碍。在稳定承包权的基础上，土地经营权可以流转。这就意味着农地可以向农地能手、农业企业等新型农业经营主体手中集中，从而实现农地的集中规模化。

然而，需要强调的是，农地分散化经营的另一个因素是村落分散、农村居民居住分散。在破除农地的制度性障碍后，村落分散、居住分散成为农地分散的另一个重要的影响因素。这是因为村落分散从规模上分散了土地，居住分散从村落内部分散了土地。如果将村落集中、居住向社区集中不仅可以使农地进一步连接，而且居住社区化还可以释放出更多的土地，可以用于耕地或其他用途。

所以村庄或村落集中可以满足现代农业对土地的要求，进一步促进现代农业建设与发展，为乡村经济发展奠定基础。

2. 村庄空间集中有利于扩大城镇规模

西方经济理论中对规模经济的论述主要是针对企业规模化经营，本书所分析的规模经济是从经济发展本身的意义出发，即社会总需求量和社会总供给量。对此，马克思在分析生产力发展时指出："社会劳动生产力的发展怎样以大规模的协作为前提，怎样只有在这个前提下，才能组织劳动的分工和结合，才能使生产资料由于大规模积聚而得到节约，才能产生那些按其物质属性来说只适于共同使用的劳动资料，如机器体系等等，才能使巨大的自然力为生产服务，才能使生产过程变为科学在工艺上的应用。"[①] 因此，对于乡村地区的发展，同样需要提高总规模。

提高乡村地区的社会总供求规模，根本措施是扩大乡村地区的人口集中的规模，其途径是将村庄集中在小城镇，扩大小城镇的规模。当人口规模扩大后，尤其是在消费的示范效应和攀比效应的作用下，消费总需求会提高。为了满足人口规模扩大的需要，小城镇的基础设施必然扩大建设，从而增加小城镇的投资需求。两大需求扩大会带动总供给增加，进而实现

---

① 《资本论》第 1 卷，人民出版社 2004 年版，第 684 页。

以小城镇为中心的乡村地区经济增长，实现小城镇与大城市协调发展。

3. 村庄空间集中可以降低交易成本

商品流动和价值的实现由多种因素共同决定，其中之一是商品的交易成本。诺贝尔经济学奖获得者科斯提出交易成本理论，认为在人性因素与交易环境因素交互影响下所产生的市场失灵现象，造成交易困难。具体影响因素包括有限理性、不确定性、专用性投资、信息不对称等。据此交易成本可以分为搜寻成本、信息成本、决策成本、违约成本，可以归结为事前交易成本和事后交易成本。对于城乡之间商品流动的交易成本，主要是指交通运输便利程度带来的运输成本。

现实中农村分布过于分散、过小，这就为商品交换和商品流动增加了成本，即科斯的事前交易成本。村庄过于分散加大了农民需求与城镇供给之间的交易成本，交易成本过大必然会降低人们交易中获得的收益，从而使商品交换和流动减少。所以，农村向城镇集中拉近了人们之间的空间距离，降低了交易成本，有利于促进以城镇为中心的乡村地区经济发展。

（二）欠发达地区村庄集中需要政府发挥主体作用

村镇集中整合是让人们离开原有居住地，到另一个居住地集中，最难解决的是更换居住地的途径和方式。一方面，在原居住地长期生活，已经习惯了那里的环境；另一方面，村镇整合是政府推动的人口集中，不是个人由于城乡差距导致的流动并集中，这就使这些居民具有更强的谈判主动权，给村镇整合带来阻力。实现农村集中搬迁到城镇周围，需要政府在新时代城乡一体化、城镇城市化以及农民市民化中发挥主导作用。发挥政府主导作用推动农村搬迁整合是新型城镇化中农民市民化以及人口向城镇集中的被动过程。一是需要农民积极主动配合政府的规划。农民作为理性行为人，若要让其配合政府整合农村集中的工作，必须让农民能够获得相应收益。根据苏南地区的经验可知，要让这些居民看到村镇整合后的收益大于现在的收益，如生活条件改善、就业机会增加、收入提高等。与此同时，也应该让农民认识到搬迁整合后能够在城镇周围获得更多就业机会、更高的收入水平。二是使集中在城镇周围后的生活条件得到改善，这就要求城镇的基础设施和社会福利得到全面发展。总之，政府在人口集中、城镇建设过程中推动农村整合、农民市民化，需要让农民的收益大于成本，生活条件要高于农村搬迁整合与市民化之前。

二、欠发达地区的城镇城市化驱动新型城镇化

如果上述关于政府推动农村向城镇周围集中整合，使城镇聚集人口实现农民市民化的途径是被动过程的话，那么，让农民自己主动集中到城镇则是欠发达地区新型城镇化过程中实现农民和农业转移人口市民化的主动过程。农业剩余劳动力之所以向城市流入而很少流入城镇的根本原因在于城镇缺乏城市的功能，不能形成城镇的集聚效应和规模效应，农业剩余劳动力向城镇转移不能满足其收入、就业和生活条件改善的需要。城镇城市化既可以吸引农民进入，又可以吸引城市要素流入城镇，进而驱动新型城镇化过程中的农民实现市民化。

（一）欠发达地区城镇市场功能的城市化水平建设

1. 城镇中心的形成

欠发达地区的城镇要建设具有规模化的居住中心、商业中心和产业中心。居住中心是城镇城市化的基础条件，农民进入城镇并在居住中心形成各种社区，有利于提高农民生活水平，有利于促进居民之间的沟通与联系，能够促进农民成为市民后的身份转换。马克思将生产划分为生产、分配、交换和消费四个环节，其中分配和交换是连接生产和消费的重要过程。随着产业资本不断壮大，商业资本便从产业资本中游离出来，专门从事商品流通。因此，欠发达地区城镇城市化需要有发达的商业中心连接消费者与厂商。随着城市不断向总部经济发展，企业的其他功能部门将会转移到城镇，这样就形成了城镇的产业中心。产业中心的形成可以促进分工的细化，在产业中心内各个产业主体通过共同使用交通、资金和公共设施等资源并在内部形成紧密的产业链，从而提高企业收益和竞争力。产业发展程度直接决定了欠发达地区城镇的经济发展水平，因此，建立完善的城镇产业中心是欠发达地区城镇城市化的重要内容。

2. 城镇的市场功能建设

欠发达地区的城镇一旦建设成具有规模化的居住中心、商业中心和产业中心，就可以使城镇具有市场功能。所谓市场功能，就是指使城镇成为乡村地区的商业中心和市场中心。只有城镇的市场功能完善，才能成功地与城市对接，才能吸引城市要素向欠发达地区城镇流入。一是要有完善的

市场体系，包括商品市场、资本市场、劳动力市场和金融服务市场。二是要有足够的市场规模，这需要以城镇人口规模为前提。人口规模大，消费和投资需求大，更能发挥城镇的基本作用。

（二）欠发达地区城镇基本公共设施的城市化水平建设

1. 为城镇吸引城市要素流入提供条件

马克思指出："广义地说，除了那些把劳动的作用传达到劳动对象、因而以这种或那种方式充当活动的传导体的物以外，劳动过程的进行所需要的一切物质条件都算作劳动过程的资料。它们不直接加入劳动过程，但是没有它们，劳动过程就不能进行，或者只能不完全地进行。土地本身又是这类一般的劳动资料，因为它给劳动者提供立足之地，给他的过程提供活动场所。这类劳动资料中有的已经经过劳动的改造，例如厂房、运河、道路等等。"① 这指出了基本公共设施对于经济运行的作用。作为一般的共同的生产条件，基本公共设施不属于单个微观个体，而是共同使用，是生产顺利进行的前提条件。马克思在分析协作与工厂手工业的关系时指出："在考察协作和工厂手工业时，我们知道，共同消费某些共同的生产条件（如建筑物等），比单个工人消费分散的生产条件要节约，因而能使产品便宜一些。在机器生产中，不仅一个工作机的许多工具共同消费一个工作机的躯体，而且许多工作机共同消费同一个发动机和一部分传动机构。"② 欠发达地区城镇城市化过程中必须有完善的基本公共设施，才能为城市要素流入城镇提供便利的生产条件。城市化反映城市生活方式的扩散以及城市文化在更大范围的传播。这些扩散和传播需要城镇具有强大的基础设施功能，如城镇的交通等，马克思和西方学者关于城市形成的研究中都强调了交通便利和设施完善对城市形成与发展的重要作用。欠发达地区城镇的许多商业和文化设施还很不完善，许多活动要依靠城市，因此，欠发达地区在城镇城市化的过程中，要注意完善城镇交通、邮电、供水供电、科教文卫等基础设施的建设。这不仅是欠发达地区扩大总需求的需要，更是为了满足资本、管理、信息等城市现代要素进入欠发达地区城镇和农村的条件。

---

① 《资本论》第1卷，人民出版社2004年，第205页。

② 《资本论》第1卷，人民出版社2004年，第426页。

2. 城镇基本公共设施的供给主体

由于基本公共设施具有非竞争性和非排他性，所以其建设就不能由单个资本来完成，但是经济正常运行又不能缺少基本公共设施。这就提出了基本公共设施的建设主体和建设费用的问题。马克思指出："利用徭役劳动来筑路，或者换一种形式，利用赋税来筑路，是用强制手段把国家的一部分剩余劳动或剩余产品变成道路。"① 说明基本公共设施的供给者是政府，其建设资金来源于"一部分剩余劳动或剩余产品"，即财政收入。然而，欠发达地区城镇基本公共设施的建设，还应该重视社会资本的参与，使社会资本成为基础设施建设重要的资金来源。

（三）欠发达地区城镇基本公共服务的城市化水平建设

城市能够聚集大量人口，主要原因在于城市的服务功能完善，包括学校、医院、休闲和购物等。城镇发挥其连接城市与农村的作用，一定要聚集一定规模的人口，包括从农村转移过来的农业剩余劳动力和从城市流入的新型农业经营者等。而城镇能够聚集人口的首要条件是具有与城市相当的服务功能。这个服务功能可以使人们在城镇也具有和在城市同等的机会，享受到现代文明和现代社会生活的气息。

基本公共服务包括基本公共教育服务、基本劳动就业服务、基本社会保险服务、基本医疗卫生服务、基本社会服务、基本住房保障服务、基本公共文化体育服务和残疾人基本公共服务等内容。是由政府主导的、保障全体公民生存和发展的基本需要的、与经济社会发展水平相适应的公共服务。随着新时代的到来，人们对生活质量的要求更高，其中包括更高、更完善和更加公平的基本公共服务为居民提供社会保障网络，这是增强人民在新时代社会经济发展中的获得感、满足感和安全感的必要条件。

作为欠发达地区新型城镇化中农民市民化的重要基地的城镇，其城市化功能建设中就不能缺少基本公共服务建设。城镇居民的基本社会保障从内容看与城市居民享有同等权利，不足之处在于服务水平的落后和低下。由于长期以来的城乡二元分割制度，农民在基本公共服务享受方面与城市和城镇居民存在差异。因此，新时代欠发达地区农民市民化要求城镇城市化过程中的基本公共服务建设主要包括两方面：一是提高基本公共服务水

---

① 《马克思恩格斯全集》第46卷（下），人民出版社1980年版，第16页。

平，如基础教育水平、基本医疗水平；二是消除户籍的二元化制度，使农民也能公平、平等地享受基本公共服务。

基本公共服务与基本公共设施的区别是：基本公共服务属于准公共物品，具有非竞争性和有限的排他性。两者的相同点是供给主体都是政府。基本公共服务的这种特性决定了欠发达地区城镇城市化中基本公共服务建设必须处理好以下两个问题：

第一，政府是基本公共服务的供给主体，就必然涉及财政支出压力。由于欠发达地区经济发展水平的限制，公共服务水平存在不足。仅依靠欠发达地区城镇的财政能力不能为高水平基本公共服务建设提供强有力的资金支持。因此，解决欠发达地区政府财政收支压力，要处理好各地方财政收支关系和中央财政与地方财政之间的关系。例如，东部发达地区社会保障基金有巨大盈余，欠发达地区社会保障基金亏空；中央政府和地方政府的财权及事权的划分使得地方财政用于基本公共服务的资金不足等。在处理好这些关系的前提下，加大转移支付力度，使生活在城镇的人们和市民化后的新市民享有大体相等的生活水平和公共服务。

第二，提高市民化后的农民享受基本公共服务的支付能力。准公共物品需要享用者支付一定的货币，支付的货币越多享用的水平越高。那些没有支付能力的个体就无法享用基本公共服务，如子女的义务教育、基本医疗等。欠发达地区的农民多为贫困人口，市民化以后使他们也有能力支付基本公共服务所需费用，是欠发达地区城镇城市化建设的重点。这就提出享用基本公共服务的"以人民为中心"的理念。不仅要横向公平，更要推进纵向公平。通过财政支持，使成为市民的欠发达地区低收入者也能享受基本公共服务。

第八章

欠发达地区以企业为主体、政府为主导推进新型城镇化

欠发达地区加快城镇化建设，政府和企业都要发挥相应的功能和作用。企业是以利润最大化作为目标的微观个体，其作用重点在于为欠发达地区农业转移人口和农民市民化提供就业机会和岗位。而企业能否发挥相应作用，关键在于欠发达地区的城市和乡村地区是否能满足企业追求利润最大化的需求，以及政府是否发挥积极作用，营造企业进入、成长和发展的环境。

第一节　欠发达地区以企业为主体推进新型城镇化

一、欠发达地区推动企业发展的必要性

1. 农民就业的需要

新型城镇化的重点是市民化，特别是在共同富裕目标的指引下，农村居民也能公平分享时代发展成果，这就要求农民也要市民化。市民化要求获得市民权利并享受市民待遇，其中最为关键的是就业。在社会主义初级阶段，劳动仍然是人们谋生的手段。如果不能有效解决农业转移人口和农村居民市民化所需的就业，则市民化的最终结果是再次进入困境，特别是在城市实现市民化的农业转移人口。企业是市场中重要的微观主体，通过对劳动力、资本、土地等要素的组织为市场提供产品。在新型城镇化中推

进的市民化，包括农业转移人口和现代农业进一步释放的农业劳动力，他们是经济运行中的劳动力资源的重要组成部分。特别是二三产业企业对市民化中的就业具有极大作用，2021 年在第二产业中就业的农民工比重为48.6%，第三产业中就业的农民工比重为 51%。① 因此，企业关系到农业转移人口和农民市民化中就业问题的解决。对于欠发达地区，需要稳定而快速发展新型城镇化，企业的发展决定了新型城镇化的质量。

2. 推动本地经济的需要

企业是市场中重要的主体，以追求利润最大化为目标的微观组织，是创造社会财富的个体。企业发展影响着地方经济增长和经济发展。

首先，企业创造了巨大的社会财富。企业创造社会财富的机制在于通过对要素的组织和管理并提高要素生产率，从而在单位时间内生产更多商品，在此基础上推动经济增长。2020 年我国规模以上企业总数量达到399375 个，与 2019 年相比增加了 21560 个；总资产达到 1303499.3 亿元，与 2019 年相比增加了 97630.4 亿元，利润总额达到 68465 亿元，与 2019年的 65799 亿元相比增长了 4%。② 说明企业是创造社会财富的重要主体，企业的发展直接关系到经济增长水平。

其次，企业是创新主体。党的十九大报告提出创新驱动发展战略，企业是实施该战略的重要主体。2020 年规模以上工业企业中具有 R&D 活动的企业个数达到 146691 个，企业用于 R&D 的经费达到 15271.3 亿元（占R&D 经费支出的 63%），专利申请数量为 1243927 件（占专利申请总数的24%）。③ 进一步证明了企业是创新主体，创新驱动需要提高企业创新能力和积极性。

最后，创造税收。税收是筹集资金、调节经营的重要手段，在政府各项税收来源中，企业的税收创造是重要来源之一。2019 年政府各项税收收入总额为 15800.46 亿元，其中企业所得税为 37303.77 亿元，占比 24%。④总规模相当于 2019 年政府用于教育方面财政总支出的规模（34796.94 亿元）。推动企业发展可以稳定和提高政府财政收入，以保证地区城镇化建设的需要得到满足。

---

① 数据来源：《2021 年农民工监测调查报告》。
② 数据来源：《中国统计年鉴》。
③ 数据来源：《中国统计年鉴》。
④ 数据来源：《中国统计年鉴》。

3. 农业转移人口和农民富裕的基础

农业经营收益和工资收入是农民收入的两大来源，随着大量农业剩余劳动力流入城市，工资性收入占比逐渐超过了经营性收入占比。2015年农民的工资性收入占总收入的比重为40.28%，经营性收入占总收入的比重为39.43%。到2019年工资性收入占总收入的比重达到了41.09%，而经营性收入占总收入的比重下降到了35.97%。2020年工资性收入占总收入的比重为40.71%。① 在社会主义初级阶段，劳动仍然是人们谋生的手段，企业发展影响着新型城镇化中农业转移人口和农民的就业质量，也决定了欠发达地区人们富裕程度的提高。

综上所述，欠发达地区加快新型城镇化建设，在新型城镇化中农业转移人口和农民获得市民权利并享受市民待遇，关键是发展企业。

二、欠发达地区推动企业发展的条件

第一，提高有效需求，提高企业数量供给。在经济社会进入新时代，城镇化突出了"以人为核心"、重点是市民化的条件下，需要再一次以提高需求为动力增加企业数量供给，满足市民化对就业的需要。对于欠发达地区，不仅要依靠本土企业的发展，更需要注重吸引发达地区企业的进入。在企业数量增加的过程中，实现农业转移人口和农村居民市民化的就业需求。这就需要提高社会总需求，扩大市场空间，为企业数量提高和企业发展提供市场保证。

第二，提高企业获利能力。推动企业发展、增加农业转移人口和农民的就业数量，需要提高企业获利能力。改革开放以来，我国企业主要集中在制造业，特别是简单加工业领域，其特征是劳动密集型。随着国际市场竞争不断激烈，以及国际环境和国际关系的影响，企业进一步发展的方向是资本和技术密集化。解决的根本途径是提升企业创新能力，提高企业在产业链中的等级和地位。

第三，调整企业在城乡间分布。不同企业的创新能力存在较大差异，并处于产业链的不同环节。为了能够满足在城市市民化和乡村地区市民化的不同区域、不同层次的需要，企业应该根据创新能力和产业地位与环

---

① 数据来源：《中国统计年鉴》。

节，合理分布在城乡不同区域。具体包括：创新能力强、产业链等级高的企业以城市为中心，创新能力弱、产业链等级低的向城市外围分布；企业总部向城市集中，生产环节向城市外围、乡村地区转移。在"乡村振兴"和农业现代化战略下，积极探索乡村地区创业与发展的新领域。

第四，建设乡村投资领域。农业现代化是在土地集中基础上采用现代农业技术和管理技术为生产方式，可以满足城市追求收益最大化的需要。传统农业是在土地分散化经营的基础上，依靠大量劳动力投入获得粮食产量的提高。不仅产品价值量低，而且农民没有市场价格谈判能力，农业经营收益低。现代农业企业化经营、产业链延伸在提高农产品附加值的同时，以组织的形式参与农产品交易，提高了市场谈判地位和能力。现代农业需要投资来驱动，传统农业土地分散化经营不利于现代农业机械的应用，同时农民无力也无意愿对土地追加投资。而现代农业的土地集中和高收益的可获得性可以吸引城市资本进入农业领域，这为吸引其他地区农业企业进入或建立本地企业和发展提供了获利空间。

三、欠发达地区推动企业发展的途径

（一）本地企业发展

第一，国有资本带动私人资本。欠发达地区由于经济发展水平和企业发展环境等因素的制约，企业数量少、规模小、获利能力弱，无法发挥企业在新型城镇化建设中的作用。私人资本分散和规模小，致使私人投资意愿低。在这种条件下，可以选择国有资本带动私人资本。首先，国有资本实力雄厚。在国有资本的带动下，聚集和吸收私人资本，从而形成大规模资本，在规模经营下提高企业规模优势。其次，在国有资本的参与下，可以提高企业创新能力，增强企业竞争优势。最后，在企业发展成熟后，国有资本可以通过转让等多种途径逐渐退出企业。在这种模式下，国有资本的重要作用体现在帮助和扶持私人资本发展。

第二，建设企业联盟。随着市场经济逐渐由市场个体间竞争，转向产业间竞争。企业必须和产业链上各个企业形成有机结合，才能参与到产业间竞争中，才能在激烈竞争中存活。李克（2011）在《中国经济转型产业升级》一书中大量介绍了日本企业发展和产业升级的案例，其中一个重要的方面就是产业链构建，从而提高产业竞争优势。通过产业链构建，使链条上各个企业共同形成了紧密联系的托拉斯组织。欠发达地区提高企业在新型城镇化中的作用，也可以借鉴日本企业发展的基本经验，从而提高竞争优势。[①]

（二）承接发达地区转移的产业

欠发达地区经济发展依赖于产业建设和发展，从发达地区和欠发达地区的产业情况看，欠发达地区的农业比重高于发达地区，工业中高新技术产业发展程度低。而发达地区的产业发展已经进入结构优化与调整的阶段，不断向世界先进技术看齐，在不断转移低端产业。以广西为例，比邻广东，地理位置优越。从其发展条件看，更适合承接广东向外转移的产业。当然，并不排斥广西发展高新技术产业，只是当地的人力资源和土地资源优势更适合承接劳动密集型产业。以这些产业发展带动就业、提高收入，进而促进经济发展。

城市发展具有阶梯性，不同城市发展的路径也会存在差异。这就要求承接产业必须与城市基本情况和产业要求相结合。需要有中心城市和外围城市，中心城市应该以金融等高端服务业和高新技术产业为核心，外围城市则进一步承接发达地区转移的产业。这样就形成了核心城市和功能城市相互促进的格局，提高欠发达地区的经济发展质量和发展速度。

总之，欠发达地区的经济发展水平滞后，不能给要求市民化的人口提供更好的生活条件和生活保障，更不能有效地促进人的发展。所以通过城市和乡村同步发展，承接发达地区产业，促进经济发展，为市民化奠定坚实的经济基础。

欠发达地区要把小城镇作为农民市民化的阵地，不仅要使小城镇具有城市功能，还要有产业建设。有了产业才能使农民转变为城镇居民后有就业机会，提高收入和生活质量。而欠发达地区本身产业发展滞后、产业结构没有得到优化，建设和发展产业的能力非常薄弱，可以通过承接发达地区的产业转移实现产业建设，尤其是生产环节的转移。这是因为欠发达地区的土地成本和人力成本低于发达地区。在城镇城市功能建设的基础上，可以为转移产业提供交通便利、设施便利和服务便利的条件。一方

---

① 这里需要强调的是，《反垄断法》不是反垄断组织，而是反垄断组织的垄断行为。

面，转移的产业提高了利润水平；另一方面，解决了欠发达地区农民就业问题。

以广西贺州为例，贺州距离广州仅1个小时30分钟的动车车程。两地居民相互交流较多，交通便利。贺州在发展城乡融合过程中就可以通过城镇城市功能建设吸引广东产业向贺州转移。马克思从分工、地域和协调等角度论证了产业在城乡间和地区间的发展。通过两大部类按比例生产分析了两大部类的补偿关系和平衡关系。贺州市是一个农业为基础的城市，农业是主要的产业，而广东的二三产业发达，这就为贺州市参与到两广区域经济，并与广东二三产业协调发展提供了两大部类的平衡基础。与此同时，广东产业中加工制造业比重较高。这些产业的发展，一方面，需要与原料地靠近，马克思指出，"资本主义生产越发达，因而，由机器等组成的不变资本部分突然增加和持续增加的手段越多，积累越快（特别是在繁荣时期），机器和其他固定资本的相对生产过剩也就越严重，植物性原料和动物性原料的相对生产不足也就越频繁"[1]；另一方面，需要降低人力和土地成本，特别是土地成本。马克思指出："土地价格对生产者来说是成本价格的因素。"[2] "会加到工厂主的个别成本价格上。"[3] 所以，厂房租金已经构成了加工制造业的成本瓶颈。促进发达地区产业向欠发达地区转移，是欠发达地区加快新型城镇化的基本方式。

（三）构建城乡一体的市场体系

引入发达地区资本和推动本地区企业发展，需要构建城乡一体的市场体系。本书认为，构建城乡一体的市场体系需要以现代农业为基础，在此基础上建设乡村地区的商品市场、要素市场、产权市场等，充分发挥市场机制的作用。

首先，农业现代化是在土地集中基础上采用现代农业技术和管理技术为生产方式，可以满足城市追求收益最大化的需要。传统农业是在土地分散化经营的基础上，依靠大量劳动力投入获得粮食产量的提高。不仅产品价值量低，而且农民没有市场价格谈判能力，农业经营收益低。现代农业企业化经营、产业链延伸在提高农产品附加值的同时，以组织的形式参与

---

① 《资本论》第3卷，人民出版社2004年版，第135页。
② 《资本论》第3卷，人民出版社2004年版，第915页。
③ 《资本论》第3卷，人民出版社2004年版，第729页。

农产品交易，提高了市场谈判地位和能力。现代农业需要投资来驱动，传统农业土地分散化经营不利于现代农业机械的应用，同时，农民无力也无意愿对土地追加投资。而现代农业的土地集中和高收益的可获得性可以吸引城市资本进入农业领域，这就是现代农业对城市要素的吸引。

其次，农业现代化企业化经营能够适应市场机制要求，有利于构建城乡一体化的市场机制。农业现代化在微观层面上表现为现代农业的企业化运作，使现代农业经营者真正成为自主经营、自负盈亏，享有民事权利、承担民事责任的法人实体。在不断参与市场竞争的过程中，形成自我激励与约束机制，实现农业生产和经营中的创新。会对市场的价格信号做出灵敏、强烈的反应，把生产要素投向获得最大经济利益的地方，从而在客观上促使社会资源的配置趋向合理。因此，只有在农业现代化基础上才能构建城乡一体的市场机制。

第二节　地方政府主导、中央政府支持
推进新型城镇化

一、政府与市场的关系

在明确了政府、企业和个人的功能和作用后，欠发达地区推进市民化进程就需要在市场经济环境中完成。即无论是在城市还是在乡村地区，农业转移人口和农民的微观经济活动要受到市场机制的调节。然而，更好地发挥市场的决定性作用，就涉及政府和市场的关系。

政府与市场的关系主要分为以下几类：弱政府与强市场、强政府与弱市场、强政府与强市场。其中，强政府与弱市场主要体现在我国社会主义市场经济体制建立初期，由于市场经济体系等建立不完善和公有制企业占绝对优势的内涵界定，决定了资源配置中的强政府与弱市场的关系，政府无论是在微观经济活动还是在宏观经济管理中都进行了直接的干预。而弱政府与强市场的典型代表是西方发达国家，尤其是美国市场经济中政府与市场的关系最为显著。其理论依据是，新自由主义经济学和西方文化中政府是"合法的暴力"的唯一垄断者，因此，政府以市场的"守夜人"身份成为市场主体。

根据西方经济理论可知，强政府和强市场是不可以同时存在的，然而，我国经济建设实践证明了两者不矛盾。中国特色社会主义政治经济学从理论方面也给予了系统的理论阐释。实践证明，市场经济是最有效率的经济形式，以追求收益最大化为目标的市场主体在价格机制、竞争机制和供求机制作用下能够有效配置资源并提高效率。党的十四大报告确定建立社会主义市场经济以后，我国的市场经济实现了从无到有，从不完善到完善。市场经济不仅滋养了非公有制经济，还实现了与公有制经济的融合。党的十九届四中全会将社会主义市场经济由体制上升为制度，说明了社会主义可以实行市场经济，而且还能更好地发挥市场经济的作用。作为制度而长期坚持的市场经济必须在资源配置中起决定性作用，这就是强市场。社会主义的本质是解放生产力，发展生产力，消灭剥削，消除两极分化，最终达到共同富裕。公有制经济在保证社会主义发展方向和目标方面起着关键作用。公有制经济是人民共同占有生产资料，政府代表人民对其进行管理。因此，保证社会主义发展方向和目标的实现，必须保证公有制经济的主体地位，这就决定了强政府的存在。强政府与强市场的并存不会出现矛盾的关系，正确处理政府与市场的关系，本质就是解决政府与市场的边界问题，也就是哪些领域政府要强，哪些领域市场要强。只有明确划分了政府要发挥强作用的领域，才能明确强市场的作用领域，凡是政府发挥强作用的领域之外，都是市场起决定性作用的领域。

欠发达地区城镇化发展滞后，乡村地区的市场化程度不高、市场体系不完善。实践证明，市场是最有效率的资源配置方式，欠发达地区市场化水平低制约了本地区企业的发展，也影响了发达地区企业的流入。因此，在欠发达地区加快"以人为核心"的新型城镇化，要先发挥政府的积极作用。在政府营造良好的市场环境、营商环境等条件下，才能使市场发挥决定性作用，才能使本地企业得到发展并吸引发达地区企业的进入，为市民化的个人提供稳定的就业机会。

二、欠发达地区新型城镇化建设需要政府发挥积极作用

欠发达地区经济发展滞后、城镇化水平低、农业转移人口和农村居民

不能享受市民待遇。加快新型城镇化建设需要政府发挥积极作用，主要原因在于：

第一，户籍和基本公共服务制度由二元向一元转变。个别地区在试行取消二元户籍制度，但是二元分割的户籍制度从整体上没有得到改变，特别是与户籍制度相挂钩的基本公共服务相关制度没有被彻底消除。

第二，城乡对立。随着经济社会进入新时代，城市现代化和农村滞后并存，城乡收入差距不但没有缩小，还有扩大趋势。这就进一步促使大量农业转移劳动力向城市流入，通过流入城市试图改变生活状况。

第三，农业生产方式落后。农业是农村的基础产业，也是农民就业的主要领域。农业生产方式落后，既不能推动农村经济发展，也不能改变农民在生活水平、生活方式等方面与城镇居民的差距。

第四，乡村地区基础设施供给不足。基础设施建设关系到人民生活条件，也关系到能否为生产提供便利条件。城镇基础设施建设供给不足，制约了城镇对城市产业的承接能力。农村基础设施落后降低了农民的生活条件，如道路条件、垃圾处理等。

欠发达地区在新型城镇化建设中发挥企业的主体作用，需要为企业发展提供必要的条件和环境。仅仅依靠市场自身的运行，无法解决上述问题，必须发挥政府的积极作用。

三、地方政府主导、中央政府支持推进新型城镇化建设

欠发达地区加快"以人为核心"的新型城镇化研究，需要通过地方政府主导、中央政府支持的模式，发挥政府的积极作用。

（一）地方政府发挥积极作用的领域

第一，户籍和基本公共服务制度一元化。马克思在论述市民社会时指出市民社会的发展需要国家保障和支持。从市民社会的角度看，市民化就是将过去城市居民的市民社会和农村居民的市民社会统一为一个具有共同特征、共同权利的市民社会。过去为了消除城市化和工业化发展的人口压力而制定的二元化户籍制度和基本公共服务制度，现在需要政府通过公平、正义原则加以消除，构建城乡统一的户籍制度和基本公共服务制度。

第二，乡村市场机制的建设。党的十九届四中全会提出了建设高标准

的市场体系的要求和目标。而高标准的市场体系不仅表现为高水平的劳动市场、产品市场和资本市场等，还表现为市场体制在城乡间的一体化，这就要求乡村地区进行市场经济建设。家庭联产承包责任制的建立，在一定程度上遵循了市场的三大机制。但是小农经济本身和市场经济是相对立的，发展农村和农业，提高乡村地区经济水平，必须改变乡村的经济运行方式。因此，推动建设高标准市场体系需要政府发挥强有力的作用。

第三，农业生产方式的转变。农业生产方式转变和土地制度是紧密相关的，不同土地制度下的生产方式存在巨大差异。社会主义制度的重要特征是生产资料共同占有，在农村表现为农地归集体所有。家庭联产承包责任制在坚持土地集体所有的前提下，赋予了农民对土地的承包经营权。农民在各自承包地上自主经营，充分调动了其积极性。随着城市不断现代化和市场经济体制的成熟，原有的土地制度已经不能适应现代化的发展要求了，必须对农地制度进行再次改革和创新。农地的"三权分置"改革就是在这样的背景下进行的，是政府发挥积极作用的体现。需要政府进一步在"三权分置"中正确处理集体、农户和农业经营者的关系，促进土地集中，实现农业现代化。

第四，提高乡村地区的基础设施和基本公共服务供给。城镇连接着城市和农村，城镇城市化建设是使城镇成为市民化阵地的前提条件。基础设施是经济建设不可或缺的基本条件，城镇的基础设施不完善将会导致交易成本增加和居民生活条件差，从而也不利于集中城市转移的产业，更不利于人口集中。基本公共服务直接关系到人们的生活质量，是市民权利的重要体现。城镇城市化建设还包括城镇的基本公共服务供给，要集中优质的教育、医疗资源，满足人们对个人发展的需要，以良好的养老保险服务供给转嫁人们生产和生活中的风险。

（二）中央政府的支持

第一，财政支持。从以上分析可以看出，地方政府需要加大基本公共服务建设、基础设施建设，特别是乡村地区的基本公共服务和基础设施建设。基本公共服务和基础设施具有公共物品或准公共物品的性质，决定了这些建设的经费来源主要是政府的财政支出。通过对欠发达地区和发达地区市民化成本的分析可知，欠发达地区财政收支能力弱，无法依靠自身财政收入建设完善的基本公共服务和基础设施。这就需要中央政府从整体层面调节税收在各地区之间的平衡，增加对欠发达地区政府的财政支持。通过中央政府的财政支持，提高地方政府加大基本公共服务和基础设施建设的能力。

第二，政策支持。自国家提出西部大开发战略以来，中央政府出台了一系列相关政策，支持西部欠发达地区的发展。欠发达地区仍然需要中央政府增加相关的政策支持，尤其是在经济社会发展进入新时代后，人才成为创新驱动的核心要素。从发达地区与欠发达地区城镇化建设的比较中发现，欠发达地区人才供给不足，流入的人才数量少。因此，欠发达地区在推动新型城镇化发展过程中，需要中央政府制定人才输入的支持政策。

第三，战略支持。党的十九大报告提出，要以"一带一路"建设为重点，推动形成全面开放新格局。各个地区基本建立了适应自身发展所需的"一带一路"建设体系。然而，仍缺少地区之间的战略协调合作。在国家不断推进京津冀、长江经济带等经济区域建设条件下，欠发达地区也需要中央政府构建区域一体化框架，使欠发达地区能够在大区域范围内协调发展、提高经济发展能力。

通过以上途径，在发挥地方政府推进新型城镇化建设的主导作用的同时，中央政府通过财政、政策、战略等方式加大了对欠发达地区的支持。使欠发达地区"以人为核心"的新型城镇化建设得到快速发展，最终使更多人口在城镇化发展中分享时代发展成果。

参考文献

[1] Abu-Lughod J. L. , "Urbanization in Egypt: Present State and Future Prospects", *Economic Development and Cultural Change*, Vol. 13, No. 3, 1965.

[2] Anderson N. , "Urbanism and Urbanization", *American Journal of Sociology*, Vol. 65, No. 1, 1959.

[3] Angotti T. , "Latin American Urbanization and Planning: Inequality and Unsustainability in North and South", *Latin American Perspectives*, Vol. 23, No. 4, 1996.

[4] Baltzell E. D. , "Urbanization & Governmental Administration in Lower Bucks County", *Social Problems*, Vol. 2, No. 1, 1954.

[5] Belokrenitsky V. , "The Urbanization Processes and the Social Structure of the Urban Population in Pakistan", *Asian Survey*, Vol. 14, No. 3, 1974.

[6] Brueckner J. K. , "Analyzing Third World Urbanization: A Model with Empirical Evidence", *Economic Development and Cultural Change*, Vol. 38, No. 3, 1990.

[7] Brutzkus E. , "Centralized versus Decentralized Pattern of Urbanization in Developing Countries: An Attempt to Elucidate a Guideline Principle", *Economic Development and Cultural Change*, Vol. 23, No. 4, 1975.

[8] Carnahan D. , W. Gove, O. R. Galle, "Urbanization, Population Density, and Overcrowding: Trends in the Quality of Life in Urban America", *Social Forces*, Vol. 53, No. 1, 1974.

[9] Clark C. D. , "Some Indices of Urbanization in Two Connecticut Rural Towns", *Social Forces*, Vol. 9, No. 3, 1931.

[10] Clinard M. B. , "The Process of Urbanization and Criminal Behavior", *American Journal of Sociology*, Vol. 48, No. 2, 1942.

〔11〕 Davis K. , H. H. Golden, "Urbanization and the Development of Pre-Industrial Areas", *Economic Development and Cultural Change*, Vol. 3, No. 1, 1954.

〔12〕 Davis K. , "The Origin and Growth of Urbanization in the World", *American Journal of Sociology*, Vol. 60, No. 5, 1955.

〔13〕 Evers H. , "The Formation of a Social Class Structure: Urbanization, Bureaucratization and Social Mobility in Thailand", *American Sociological Review*, Vol. 31, No. 4, 1966.

〔14〕 Firebaugh G. , "Structural Determinants of Urbanization in Asia and Latin America, 1950 - 1970", *American Sociological Review*, Vol. 44, No. 2, 1979.

〔15〕 Gee W. , "The Effects of Urbanization on Agriculture", *Southern Economic Journal*, Vol. 2, No. 1, 1935.

〔16〕 Gerchenkron A. , Economic Backwandness in Historical Perspective, Cambridge, Hanband University Press, 1962.

〔17〕 Gibbs J. , Martin W. T. , "Urbanization, Technology, and the Division of Labor: International Patterns", *American Sociological Review*, Vol. 27, No. 5, 1962.

〔18〕 Goldstein G. , "Urbanization, Health and Well - Being: A Global Perspective", *Journal of the Royal Statistical Society. Series D (The Statistician)*, Vol. 39, No. 2, 1990.

〔19〕 Gottmann J. , "Megalopolis or the Urbanization of the Northeastern Seaboard", *Economic Geography*, Vol. 33, No. 3, 1957.

〔20〕 Henderson V. , "Urbanization in Developing Countries", *The World Bank Research Observer*, Vol. 17, No. 1, 2002.

〔21〕 Horlick A. S. , "Phrenology and the Social Education of Young Men", *History of Education Quarterly*, Vol. 11, No. 1, 1971.

〔22〕 Hudson J. C. , "Diffusion in a Central Place System", *Geographical Analysis*, Vol. 1, No. 1, 1969.

〔23〕 Jaffe A. J. , "Urbanization and Fertility", *American Journal of Sociology*, Vol. 48, No. 1, 1942.

〔24〕 John R. H. , Todaro M. P. , "Migration, Unemployment and Development：A Two-Sector Analysis"，*American Economic Review*，Vol. 60，1970.

［25］Jones G. W.，"Urbanization Trends in Southeast Asia：Some Issues for Policy"，*Journal of Southeast Asian Studies*，Vol. 19，No. 1，1988.

［26］Joppke C.，"Transformation of Immigrant Integration：Civic Integration and Antidiscrimination in the Netherlands，France，and Germany"，*World Politics*，Vol. 59，No. 2，2007.

［27］Kinneman J. A.，"Urbanization as Measured by Hospitalization"，*American Sociological Review*，Vol. 5，No. 5，1940.

［28］Kornhauser D. H.，"Urbanization and Population Pressure in Japan"，*Pacific Affairs*，Vol. 31，No. 3，1958.

［29］Krugman P，Geofraphy and Trade，The MIT Press，1991：55-76.

［30］Linn J. F.，"The Costs of Urbanization in Developing Countries"，*Economic Development and Cultural Change*，Vol. 30，No. 3，1982.

［31］Lloyd R.，"Urbanization and the Southern United States"，*Annual Review of Sociology*，Vol. 38，2012.

［32］Mabogunje A. L.，"Urbanization in Nigeria. A Constraint on Economic Development"，*Economic Development and Cultural Change*，Vol. 13，No. 4，1965.

［33］Manshall A.，*Principless of Economics：An Introductory Volyme*，Macmillan，1920.

［34］McKee D. L.，W. H. Leahy，"Urbanization，Dualism and Disparities in Regional Economic Development"，*Land Economics*，Vol. 46，No. 1，1970.

［35］Milone P. D.，"Contemporary Urbanization in Indonesia"，*Asian Survey*，Vol. 4，No. 8，1964.

［36］Morse R. M.，"Recent Research on Latin American Urbanization：A Selective Survey with Commentary"，*Latin American Research Review*，Vol. 1，No. 1，1965.

［37］Motamed M. J.，R. J. G. Florax，W. A. Masters，"Agriculture，Transportation and the Timing of Urbanization：Global Analysis at the Grid Cell Level"，*Journal of Economic Growth*，Vol. 19，No. 3，2014.

［38］Murray C.，"Displaced Urbanization：South Africa's Rural Slums"，*African Affairs*，Vol. 86，No. 344，1987.

［39］Ofer G.，"Industrial Structure，Urbanization，and the Growth

Strategy of Socialist Countries", *The Quarterly Journal of Economics*, Vol. 90, No. 2, 1976.

［40］Ohlin B., Interregional and International Trade. *Harvard University Press*, Cambridge, 1933.

［41］Park R. E., "Urbanization as Measured by Newspaper Circulation", *American Journal of Sociology*, Vol. 35, No. 1, 1929.

［42］Pedersen P. O., "Innovation Diffusion within and between National Urban Systems", *Geographical Analysis*, Vol. 2, No. 3, 1970.

［43］Richardson H. W., "The Costs of Urbanization: A Four - Country Comparison", *Economic Development and Cultural Change*, Vol. 35, No. 3, 1987.

［44］Rimmer P. J., G. C. H. Cho, "Urbanization of the Malays since Independence: Evidence from West Malaysia, 1957 and 1970", *Journal of Southeast Asian Studies*, Vol. 12, No. 2, 1981.

［45］Roberts B. R., "Urbanization, Migration, and Development", *Sociological Forum*, Vol. 4, No. 4, 1989.

［46］Robinson A. J., "Regionalism and Urbanization in Australia: A Note on Locational Emphasis in the Australian Economy," *Economic Geography*, Vol. 39, No. 2, 1963.

［47］Schnore L. F., "The Statistical Measurement of Urbanization and Economic Development", Land Economics, Vol. 37, No. 3, 1961.

［48］Sovani N. V., "The Analysis of 'Over-Urbanization,"*Economic Development and Cultural Change*, Vol. 12, No. 2, 1964.

［49］Todaro M. P., J. Stilkind, *City Bias and Rural Neglect: The Dilemms of Urban Development*, New York: The Population Council, Inc., 1981.

［50］Todaro M. P., "Model of Labor Migration and Unemployment in Less Developed Countries", *American Economic Review*, Vol. 59, No. 1, 1969.

［51］Voyer R. A., C. Pesch, "New Bedford, Massachusetts: A Story of Urbanization and Ecological Connections", *Environmental History*, Vol. 5, No. 3, 2000.

［52］巴曙松、王劲松、李琦：《从城镇化角度考察地方债务与融资模式》，《中国金融》2011年第19期。

［53］蔡继明：《乡村振兴战略应与新型城镇化同步推进》，《人民论坛·学术前沿》2018 年第 10 期。

［54］曹文莉、张小林、潘义勇等：《发达地区人口、土地与经济城镇化协调发展度研究》，《中国人口·资源与环境》2012 年第 2 期。

［55］曹裕、陈晓红、马跃如：《城市化、城乡收入差距与经济增长——基于我国省级面板数据的实证研究》，《统计研究》2010 年第 3 期。

［56］陈丹、张越：《乡村振兴战略下城乡融合的逻辑、关键与路径》，《宏观经济管理》2019 年第 1 期。

［57］陈凤桂、张虹鸥、吴旗韬等：《我国人口城镇化与土地城镇化协调发展研究》，《人文地理》2010 年第 5 期。

［58］崔许峰：《民族地区的人口城镇化与土地城镇化：非均衡性与空间异质性》，《中国人口·资源与环境》2014 年第 8 期。

［59］丁萌萌、徐滇庆：《城镇化进程中农民工市民化的成本测算》，《经济学动态》2014 年第 2 期。

［60］樊纲、马蔚华：《农业转移人口市民化与中国产业升级》，中国经济出版社 2013 年版。

［61］范虹珏、刘祖云：《中国城镇化空间发展态势研究——基于人口、土地、经济城镇化协调发展的视角》，《内蒙古社会科学（汉文版）》2014 年第 1 期。

［62］范进、赵定涛：《土地城镇化与人口城镇化协调性测定及其影响因素》，《经济学家》2012 年第 5 期。

［63］方大春、张凡：《城市化、人口集中度与经济增长——基于空间动态面板模型的实证分析》，《经济经纬》2017 年第 1 期。

［64］费孝通：《论中国小城镇的发展》，《中国农村经济》1996 年第 3 期。

［65］付伟：《城乡融合发展进程中的乡村产业及其社会基础——以浙江省 L 市偏远乡村来料加工为例》，《中国社会科学》2018 年第 6 期。

［66］葛涛、李金叶：《城镇化、教育投入的经济增长效应研究》，《工业技术经济》2018 年第 2 期。

［67］辜胜阻、曹冬梅、韩龙艳：《"十三五"中国城镇化六大转型与健康发展》，《中国人口·资源与环境》2017 年第 4 期。

［68］辜胜阻、曹誉波、李洪斌：《激发民间资本在新型城镇化中的投

资活力》，《经济纵横》2014 年第 9 期。

［69］辜胜阻、刘江日：《城镇化要从"要素驱动"走向"创新驱动"》，《人口研究》2012 年第 6 期。

［70］顾忠华：《韦伯学说》，广西师范大学出版社 2004 年版。

［71］关凤利、孟宪生：《我国农业转移人口就业转型的对策建议》，《经济纵横》2017 年第 1 期。

［72］国务院发展研究中心课题组：《农民工市民户制度创新与顶层政策设计》，中国发展出版社 2011 年版。

［73］韩立达、谢鑫：《变"权"为"利"，突破农业转移人口市民化私人成本障碍》，《理论与改革》2015 年第 1 期。

［74］何春、刘荣增：《教育扩展与教育分化对城镇相对贫困的影响研究》，《华中科技大学学报（社会科学版）》2021 年第 2 期。

［75］洪银兴：《城市功能意义的城市化及其产业支持》，《经济学家》2003 年第 2 期。

［76］洪银兴：《从四个领域出发全面实现经济现代化》，《新华日报》2018 年 1 月 3 日第 13 版。

［77］洪银兴、刘志彪：《三农现代化的现代途径》，经济科学出版社 2009 年版。

［78］洪银兴：《三农现代化途径研究》，《经济学家》2009 年第 1 期。

［79］洪银兴、王荣：《农地"三权分置"背景下的土地流转研究》，《管理世界》2019 年第 10 期。

［80］洪银兴：《新阶段城镇化的目标和路径》，《经济学动态》2013 年第 7 期。

［81］洪银兴：《新时代社会主义现代化的新视角——新型工业化、信息化、城镇化、农业现代化的同步发展》，《南京大学学报（哲学·人文科学·社会科学）》2018 年第 2 期。

［82］洪银兴：《新时代现代化理论的创新》，《经济研究》2017 年第 11 期。

［83］洪银兴、杨玉珍、王荣：《城镇化新阶段：农业转移人口和农民市民化》，《经济理论与经济管理》2021 年第 1 期。

［84］洪银兴：《以三农现代化补"四化"同步的短板》，《经济学动态》2015 年第 2 期。

[85] 胡鞍钢：《城市化是今后中国经济发展的主要推动力》，《中国人口科学》2003 年第 6 期。

[86] 胡秋阳：《农民工市民化对地方经济的影响——基于浙江 CGE 模型的模拟分析》，《管理世界》2012 年第 3 期。

[87] 黄瑛、张伟：《大都市地区县域城乡空间融合发展的理论框架》，《现代城市研究》2010 年第 10 期。

[88] 纪玉俊、郝婷婷：《民族地区制造业集聚与城镇化的互动效应》，《中南民族大学学报（人文社会科学版）》2021 年第 3 期。

[89] 简新华、罗钜钧、黄锟：《中国城镇化的质量问题和健康发展》，《当代财经》2013 年第 9 期。

[90] 雷潇雨、龚六堂：《基于土地出让的工业化与城镇化》，《管理世界》2014 年第 9 期。

[91] 李国平：《质量优先、规模适度：新型城镇化的内涵》，《探索与争鸣》2013 年第 11 期。

[92] 李克：《中国经济转型产业升级》，北京理工大学出版社 2011 年版。

[93] 李兰冰、刘秉镰：《“十四五”时期中国区域经济发展的重大问题展望》，《管理世界》2020 年第 5 期。

[94] 李练军：《新生代农民工融入中小城镇的市民化能力研究——基于人力资本、社会资本与制度因素的考察》，《农业经济问题》2015 年第 9 期。

[95] 李璐：《经济波动与最优城镇化水平和速度研究》，《中国人口·资源与环境》2016 年第 3 期。

[96] 李梦娜：《新型城镇化与乡村振兴的战略耦合机制研究》，《当代经济管理》2019 年第 5 期。

[97] 李强、陈宇琳、刘精明：《中国城镇化“推进模式”研究》，《中国社会科学》2012 年第 7 期。

[98] 李青、魏义方、何彦仪：《农业转移人口市民化对迁入地财政的影响——基于江苏省“十三五”新型城镇化背景的评估》，《宏观经济研究》2020 年第 1 期。

[99] 林娣：《新生代农民工市民化的社会资本困境与出路》，《社会科学战线》2014 年第 6 期。

［100］林李月、朱宇、柯文前：《城镇化中后期中国人口迁移流动形式的转变及政策应对》，《地理科学进展》2020年第12期。

［101］刘林平：《制造业从业农民工的现状与变化趋势》，《人民论坛》2020年第9期。

［102］刘守英：《"城乡中国"比"城市化"更符合当前的阶段定位》，《社会科学报》2018年12月20日第3版。

［103］刘守英、王一鸽：《从乡土中国到城乡中国——中国转型的乡村变迁视角》，《管理世界》2018年第10期。

［104］刘易斯：《无限劳动供给下的经济发展》，载外国经济学说研究会《现代国外经济学论文选》第八辑，商务印书馆1984年版。

［105］刘志彪：《从后发到先发：关于实施创新驱动战略的理论思考》，《产业经济研究》2011年第4期。

［106］吕炜、王伟同：《从均等化、一体化到市民化——市民化改革的逻辑梳理与政策解读》，《经济学动态》2013年第1期。

［107］罗小龙、田冬、杨效忠：《快速城市化进程中的人口流出地乡村社会变迁研究——对山西省中部地区的实证研究》，《地理科学》2012年第10期。

［108］罗伊·普罗斯特曼、李平、蒂姆·汉斯达德：《中国农业的规模经营：政策适当吗》，《中国农村观察》1996年第6期。

［109］《马克思恩格斯全集》第19卷，人民出版社1956年版。

［110］《马克思恩格斯全集》第1卷，人民出版社1956年版。

［111］《马克思恩格斯全集》第20卷，人民出版社1956年版。

［112］《马克思恩格斯全集》第23卷，人民出版社1956年版。

［113］《马克思恩格斯全集》第24卷，人民出版社1956年版。

［114］《马克思恩格斯全集》第25卷，人民出版社1956年版。

［115］《马克思恩格斯全集》第2卷，人民出版社1956年版。

［116］《马克思恩格斯全集》第3卷，人民出版社1956年版。

［117］《马克思恩格斯全集》第42卷，人民出版社1979年版。

［118］《马克思恩格斯全集》第46卷（下），人民出版社1956年版。

［119］《马克思恩格斯全集》第4卷，人民出版社1956年版。

［120］《马克思恩格斯全集》第5卷，人民出版社1956年版。

［121］《马克思恩格斯全集》第8卷，人民出版社1956年版。

［122］《马克思恩格斯文集》第 1 卷，人民出版社 2009 年版。

［123］《马克思恩格斯文集》第 2 卷，人民出版社 2009 年版。

［124］《马克思恩格斯文集》第 3 卷，人民出版社 2009 年版。

［125］《马克思恩格斯文集》第 5 卷，人民出版社 2009 年版。

［126］《马克思恩格斯文集》第 8 卷，人民出版社 2009 年版。

［127］《马克思恩格斯选集》第 1 卷，人民出版社 1972 年版。

［128］《马克思恩格斯选集》第 2 卷，人民出版社 1972 年版。

［129］《马克思恩格斯选集》第 3 卷，人民出版社 1995 年版。

［130］［美］M. P. 托达罗：《第三世界的经济发展》，于同申译，中国人民大学出版社 1988 年版。

［131］［美］西奥多·W. 舒尔茨：《改造传统农业》，梁小民译，商务印书馆 2006 年版。

［132］［美］亚历山大·格申克龙：《经济落后的历史透视》，张凤林译．商务印书馆 2012 年版。

［133］孟望生、张扬：《自然资源禀赋、技术进步方式与绿色经济增长——基于中国省级面板数据的经验研究》，《资源科学》2020 年第 12 期。

［134］齐嘉楠等：《农业人口流出行为、意愿与新型城镇化路径研究》，《人口与社会》2019 年第 4 期。

［135］钱丽、陈忠卫、肖仁桥：《中国区域工业化、城镇化与农业现代化耦合协调度及其影响因素研究》，《经济问题探索》2012 年第 11 期。

［136］钱忠好、冀县卿：《中国农地流转现状及其政策改进——基于江苏、广西、湖北、黑龙江四省（区）调查数据的分析》，《管理世界》2016 年第 2 期。

［137］［日］速水佑次郎、［美］弗农·拉坦：《农业发展的国际分析》，郭熙保、张进铭译．中国社会科学出版社 2000 年版。

［138］申兵：《"十二五"时期农民工市民化成本测算及其分担机制构建——以跨省农民工集中流入地区宁波市为案例》，《城市发展研究》2012 年第 1 期。

［139］申兵：《我国农民工市民化问题研究》，中国计划出版社 2013 年版。

［140］石奇、张继良：《区际产业转移与欠发达地区工业化的协调性》，《产业经济研究》2007 年第 1 期。

[141] 宋丽敏：《城镇化会促进产业结构升级吗？——基于 1998—2014 年 30 省份面板数据实证分析》，《经济问题探索》2017 年第 8 期。

[142] 苏红键、魏后凯：《改革开放 40 年中国城镇化历程、启示与展望》，《改革》2018 年第 11 期。

[143] 苏红键、魏后凯：《中国城镇化进程中资源错配问题研究》，《社会科学战线》2019 年第 10 期。

[144] 粟娟、孔祥利：《基于城乡消费差异的农民工市民化动态分析》，《财经理论与实践》2013 年第 3 期。

[145] 孙叶飞、夏青、周敏：《新型城镇化发展与产业结构变迁的经济增长效应》，《数量经济技术经济研究》2016 年第 11 期。

[146] 孙中博：《城镇化建设与新生代农民工返乡创业的双螺旋耦合研究》，《东北师大学报（哲学社会科学版）》2017 年第 4 期。

[147] 孙中伟：《农民工大城市定居偏好与新型城镇化的推进路径研究》，《人口研究》2015 年第 5 期。

[148] 谭崇台：《发展经济学》，上海人民出版社 1993 年版。

[149] 唐宇娣、朱道林、程建等：《人地挂钩视角下人口与土地城镇化协调发展关系研究——以长江经济带上游地区为例》，《长江流域资源与环境》2020 年第 2 期。

[150] 涂丽、乐章：《城镇化与中国乡村振兴：基于乡村建设理论视角的实证分析》，《农业经济问题》2018 年第 11 期。

[151] 王博雅、张车伟、蔡翼飞：《特色小镇的定位与功能再认识——城乡融合发展的重要载体》，《北京师范大学学报（社会科学版）》2020 年第 1 期。

[152] 王国刚：《城镇化：中国经济发展方式转变的重心所在》，《经济研究》2010 年第 12 期。

[153] 王绍芳、王岚、石学军：《关注就业技能提升对新生代农民工市民化的重要作用》，《经济纵横》2016 年第 8 期。

[154] 王婷：《中国城镇化对经济增长的影响及其时空分化》，《人口研究》2013 年第 5 期。

[155] 王玉虎、张娟：《乡村振兴战略下的县域城镇化发展再认识》，《城市发展研究》2018 年第 5 期。

[156] 王振坡、游斌、王丽艳：《论新型城镇化进程中的金融支持与

创新》，《中央财经大学学报》2014 年第 12 期。

[157] 王政武：《基于现代农业支撑的广西新型城镇化发展路径探析》，《广西社会科学》2015 年第 3 期。

[158] 王竹林：《农民工市民化的资本困境及其缓解出路》，《农业经济问题》2010 年第 2 期。

[159] 魏君英、韩丽艳：《农村人口结构变化对农作物种植结构的影响——基于中国粮食主产区面板数据的全面 FGSL 估计》，《农村经济》2019 年第 3 期。

[160] 温涛、陈一明：《社会金融化能够促进城乡融合发展吗？——来自中国 31 个省（自治区、直辖市）的实证研究》，《西南大学学报（社会科学版）》2020 年第 2 期。

[161] 文军：《回到"人"的城市化：城市化的战略转型与意义重建》，《探索与争鸣》2013 年第 1 期。

[162] 吴祖泉、王德、朱玮：《就业视角的农民工市民化过程考察——基于上海的个案研究》，《城市发展研究》2015 年第 6 期。

[163] 夏春萍、刘文清：《农业现代化与城镇化、工业化协调发展关系的实证研究——基于 VAR 模型的计量分析》，《农业技术经济》2012 年第 5 期。

[164] 夏后学、谭清美、吴六三：《新型城镇化与人的全面发展实现相互协调了吗？——基于人的物质水平改善视角》，《农业经济问题》2016 年第 1 期。

[165] 谢呈阳、胡汉辉、周海波：《新型城镇化背景下"产城融合"的内在机理与作用路径》，《财经研究》2016 年第 1 期。

[166] 谢锐、陈严、韩峰等：《新型城镇化对城市生态环境质量的影响及时空效应》，《管理评论》2018 年第 1 期。

[167] 谢小平、王贤彬：《城市规模分布演进与经济增长》，《南方经济》2012 年第 6 期。

[168] 谢勇、周润希：《农民工的返乡行为及其就业分化研究》，《农业经济问题》2017 年第 2 期。

[169] 新玉言：《新型城镇化理论发展与前景透析》，国家行政学院出版社 2013 年版。

[170] 徐维祥、舒季君、唐根年：《中国工业化、信息化、城镇化和

农业现代化协调发展的时空格局与动态演进》，《经济学动态》2015 年第
1 期。

［171］颜军：《对习近平关于人民美好生活重要论述的深入思考》，
《科学社会主义》2020 年第 2 期。

［172］杨浩勃：《城镇化建设中的社区治理：深圳宝安区的经验》，
《中国行政管理》2016 年第 3 期。

［173］杨华磊、沈盈希、谢琳：《城镇化、生育水平下降与经济增
长》，《经济评论》2020 年第 3 期。

［174］杨继瑞：《中国新型城市化道路的探索与思考》，《高校理论战
线》2006 年第 11 期。

［175］姚洋：《中国农地制度：一个分析框架》，《中国社会科学》
2000 年第 2 期。

［176］［英］杰拉尔德·M. 迈耶：《发展经济学的先驱理论》，谭崇
台等译，云南人民出版社 1995 年版。

［177］［英］约翰·穆勒：《政治经济学原理》，金镝、金熠译，华夏
出版社 2009 年版。

［178］于斌斌：《产业结构调整与生产率提升的经济增长效应——基
于中国城市动态空间面板模型的分析》，《中国工业经济》2015 年第 12 期。

［179］于斌斌、陈露：《新型城镇化能化解产能过剩吗？》，《数量经济
技术经济研究》2019 年第 1 期。

［180］俞雅乖：《农民工市民化的基本公共服务投入成本及其财政分
担机制研究》，《西南民族大学学报（人文社会科学版）》2014 年第 8 期。

［181］［英］约翰·冯·杜能：《孤立国同农业和国民经济的关系》，
吴衡康译. 商务印书馆 1986 年版。

［182］张广胜、周密：《新生代农民工市民化进程的测度及其决定机
制——基于人力资本与社会资本耦合的视角》，经济科学出版社 2013
年版。

［183］张红霞、崔宁：《市民化视阈下新生代农民工就业质量问题研
究——基于全国 3402 个样本数据的调查》，《调研世界》2014 年第 11 期。

［184］张雷声：《新时代中国经济发展的理论创新——学习习近平关
于经济高质量发展的重要论述》，《理论与改革》2020 年第 5 期。

［185］张强、张怀超、刘占芳：《乡村振兴：从衰落走向复兴的战略

选择》，《经济与管理》2018 年第 1 期。

［186］张占斌：《新型城镇化的战略意义和改革难题》，《国家行政学院学报》2013 年第 1 期。

［187］赵放、刘雅君：《为什么东北三省的人口会流失？——基于因子时变系数模型的研究》，《人口学刊》2018 年第 4 期。

［188］赵立新：《城市农民工市民化问题研究》，《人口学刊》2006 年第 4 期。

［189］赵毅、张飞、李瑞勤：《快速城镇化地区乡村振兴路径探析——以江苏苏南地区为例》，《城市规划学刊》2018 年第 2 期。

［190］赵永平、徐盈之：《新型城镇化、制度变迁与居民消费增长》，《江西财经大学学报》2015 年第 6 期。

［191］赵宇：《供给侧结构性改革的科学内涵和实践要求》，《党的文献》2017 年第 1 期。

［192］中国经济增长与宏观稳定课题组、陈昌兵、张平等：《城市化、产业效率与经济增长》，《经济研究》2009 年第 10 期。

［193］周春山、杨高：《广东省农业转移人口市民化成本——收益预测及分担机制研究》，《南方人口》2015 年第 5 期。

［194］周庆智：《城镇化建设与基层治理体制转型——基于中西部城镇化建设的实证分析》，《政治学研究》2015 年第 5 期。

［195］朱建华、周彦伶、刘卫柏：《欠发达地区农村城镇化建设的金融支持研究》，《城市发展研究》2010 年第 4 期。

后　记

本书研究了欠发达地区的新型城镇化，包括宗旨、原则和路径等，是对博士论文的进一步补充和完善。在修改过程中，不断回忆起攻读博士学位期间的点点滴滴，特别是导师洪银兴教授的关心和指导。

我在读博之前工作和生活在我国的欠发达地区——广西。对广西的人文、经济、生态很了解，也很热爱。也曾思考欠发达地区如何才能高质量发展，让城乡居民都能享受到更高水平的现代文明。记得导师曾带领我们几位博士到苏南地区的昆山市和常熟市的蒋巷村调研。在昆山调研时，我被昆山的发展水平深深触动了，深觉欠发达地区的快速发展需要以城镇化为驱动力，尤其是在城镇化发展中要注重"人"的因素。在蒋巷村调研时，看到蒋巷村的村民过着美好生活，乡村美丽整洁，产业协调发展，深深感受到城镇化发展应注重城乡融合发展的重大意义。

在导师洪银兴教授的指导和潜移默化的影响下，我对理论经济学的兴趣点和认知彻底从西方经济学转向了政治经济学。马克思主义政治经济学以生产关系为研究对象，《资本论》的内容实际上就是对市场经济的研究，对中国经济建设具有巨大的理论指导意义。《中国特色社会主义政治经济学》是马克思主义理论的中国化、当代化，是马克思主义理论与中国现实相结合的理论结晶。所以，从2021年来到江西财经大学一年有余的时间里，我一直在探索如何将这两门课讲好。让当代大学生能够理解、认可马克思主义政治经济学和中国特色社会主义政治经济学的科学性和现实指导性。这些都是我在完善本书写作过程中对以后教学与科研的思考。

本书最终的完成，要深深地感谢导师洪银兴教授，感谢洪老师的培养和品格的熏陶，感谢洪老师的关怀。感谢南京大学的张二震老师、赵华老师、路瑶老师的关心和帮助。感谢读博期间爱人独自承担家里的一切，也感谢我的孩子在她最需要父母陪伴的阶段能够理解我持续学习的重要性和意义。感谢师兄、师姐、师弟、师妹的帮助。感谢曾经的同事在我沮丧和失落时候的支持和鼓励，帮我走出内心的惆怅。感谢舍友和身边的同学，他们在背后默默地支持和鼓励，让我感受到重回学生时代的快乐。由于能力和时间的限制，本书仍有进一步完善的空间，欢迎读者批评指正。

2022 年 10 月 28 日于江西财经大学